金持ち父さんの
アンフェア・アドバンテージ

知っている人だけが得をする
お金の真実

ロバート・キヨサキ
白根美保子・訳

筑摩書房

問題解決に乗り出し、自らその解決策の一部となろうとする人々に本書を捧げる。

金持ち父さんのアンフェア・アドバンテージ
contents

Unfair Advantage
The Power of Financial Education
By Robert T. Kiyosaki

金持ち父さんのアンフェア・アドバンテージ

知っている人だけが得をするお金の真実

ロバートから読者へ

格好のいいことではないけれど……

私は今のような厳しい状況の中で、あえて自分たちの金銭的成功についてみなさんに伝えるべきかどうか、長い間とても迷った。何百万もの人が職や持ち家、自分が築いたビジネスを失っていることも知っているし、多くの場合、自分の金銭的成功について話すことが礼儀にかなったことではないのもわかっている。そもそも自慢話をするのは格好のいいことではない。お金に関する話となったらなおさらだ。

それでも私は、私たちが実際にやってきたさまざまな投資について書く決心をした。それは、読者のみなさんに、私たちがどのようにしてファイナンシャル教育（お金に関する教育）を受けたか、その教育をどう活用しているか、そして、特に、景気が落ち込んでいる今の時代に、なぜファイナンシャル教育がアンフェア・アドバンテージ（知っている人だけが得をする大事なこと）となり得るのかを理解してもらいたいと思ったからだ。自慢話をするために書いているわけではない。みなさんに学んでほしい、実践してほしい、そして、できれば世界をこれまでとは違った目で見てほしいと願い、その手助けをしたいと思って書いている。

今、世界にはお金があふれている。何兆ドルものお金が行き場所を求めてさまよっている。なぜなら、各国政府がこぞって何兆ドルにも値する「贋金《にせがね》」――「不換紙幣」とも呼ばれる――を印刷し続けているからだ。政府は世界を不景気にしたくない。だから価値のない贋金をどんどん印刷し続ける。金や銀の値段が上がる理由、貯金をする人たちが損をする理由はここにある。

問題は、この贋金が、ごく少数の人間の手に握られていることだ。だから、金持ちがさらに金持ちになり、貧乏な人や中流の人たちがさらに貧乏になり、経済が悪化し、問題がどんどん大きくなる。

国勢調査局の調査によると、アメリカでは二〇一〇年九月に貧困層が人口のほぼ十五パーセントにまで増加した。これは、四百万人以上の人が中流層から貧困層に移動したことを意味する。ドナルド・トランプと私が『あなたに金持ちになってほしい』の中で予言した通りだ。これは危険な状態だ。健全ではない。

自慢話をするいやみな人間と思われる可能性があることは承知の上で、私はあえて、自分がこれまでにしてきた投資の話を取り上げた本書を書こうと決心した。何か知っているのに、それを人と分かち合おうとしないのは、それこそ格好のいいことではないと私は思っている。それはケチのすることだ。私が本書を書いているのは、世界経済が本当に回復するために真のファイナンシャル教育が必要だと信じているからだ。つまり、「魚を与えるより魚を獲る方法を教えたほうがいい」と信じているから書いている。

ロバート・キヨサキ

金持ち父さんはこう言った。「教師を賢く選べ」

まえがき　サルの捕まえ方

アフリカとアジアの原住民の間に、何千年も前から伝わるサルの捕まえ方がある。幹に小さな穴がある木を見つけて、その穴の中に果物や木の実を置いておく。すると通りかかったサルが穴に手を突っ込んで、果物や木の実をつかむ。物をつかんで大きくなったこぶしは穴から出せなくなり、サルはそこから動けなくなる。つかんでいる物を放せばいいものを、サルはそうせずにただ躍起になって引っ張り出そうとする。そこに、罠を仕掛けた人が戻ってきて、やすやすとサルを捕まえる。

人間もサルと同じようなものだ。果物や木の実をつかんで放さないサルと違うのは、雇用保障や今持っているもの、お金などにしがみついている点だ。たいていの人はファイナンシャル教育が欠如しているせいで、罠にかかったサルと同じように、雇用主の「賃金の奴隷」、政府の「税金の奴隷」として一生を送る。

二〇〇七年に世界的な金融危機が始まった時、レイオフされないようにと多くの人が自分の仕事に必死でしがみついた。住宅ローンを払うことができなくなっても、持ち家に必死でしがみついた人も大勢いる。連邦政府が何兆ドルもの紙幣を刷り、国民が貯めたお金の購買力をどんどん低下させているにもかかわらず、たいていの人が家計を切り詰め、より多くのお金を貯めようとした。株式市場が暴落し、それまでの儲けがゼロになってしまったにもかかわらず、労働者はさらに多くのお金を年金プランにつぎ込んだ。失業者数がうなぎのぼりに増えているにもかかわらず、学校に戻ろうと考える人が増え、入学希望者の数が急増した。

●たいていの人はどうしたらいいかわからない

二〇一〇年までに、たいていの人が、世界が金融危機に陥っていることに気付いた。でも残念なことに、それに関してどうしたらよいかはわかっていない。たいていの人は握り締めたこぶしを開くのではなく、政治的指導者たちがこの世界的危機の解決策を見つけ出し、幸せな日々が戻ってくるように祈りつつ、さらに強くこぶしを握り締めている。

確かに、変化しなければいけないと気付いている人も少数ながらいる。でも、きちんとしたファイナンシャル教育を受けていないせいで、何をしたらいいかも、どう変化したらいいかもわからないでいる。

●危機が続く十年間

問題は、二〇一〇年から二〇二〇年までの十年間が、世界史上、最も変化の激しい十年間となるだろうということだ。

そして、残念ながら、過去の遺物——雇用保障、貯金、持ち家、年金プランといった時代遅れの遺物——にしがみついている人たちこそが、迫りくる世界的金融の嵐によって最も大きな打撃を受けることになるだろう。私が確信を持ってそう言えるのには次のような五つの理由がある。

1．産業時代が終わった

産業時代は一五〇〇年頃に始まり、二〇〇〇年頃に終わった。

第二次世界大戦が終わった一九四五年、アメリカは世界で最も強力な国、つまり産業時代に生まれ、生き残った数少ない「帝国」の中で最大規模を誇る国だった。

産業時代の間は、工業技術や工場、すぐれた学校教育システム、兵器を持つ国々が世界を支配していた。

産業時代の間は、自動車産業、航空産業、ラジオ・テレビ産業、兵器産業がビジネスの世界を支配していた。

産業時代の間は、労働者は高い給料が保証され、労働組合に守られ、一生年金がもらえる仕事を見つけることができた。

産業時代にはファイナンシャル教育は重要ではなかった。

一九八九年、インターネットが生まれ、産業時代が終わり、情報時代が始まった。

この十年間に、さらに多くの仕事がテクノロジーに取って代わられ、工場は解体され、低賃金の国へと移されてそこで再建されるだろう。高給で終身雇用が保証された仕事、年金プランといった考え方は、すでに時代遅れの考え方になっている。

今日では、アメリカは世界史上最大の借金を抱える国だ。社会保障やメディケア（高齢者医療保障）といった社会福祉制度を維持する経済的余裕はアメリカにはない。

雇用保障や生涯年金の保証のない情報時代には、ファイナンシャル教育が不可欠だ。

残念なことに、木の幹の穴からこぶしを引っ張り出せないサルと同じように、何百万という労働者が、学校に通うことや、雇用保障、安定した給料、医療補助、早期引退、政府からの終身援助といった産業時代の考え方にとらわれ、そこから抜け出せないでいる。

本書を読めば、情報時代に備えるにはどのような種類の教育が一番適しているかわかるだろう。

2．一九七一年に「お金のルール」が変わった

一九七一年、ニクソン大統領がアメリカドルの金本位制をやめた時、お金のルールが変わった。

一九七一年、アメリカドルは「お金」ではなくなり、借金の道具に変わった。この年以降、お金を貯める人は敗者となった。

一九七一年以来、アメリカドルの購買力は九十五パーセント低下した。残りの五パーセントはあと四十年

待つまでもなく失われるだろう。

悲しいことに、木の幹の中でこぶしを握り締め続けているサルと同じように、何百万もの人々が銀行に貯めたお金に必死にしがみついている。

本書を読めば、お金を貯めることがどんなに馬鹿げたことか、そして、その代わりにどうしたらよいかわかるだろう。

銀行がお金を印刷することができるのなら、あなたにもできるはずだ。本書を読めばどうしたらそれが可能かがわかるだろう――ただし、そのためにはファイナンシャル教育が必要だ。

3．一九七一年以降、政府による銀行への財政援助が増加している

二〇一〇年までに、たいていの人はサブプライム問題によって引き起こされた混乱や、世界中で何兆ドルもの規模の政府による財政援助が銀行に対して行われていることに気付き始めた。

今は多くの人が、金持ちの銀行のオーナーたちに政府が財政援助を施し、その請求書を納税者に回したことに怒りを感じている。

残念ながらほとんどの人は、これらの財政援助がすでに何年にもわたって行われていて、一九七一年以来その額を増やしてきたことに気付いていない。一九八〇年代には、このような財政援助は数百万ドル規模に過ぎなかったが、一九九〇年代には数十億ドルに上り、二〇〇七年以降、世界中で行われるようになり、その額は何兆ドルにも上っている。

残念ながら、たいていの人はファイナンシャル教育を受けていないために「借金は悪いものだ」と思っている。罠にかかったサルと同じように、ドルをしっかり握り締め、借金を返すことに一生懸命になっている。

健全なファイナンシャル教育を受けていないたいていの人は、借金は悪いものだと思っている。これは、自分を金持ちにするために借金をどう使ったらいいか知らないからだ。

本書を読めば、ファイナンシャル教育を受けている人と銀行家が、借金によってどのようにして大金持ちになるか、その方法がわかるだろう。

4．インフレ傾向が強まっている

二〇〇〇年一月四日、金一オンスの値段は二百八十二ドルだった。

十年後の二〇一〇年十二月三十日、同じ一オンスの金が千四百五ドルになった。

この十年間に金の値段が三百九十八パーセント上昇したのに対して、アメリカドルはその分価値を失ったことになる。

二〇〇〇年一月四日、石油は一バレル二十五ドルだった。

二〇一〇年十二月三十一日までに石油一バレルの値段は九十一ドルまで上がった。

十年間に石油の値段は二百六十四パーセント上がった。それでも、アメリカ政府はインフレは存在しないと言い張っている。

頭のいい人だったら、ここで次のような疑問を持つに違いない。

「二〇二〇年の十二月三十一日には、一オンスの金は一体いくらになっているだろう？」

「二〇二〇年にはガソリンは一ガロンいくらになっているだろう？」

「二〇二〇年に、食料の値段はどうなっているだろう？」

たいていのサルは、今挙げたような質問はしない。その代りに学校に戻り、これまで以上に一生懸命働き、さらに多くの税金を払い、今より高い物を買い、収入に見合った生活をしようと努力し、ひたすらお金を貯める。

もうおわかりと思うが、私たちは二〇〇〇年、金が一オンス二百八十二ドルだった時に金に投資すべきだった。本書を読めば、人々が市場に殺到してくる前に、何に投資したらよいかわかるだろう。

本書を読めば、未来の予測の仕方、近づきつつあるさまざまな変化によってもたらされるリスクを減らす方法がわかるだろう。

5．目に見えて貧困層が増えている

二〇一〇年から二〇二〇年の間に、持てる者と持たざる者との格差がどんどん広がるだろう。今、中流層に属している多くの人たちは、この十年の間に貧困層へと転落していくだろう。

これを言い換えるとこうなる——アメリカやイギリス、フランス、日本といった豊かな国々、世界でトップクラスの国々に住んでいながら貧困に苦しむ人々が増える。

政府が銀行のオーナーたちに財政援助を与える道を選んだのは、貧困層や中流層の人々のお金を使って金持ちを助ける道を選んだのと同じことだ。この十年の間に、金持ちはより金持ちになる一方で、貧困層、中流層の人々は高い税金とインフレのせいでどんどん貧しくなる。

ファイナンシャル教育を充分に受けていない人たちのこの十年間は、次のような出来事によって、より厳しいものになるだろう。

・ベビーブーマーが引退を迎える。アメリカだけでも七千八百万人のベビーブーマーがいる。そのうち五十二パーセントは引退後の生活費をまかなうのに充分な貯金や投資をしていないと見込まれている。社会保障とメディケアは破綻している。これらのシステムを機能させるのに必要なお金は、一九六四年以降に生まれた人々からの税金ではまかなえなくなるだろう。

・より多くの職が失われる。国、州、都市、地方の政府・行政組織はすでにお金がなくて困っている。そのうち多くは実質的に破産状態にある。

・二〇〇七年から二〇一〇年の間の失業は、大企業や中小企業などの民間セクターにおけるものが大部分だった。次の失業の波は公共セクターを襲うだろう。この十年間に政府関連の何百万という職が失われるだろう。これは、税金がより高くなり、公共サービスが減り、失業が増えることを意味する。

たとえば、二〇一一年、アメリカで二番目に危険な都市と言われるニュージャージー州カムデンでは、警察官が半数に減らされ、消防士と役所に勤める人の数も減らされた。

犯罪と火事の件数が増えたとしたら、そんな場所に住みたいと思う人がいるだろうか？　行政サービスが失われることが不動産にどんな影響を与えるだろうか？

失業が増加し、古くから「安定した職業」と考えられてきた仕事が失われつつあるにもかかわらず、人々は穴の中の果実や木の実を握り締めて離さないサルのように、新しい仕事やより高い給料、より充実した給付金や年金プランを得るために、さらなる訓練を受けようと学校に戻る。

本書は、未来に向けた準備をするためにはどんなタイプの教育が必要か、新しいアイディアを提供する。

二〇一〇年、アメリカは十四兆ドルの借金を抱えていた。国立政策分析センターによると、実際は、社会保障とメディケアにかかる費用を含めるとアメリカの借金は百七兆ドルにも上る。これはアメリカがすでに破産していることを意味する。

アメリカに与えられた選択肢は、大きく言って三つある。

1. 債務不履行とする。つまり破産を宣言する。これは世界経済を変える。
2. 支出を減らし、増税し、請求書を支払う。これも世界経済を変える。
3. さらに多くの紙幣を刷り、ドルの価値を下げ、贋金で請求書を支払う。これも世界経済を変える。

平均的な人たちは、木の幹の穴にこぶしを突っ込んだまま動きのとれなくなっているサルと同じように、アメリカドルや世界経済に何が起こっているかまったくわからないでいる。彼らが気にかけているのは、食卓に食べ物を乗せ、雨露をしのぐ屋根を維持するのに充分なお金を稼ぐことだけだ。

今自分が持っているものにしがみついているサルと同じように、平均的な国民は自分が今手にしているお金が本物のお金だと本気で信じている。平均的な選挙民は、政治家たちにこの世界的な金融危機を解決することができると本気で信じている。世界的な経済問題が一人のリーダー、あるいは一国の政府よりもずっと大きな問題であることに気付いている人は少ししかいない。

本書を読めば、情報時代のお金のルールがこれまでのルールとどのように異なるのかを理解し、世界規模のその新しいルールをどのように活用したらいいか、その方法を見つけることができるだろう。

一九七二年、ニクソン大統領は中国に対し門戸を開いた。今、中国はとても貧乏な国でありながら、次の世界の超大国への道を猛然と突き進んでいる。

この十年の間、中国は経済成長を続けるだろうが、それと同時に、インフレと戦い、世界における政治的地位と、アメリカドルに続く国際的「準備通貨」としての自国通貨の地位を求めて奮闘する一方で、どんどん不安定さを増していくだろう。さらにそれに加えて、経済成長によって金持ちと貧困層との格差が広がり、国内でさまざまな問題が起こってくるだろう。中国が不安定になり、好景気と不景気が繰り返されて経済の波が引き起こされれば、世界中がその影響を受ける。

たいていのサルと同じで、平均的な人たちは「木を見て森を見ない」。中でもアメリカ国民がおそらく最悪の状況にある。なぜなら、アメリカ国民は世界が見つめる金魚鉢の中に暮らしているが、自分たちのほうからは金魚鉢の外の世界を見ることができないからだ。

本書を読めば、世界的な観点でどのように考え、どのように行動し、どのようにビジネスをしたらよいか学ぶことができるだろう。今の時代、チャンスにあふれた世界は目の前にある。でも、自分がしがみついている木のことしか考えない人たちにはそれは見えない。

●最もエキサイティングな十年間

二〇一〇年から二〇二〇年の十年間は、世界史上、最もエキサイティングな時期となるだろう。

この十年の間に「アメリカ帝国」は終わりを告げる。アメリカドルが「贋金」であることがわかり、まったく新しい世界経済が姿を現すだろう。かかるコストの少ないテクノロジーを原動力とするこの国境のない世界は、世界の持つ「才能」を開花させると同時に、古い世界経済を動かしていた巨大な「無知」を暴露する。

お金に関する教育を受けていて、準備を怠らず、柔軟性、適応能力を持っている人たちにとっては、この十年間は最良の時となるだろう。

一方、かつての幸せな日々が戻ってくることを待つだけの人にとっては、それは最悪の時となるだろう。

●学校へ行くことの罠

新しい世界の扉を開ける鍵は教育だ。問題は、現在の学校システムは産業時代という、そこから抜け出すのがむずかしいコールタールの沼にはまっていることだ。

情報時代には、適切な教育を受けることと一生学び続けることが、これまでのどんな時代にも増して重要だ。残念なことに、従来型の学校に行くだけでは、急速に発展、拡張していく世界で金銭的成功を収めるための準備はできない。簡単に言うと、学校は変化の速度が遅すぎ、世界は変化の速度が速すぎるということだ。

産業時代に成功するために必要だったのは、次の二つのタイプの教育だけだった。

・学校教育：読む能力、書く能力、そして単純な数学の問題を解く能力を身につける教育。
・職業教育：社会の一員となって何かを生産することによってお金を稼ぐための教育。たとえば、医者になるために医学校《メディカルスクール》へ、弁護士になるために法学校《ロースクール》へ、パイロットになるために飛行学校へ、コックになるために調理師学校へ通うといった具合だ。

情報時代には、次の三つのタイプの教育が必要だ。

・学校教育
・職業教育
・ファイナンシャル教育

ここで次のような疑問が出てくる――**なぜ学校でファイナンシャル教育をしないのか?**

答えはこうだ――**人類はサルを罠で捕まえて学校で訓練する。**

しっかりしたファイナンシャル教育を受けている人は、雇用保障や安定した給料、年金などにそれほど必死にしがみつかない。税法のことをよく知っているから不必要な税金は支払わないし、銀行のシステムを知っているから貯金などしない。持ち家を資産と呼んだりせず、それが負債であることを知っている。インフレのことを理解していれば、「収入に見合った生活をしよう」などとは思わないだろう。借金から抜け出そうとする代わりに、資産を増やすために借金を利用する方法を学ぶ。そして、何も考えずに、ウォール街の銀行家やファイナンシャル・プランナー、不動産エージェントなどに自分のお金を託し、引退後の生活の保障を得ようなどとは思わないだろう。

一番重要なのは次のようなことだ――ファイナンシャル教育を受けている人は、自分はなぜ学校に行っているのか、そこで教えている先生はどんな種類の先生か、そこで行われている教育が自分をどこに導いていこうとしているか考える。

●貧乏父さんのアドバイス

一九七三年、ベトナム戦争から戻った私は、まだ軍隊での任期が一年残っていたが、これから自分の人生がどんな方向に進んで行くのか楽しみにしていた。

一九七三年、私は二十六歳だった。大学を卒業し、プロとしての資格を二つ持っていた。一つはスタンダード・オイル社のタンカーに乗り組んでいた時に得た三等航海士の資格、もう一つは合衆国海兵隊でヘリコプターを飛ばすために得たパイロットとしての資格だ。どちらの資格を使って仕事に就いたとしても、高給で安定した仕事に就けただろう。でも、私は船に乗り組むのも、ヘリコプターを飛ばすのもいやだった。

実の父、貧乏父さんにアドバイスを求めると、父と同じ道をたどるように勧めてくれた。学校に戻って修士号、博士号をとり、政府の仕事に就けというアドバイスだった。

問題は、一九七三年当時、父は五十四歳で、元ハワイ州教育長、元ハワイ州副知事候補にもかかわらず失業中だったことだ。

私の父が失業していたのは、自分の上司で民主党だった州知事に対抗して、共和党から立候補するために教育長をやめたせいだった。サミュエル・キング判事と父が選挙に敗れると、州知事は自分への忠誠を裏切ったことに対して父に支払いを求めた。それは二度と政府の仕事に就かせないことだった。

高い教育を受けていたにもかかわらず、父は教育界の外の現実社会で生き残ることはできなかった。政府で有給の仕事をもらえないことがわかった父は、引退に備えて貯めていた貯金を使ってアイスクリーム店のフランチャイズ権を買ったが、それに失敗して全財産を失った。

多くの点で、私に未来――父の世代の未来ではなく、私自身の未来――を垣間見せてくれたのは父のこの姿だったと言える。

父が自分と同じ道を歩むように勧めた時、私には誰のアドバイスに従ったらよいかわかっていた。私は父の家をあとにすると、ワイキキにある金持ち父さんのオフィスまで車を走らせ、アドバイスを求めた。

●教育はとても大事

二人の父はどちらも教育に対して大きな敬意を払っていた。ただ、その対象となる教育の種類が違った。私が持っているアンフェア・アドバンテージの一つは、異なる種類の教育の違いを知っていることだ。次に挙げるのは、異なる種類の教育について考える時に役に立つ三つのコンセプトだ。

1．教育はプロセスだ

人はどこかで何かになるために学校に通う。たとえば、私はパイロットになるために飛行学校に通った。従来型の教育の問題は、その教育が従業員になるためのプロセスだということだ。たいていの人が「仕事に就くために学校に行け」と言うのはこのためだ。

サルはなぜ自分が木の穴に手を突っ込んだままでいるか、疑問に思わない。たいていの人は仕事に就くために学校に通い、従業員になることに疑問を持たない。

頭のいい人ならきっとこう疑問に思う――もし従業員になりたくなかったらどうしたらいいのか？

2．教育には四つの選択肢がある

金持ち父さんは私に、「キャッシュフロー・クワドラント」の図の意味を説明してくれた（図①）。それは、私に与えられた異なる教育の選択肢を示すため、そして大きくなったら何になりたいか、その選択肢を示すためだった。

　従来型の教育は学生にEとSのクワドラントへの準備をさせる。Sクワドラントへの準備をさせる学校の例としては、法学校、医学校、歯科学校《デンタルスクール》などがある。一番多く税金を払っているのが医学校や法学校を優秀な成績で卒業した人たちだというのは、なかなか興味深い話だ。そうなっているのは、彼らがSクワドラントにいるからだ。もし私が成績優秀な学生だったら、払う税金をより少なくするにはどうしたらいいか知りたいと思うだろう。高い税金は、Sクワドラントに仕掛けられた罠の一つだ。

　Eクワドラントの人が会社を辞めて自分でビジネスを始める場合、たいていの人は最終的にSクワドラントに落ち着く。彼らが始めるビジネスはたとえば、コンピューター・コンサルタントや不動産エージェントなど、高度に専門化したスモールビジネス、サービス業だ。

　一本の木から離れられないサルのように、たいていの人はEとSのクワドラントのことしか知らない。

　一方、お金の知識を持っている人は、BとIのクワドラントで活動するために何を学んだらいいか、知りたいと思う。BとIのクワドラントは世界で一番の金持ちたち、つまり一番多くお金を儲け、一番少なく税

①キャッシュフロー・クワドラントの図が意味するもの

E…従業員（employee）
S…スモールビジネス (small business)
　自営業者 (self-employed)
B…従業員五百人以上のビッグビジネス
　(big business)
I…投資家（investor）

金を払う人たちを生み出す。

本書を読めば、EとSのクワドラントの人は知らないがBとIのクワドラントの人は知っていることが何かわかるだろう。そして、それによってアンフェア・アドバンテージを手に入れることができるようになるだろう。

3．どちらの教育を選ぶかはあなた次第だ

私の貧乏父さんは伝統的な教育にしか敬意を払っていなかった。いい成績を取り、いい学校を卒業することが大事だと思っていたのはそのためだ。父はいい成績を取り、いい学校を卒業すれば、いい仕事に就けると信じていた。

私の金持ち父さんは非伝統的な教育に敬意を払っていた。成績がどうか、どんな学校に通ったかなど、どうでもいいと思っていた。彼が気にかけていたのは、どんなスキルを学ぶか、どんな先生から学ぶか、実社会で本物のビジネスに関わるためにどのような準備をするかということだけだった。

金持ち父さんは高給のとれる仕事に価値があるとは思っていなかった。起業家の彼にとって大事だったのは、高給のとれる仕事を自分がどれくらいたくさん作り出せるかだった。

一九七三年、まだ海兵隊に所属していた私が、非伝統的な教育を授ける講座やセミナーを取ろうと決めたのは以上のような理由からだ。それらのクラスで私は次のようなことを学んだ。

1．投資のために借金を利用する方法

2．セールスのスキルを伸ばす方法（「セールス＝収入」だから）

3．税金を減らす方法

てくれた。

一九七三年に非伝統的な教育の道を選んだことは、私に生涯で最大のアンフェア・アドバンテージを与えてくれた。

私は今も非伝統的な教育を受け続けている。

非伝統的な教育は、いい学校へ通い、いい成績を取り、高給の取れる医者や弁護士、会社の重役になった優等生たちよりも優位に立てるアンフェア・アドバンテージを私に与えてくれる。

たいていのサルは本当に自分の物になる食べ物と、罠に仕掛けられた食べ物との区別がつかない。だから簡単に罠にかかってしまう。

しっかりしたファイナンシャル教育は、学生たちに次のような三つの収入があることを教えてくれる。

1. 勤労所得（普通の所得）
2. ポートフォリオ所得
3. 不労所得

たいていのEとSは、勤労所得を得るために働く訓練を受けた人たちだ。彼らが簡単に罠にかかってしまうのはそのためだ。そういう人は一番一生懸命働き、一番多くの税金を払う。

本書を読めば、お金の知識を持っている人たちがポートフォリオ所得と不労所得、そして税金を払わないですむ所得のために働く理由がわかるだろう。

●サルと人間の違い

木の幹にこぶしを突っ込んだまま引っ張り出せなくなったサルと人間を比較するのは、ひどく意地の悪い話に聞こえるかもしれない。

私は何も意地悪をしようとしているわけではない。ただ、自分の言いたいことをはっきりさせるためにそうしている。国民をお金の知識のないままほっておいて、ただひたすらせっせと働かせ、税金を払わせ、貯金をさせておくことのほうがよっぽどひどい話だ。たいていの人は何かが決定的におかしいとわかってはいるが、経済的な変化と不確実性の時代に一体何をしたらいいのかわからずにそうしている。

人間とサルには似ているところがある。サルは果実や木の実をしっかりつかんで放さない。一方、人間は古い考え方に必死でしがみつく。

たいていの人は次のような物理の法則を知っている——二つのものは同時に一つの場所に存在することはできない。たとえば、一台しか入らないガレージに二台の車を入れることはできない。考え方やアイディアも同じことだ。

サルが自由になるためにはまず手を放さなければいけない。それとまったく同様に、人間も古い考え方を手放してはじめて自由になれる。

本書を読めば、お金に関する新しい考え方をたくさん学べる。そして、金持ちがなぜどんどん金持ちになるか、その理由がわかる。本書の主な目的はこのような考え方を紹介し、今まだあなたが持っているかもしれない「古い考え方」に疑問を提起することだ。そのあと、お金に関する古い考え方を捨てて新しい考え方をしようと決心するかどうかはあなた次第だ。

●お金に関する古い考え方の例

1.「私は絶対に金持ちにはなれない」

考え方が変わらない限り、この言葉は実現する。本書はこのような考え方を変えるために、そして「変えたい」と思っている人のために書かれた本だ。

２.「金持ちはよくばりだ」

本書を読むと、金持ちになるためには気前よくすることが必要だとわかるだろう。ＥとＳのほうがＢやＩよりもよくばりだということはよくある。

３.「金持ちになるより幸せになるほうがいい」

両方を求めてはいけないのだろうか？　どちらか一つしか手に入れられないと思うのは、思考に制限を加えているからだ。

４.「税金は不公平だ」

本書を読むと税金が実際のところとても公平であること、そして、お金に関する教育をしっかり受けている人が税金のおかげでどのようにしてさらに金持ちになるか、その仕組みがわかる。

５.「せっせと働かなくてはいけない」

本書を読むと、一生懸命に働く人がなぜ一番多く税金を払うか、その理由がわかる。

６.「投資は危険だ」

本書を読むと、なぜ投資は危険ではないかがわかる。さらにもっと大事なこと――一番危険な投資が、お金に関する教育を受けていない人をターゲットにして売られている理由――もわかる。

７.「いい教育を受けなさい」

本書を読むと、教育があなたをどこに導こうとしているか、教えてくれている人は誰か、この二つの疑問を頭に入れておく必要がある理由がわかる。

たとえば、私は一九七三年にＭＢＡを取るために学校に通った。そこで教える立場にあった人たちは、みんなＥクワドラントの従業員だった。私は六カ月で退学したが、それは、その二年間のコースが、私をＥクワドラントの高給取りにするためのものであると気付いたからだ。

ＢとＩのクワドラントで成長したいと思ったら、その二つのクワドラントに属する教師、よき師《メンター》が必要だ。

飛行学校で私が最初に教えを受けたインストラクターたちは、基本的な飛び方を教えてくれた。次の段階のインストラクターたちはより高度な飛行技術を教えてくれて、卒業の資格を与えてくれた。その次に教えてくれたのは実際に戦場で戦うパイロットたちだった。彼らはこれまでとはまったくレベルの異なるインストラクターたちだった。私はすでに飛び方は知っていたが、戦闘パイロットたちは実際に戦場で戦うための準備を私にさせてくれた。

ファイナンシャル教育は飛行学校によく似ている。飛び方を学ぶのは日曜大工で何か作るのとはわけが違う。学生が次のレベルに進む前に、適切な教育と訓練を与え、さらに実地体験のチャンスを与えるために一番いい環境は、最も優秀なパイロットがそろっている環境だ。

従来型の教育に伴う問題の一つは、実社会での経験が伴わないことだ。たいていの学生は、問題に対する技術的な解答の仕方を身につけて学校を卒業するが、その知識を体験的に生かすのに必要なスキルに欠けている。これは、彼らにとって最も重要なインストラクターが、卒業後に彼らが出会う「教師」やよき師であることを意味する。

この金融危機に伴う悲劇の一つは、大学を卒業した多くの若者が仕事を見つけられないでいることだ。この実社会での経験こそが、一生続く学習と成長に欠かせないものであり、人生で最終的にその人が何者になるかを決める要因でもある。

これほど多くの学生が、学校を卒業しても仕事を見つけられないでいる原因の一つは、従業員になるための訓練を受けてきたことにある。彼らには起業家になるための実社会に則したスキルが欠けている。

8.「雇用保障が必要だ」

本書を読むと保障と自由の違いがわかる。この二つはまったく正反対のものだ。保障を求めればそれだけ自由が減る。最も安全な——つまり監視の厳しい——刑務所に一番自由がないのはこのためだ。サルが罠にかかったままでいるのは、保障にしがみついているからだ。

本書は自由と保障との両方を求める人のために書かれた本だ。

9.「株式、債券、投資信託に投資する長期分散型ポートフォリオが必要だ」

これはお金に関する最悪のアドバイスになり得る。この十年間——株式や債券、投資信託に投資していた人たちにとって「失われた十年」とよく言われる時期——を振り返って見るだけでそのことはよくわかる。二〇〇〇年初頭、ダウ平均株価は一万千三百五十七ドルだった。二〇一〇年の終わりにはそれは一万千五百七十七ドルになっている。

十年間に上がったのはほんの二百ドル余だ。長期投資の結果がこれだ。十年で〇・二パーセントの上昇ではあまりに少なくて笑い話としか言いようがない。ポートフォリオに関する間違ったアドバイスに従った人たちにとっては悲劇的な笑い話だ。

もうご存じの通り、この同じ十年間に、金の値段は二百八十二ドルから千四百五ドルに上がった。十年で三百九十八パーセントの上昇だ。

ダウ平均株価が金と同じように上がっていたら二〇一〇年には四万五千ドルを超えていたはずだ。

これらのひどい統計数字があるにもかかわらず、何百万人もの人が今もまだこのアドバイスに従っている。

これは金に投資すべきだということを意味しているのだろうか？

答えは絶対にノーだ。このことが意味しているのは、実世界に則したファイナンシャル教育を手に入れるのが最善であることを示している。もしあなたがたいていの人と同じようにファイナンシャル教育に興味がないとしたら、専門家が言う通りにすればいい。つまり、彼らにお金をただ渡せばいい。

覚えておいてほしい。もしあなたが「悪い投資家」ならば、金は「いい投資」にはならない。実際のところ、あなたが悪い投資家だったらどんなものでもいい投資にはならない。

本書を読めば、身につけているファイナンシャル教育が多くなればなるほど、儲けるお金が多くなり、払う税金が少なくなり、リスクが減る一方でリターンが増えることがわかってくる。

ある日、私は金持ち父さんにこう聞いた。「不動産はいい投資だと思いますか？」

金持ち父さんの答えはこうだった。「私にはわからない。きみはいい投資家か？」

次に私はこう聞いた。「平均的な投資家に対してあなたはどんなアドバイスをしますか？」

金持ち父さんはこう答えた。「平均的になるな。平均的な投資家は頭のいい投資家を金持ちにする」

ビジネスだろうが、不動産だろうが、あるいは紙の資産、商品《コモディティ》だろうが、投資する対象が何かは重要ではない。大事なのは自分に投資することだ。お金に関する知識がなければ、何に投資しようとおそらく損をする。

本書はあなた自身のファイナンシャル教育に投資することに関する本だ。

10.「学校で成績が悪かったから、金持ちになれるはずがない」

医者や弁護士になるためには学校に通わなければいけないのは確かだが、金持ちや起業家になるためには学校に行く必要はない。世界でトップクラスの金持ちたちの中には学校を卒業していない人が何人もいる。たとえば、フォード社の創業者のヘンリー・フォード、ゼネラル・エレクトリック社の創業者トーマス・エジソン、マイクロソフト社の創業者ビル・ゲイツ、フェイスブックの創業者マーク・ザッカーバーグ、ヴァージン社の創業者リチャード・ブランソン、ディスニー・ワールドの創業者ウォルト・ディズニー、アップルの創業者スティーブ・ジョブズなどだ。

今の世の中には、学校へ通い、EやSのクワドラントで働くための訓練を受けたために、サルのように罠に捕まったままの人が大勢いる。

本書は、BとIのクワドラントでの生活がどんなものか、そこにたどり着くためにはどのような教育が必要か、それらを知りたいと思っている人のための本だ。

●恐ろしいアドバイス

二〇一一年一月二十四日、アメリカの朝の情報ニュース番組『トゥデイ』で、コンシューマー・レポート誌と番組専属のお金に関するプロからのアドバイスとして、次のようなアドバイスが紹介された。この番組は何年ものあいだ、これと同じアドバイスをしてきている。

1. 質素に暮らす
2. 予算を立て、401(k)年金プランを始める
3. 遅れを取り戻す(言い換えると、ひたすら節約して貯めろということだ)
4. 借金を返済する
5. もっと長く働く。引退の時期を遅らせる

私だったら、こんなアドバイスには決して従わない。これは「悪い」アドバイスであるだけでなく、人の気持ちを滅入らせる。質素に暮らし、ひたすら節約するなどという生活を夢見る人がどこにいるだろうか?

このアドバイスは気持ちを滅入らせるどころか、私は恐怖さえ感じる。一見すばらしいアドバイスのように――特にお金に関する教育を受けていない人にとっては――見えるかもしれないが、私に言わせればこれは恐ろしいアドバイスだ。

本書を読むと、401（k）のような年金プランが投資の方法として最悪であるのはなぜか、その理由がわかる。二〇〇九年、タイム誌に「なぜ今こそ401（k）を引退させるべき時期なのか?」と題された記事が掲載されたが、そこには401（k）が人々の財産を食いつぶしているとして、このシステムが名目だけの大失態である理由が示されている。

二〇一〇年から二〇二〇年の十年間に一番打撃を受けるのは、『トゥデイ』が紹介したようなアドバイスに従った人たちだ。そういう人たちは世界経済の変動の犠牲となり、高い税金につぶされる。天井知らずのインフレのために生活費がとても高くなり、株式市場の暴落のために、そこに投資していたお金がなくなり、大部分の人は今より貧乏になる。

一番の悲劇は、この「古いアドバイス」に従った人たちが、史上最高のチャンスを逃してしまうことだ。この十年間に、巨大な富が生み出される。でも、それは時代遅れのアドバイスに従う人たちのためのものではない。古いアドバイスに従う人たちは、自分たちの生活がどんどん苦しくなる一方で金持ちがさらに金持ちになっていくのを、不満を抱えながら横目でながめることになる。

本書の第一章では、二〇〇七年に始まった大暴落が、お金の面で私にとって生涯最高のチャンスだったのはなぜか、そのいきさつをお話ししたいと思う。私は次の十年はそれよりもさらにすばらしいチャンスになるだろうと思っている。

●今こそ手を放す時

木の幹の穴に突っ込んで握り締めた手を放さない限り、サルは自由にはなれない。人間も同じだ。古い、時代遅れの考え方を手放さない限り自由になれない。

「狂気の定義は、同じことを何度も繰り返しながら、違う結果を期待することだ」と昔から言われるが、その通りだ。それなのに、多くの人はそうしている。彼らは時代遅れの考え方をばらまく時代遅れの「専門家」の話に耳を傾ける。実際に効果がなかったことがわかっているのに、それでもみんなその古い考え方にしがみつく。

古い考え方を変えるのがむずかしいことは私にもわかる。よく言われるように「年取った犬に新しい芸を教えることはできない」。人間の場合、古い考え方に必死でしがみついている人の考え方を変えるのはむずかしい。

本書は、金持ちだろうが貧乏だろうが、頭がよかろうが悪かろうが、豊かな国に住んでいようが貧しい国に住んでいようが、すべての人が健全なファイナンシャル教育から得ることができるアンフェア・アドバンテージに関する本だ。インターネットのおかげで、どこに住んでいようと誰もが世界経済が提供する巨額の富を獲得できるようになった。そのためにやらなくてはいけないのは、新しい考えを取り入れ、ファイナンシャル教育を自分に与えることを真剣に考え、行動することだけだ。

行動することが大事なのは、人間は間違いから学ぶからだ。間違いが悪いものだという考えは、それこそが悪い考えだ。間違いを犯さなければ人は学べない。貧乏父さんが貧乏のままでいたのはそのためだ。仕事を失ったこと、選挙に敗れたこと、アイスクリームのフランチャイズビジネスに失敗したこと、それらをいいチャンスだととらえる代わりに、父は失敗に対して学校の先生がするのと同じことしかしなかった。つまり間違いをした自分を罰した。自分の失敗が、何かを学び成長するための最大のチャンスであることに気付かず、父は貧乏なまま亡くなった。

ご存じのように、学校では一番たくさん間違いを犯す学生は劣等生のレッテルを貼られる。現実の世界では、一番多く間違いを犯し、そこから学ぶ人たちはほかの人たちよりも頭がよくなる。

今、私は、学生時代に優等生で医者や弁護士になった同級生たちよりもずっと多くのお金を稼いでいる。そうみなさんに報告できるのはとてもうれしい。私がそういう人たちよりお金を稼いでいる理由は単純だ。より多くの間違いを犯し、そこから学んできたからだ。

私は、本書を読めばあなたにとって最良のアドバイスが見つかると言うつもりはない。ウォーレン・バフェットが言っているように、「ありがたいことに、お金の世界で天国を手に入れるにはたくさんの方法がある」。私は私に合った方法を見つけた。あなたがどんな方法を見つけるかはあなた次第だ。本書は解答集ではなくガイドブックだ。なぜなら、現実の世界には「正解」はないからだ。そこにあるのは、「あなたに合った答え」だけだ。

本書を書いた一番の目的は、みなさんに新しい考えを提示すること、お金というテーマに対する新しい見方を提示することだ。

私が書いていることを読んで、「これは話がうますぎて本当のはずがない」と思うことがあるかもしれない。ファイナンシャル教育と実世界での経験が不足している人にとっては、それらは確かにうますぎて本当のはずがない話だ。でも、私にとってはどれも本当の話だし、現実の世界でのファイナンシャル教育にもっと時間を割こうと心から思っている人たちにとっても、本当の話になり得る。

本書に書かれていることはどれも、実生活に基づいた話だ。そこには、私が毎日の生活の中で使っている考え方や行動、体験がたくさん含まれている。本書は、自ら進んでファイナンシャル教育に投資し、学ぼうという姿勢を持っているすべての人が手に入れることのできるアンフェア・アドバンテージについての本だ。私がこれらの考え方を紹介するのは、古い考え方に疑問を投げかけ、新しい考え方に対してみなさんの心の扉を開きたいと思っているからだ。

覚えておいてほしい——車一台用のガレージに二台の車を入れることはできない。

手を放さない限りサルが自由になれないのとまったく同様に、人間も古い考えを手放さない限り変わることはできない。お金に関する大きな問題がいくつも待ち受けている今は、古い考えにしがみつくのをやめて新しい考えを取り入れたほうがいい。

産業時代と情報時代がぶつかり合っている今、富の大きな移動が起ころうとしている。昨日金持ちだった人も明日はもう金持ちではないかもしれない。今日、中流層に属している人も明日は貧乏になっているかもしれない。昨日優等生だったからといって、それだけでは今日、多くのことがわかっていることは意味しない。

本書は過去にしがみついている手を放し、富とチャンス、そして豊かさに満ちた、すばらしい新世界へと足を踏み入れることについての本だ。

●日曜学校で学んだこと

私はとても信仰心が強いというわけではないが、教会の日曜学校ではとても大切な教えをたくさん学んだ。今も応用している二つの教えは次のようなものだ。

1.「柔和な人たちは幸いだ。彼らは地を受け継ぐだろうからだ」（マタイによる福音書5：5）

柔和な人たちというのは弱い人たちを指しているのではない。傲慢ではなく謙虚で、自ら進んで何かを新たに学ぶ必要があることを知っている人たちだ。

2.「わが民は知識の不足のために滅ぼされる」（ホセア書4：6）

経済危機で本当に危惧されるのは教育システムの危機だ。つまり、古くて時代遅れで、現実の世界からかけ離れている教育システムの危機が問題だ。仕事や労働、税金、投資などの裏に隠れている真実について学校が学生に教えるようにならなければ、経済危機は決して去らない。今こそ学校は、木の幹の穴に手を突っ込んだままのサルになるように学生を訓練するのをやめなければいけない。

今、人々にお金について教えなければ、貧乏父さんのような人が増えるばかりだ。父はすばらしい教育を受け、一生懸命に働き、正直に生きたが、死ぬまで金持ちに対して怒りを感じたままで、政府が自分の面倒を見てくれることを期待していた。

今こそ木から離れられないでいる人々を解放するべき時だ。ファイナンシャル教育にはそれができる。

本書を読んでより多くの知識が得られるよう、心から幸運を祈っている。なぜなら、知識こそが「真のお金」だからだ。

第一章

知識のアンフェア・アドバンテージ

●自分のお金をどうしたらいいか?

[よくある質問]　一万ドル持っているが、どうしたらいいか?　何に投資したらいいか?

[短い答え]　自分のお金をどうしたらいいかわからなかったら、誰にも言わないのが一番いい。

[解説]

自分のお金をどうしたらいいかわからないでいると、どうしたらいいか教えてくれる人がたくさん寄ってくる。彼らは「私にお金を預けなさい。あなたの代わりに面倒を見てあげます」と言う。

近年の金融危機によって一番損をしたのは、人を信頼して自分のお金を託した人たちだ。

[長い答え]　ファイナンシャル教育のレベルで、自分のお金をどうするか、どのように投資するかが決まる。

[解説]

ファイナンシャル教育を受けていなければ、リスクは増え、税金は上がり、リターン(収益)は減る。ファイナンシャル教育を受けていない人たちが昔から投資対象として選んできたのは、持ち家、株式、債券、投資信託、そして銀行預金だ。これらは投資の中でも最もリスクの高い投資だ。

ファイナンシャル教育を受けていれば、リスクは減り、税金は下がり、リターンは増える。つまり、リスクと税金を減らして、より多くを儲けられる。問題は、この場合、昔ながらのお金に関するアドバイスに従ったり、昔ながらの投資対象に投資するのではだめだということだ。

●本書の教え

非常に質の高いファイナンシャル教育を身につけていれば、お金は出ていくのではなくどんどん流れ込んでくる。景気がよかろうが悪かろうが、税金を払わずにローリスクで、何百万ドルものお金を他人のお金を使って稼ぐこともできる。これはとても大きなアンフェア・アドバンテージだ。

●誰からアドバイスをもらうか?

二〇〇七年、一つの言葉がにわかに世界の注目を集めるようになった。それは「サブプライム」という言葉だ。金融の世界が揺れ始めると同時に、それまで敬意を払われてきた金融界の巨人たちが揺らぎ始めた。そのうちのいくつかは崩壊し瓦礫と化した。

二〇〇八年九月十五日、リーマン・ブラザーズ投資銀行が破産を宣言した。アメリカ史上最大の破産だった。

二〇〇八年にはまた、アメリカ最大の証券会社メリルリンチが破綻しバンク・オブ・アメリカに買収された。皮肉なことに、メリルリンチこそ、何百万もの人が信用して自分たちのお金を託した会社、何百万もの人がお金に関するアドバイスを求めていた会社だった。

二〇一一年、メリルリンチは好調を取り戻している。ウェブサイトでは「今あなたの資産を新たに築くのをお手伝いするファイナンシャル・アドバイザー」に連絡を取るように促している。「新たに築く」という言葉に気を付けてほしい。頭のいい人なら、こんな疑問を持つかもしれない——なぜ「新たに」築かなければいけないのだろう? 一度失ったからだとしたら、なぜまた彼らにお金を託さなければいけないのか?

一方、保険会社AIG、フレディマック(連邦住宅金融抵当金庫)、ファニーメイ(連邦住宅抵当金庫)など、依然として大きな問題を抱えている金融界の巨人たちもいる。世界で最も金持ちで最も頭のいい投資家と言われているウォーレン・バフェットと彼の会社、バークシャー・ハサウェイさえも、この金融危機に際して大きな損失を被った。実際のところ、サブプライムローン（信用度の低い人向けのローン）にＡＡＡの信用格付けを与え、それらの不良抵当債券をデリバティブ（金融派生商品）という名の下で世界中の政府や年金ファンド、投資家たちに売りさばいていたのは、バフェットが率いる信用格付け会社ムーディーズだった。信用度の低い債券をパッケージ化して、信用度の高い債券として売るのはいわば詐欺だ。バフェットの会社はこの世界的金融危機のきっかけを作ったと言ってもいい。それなのに、世界はまだ権威ある投資アドバイスを求めバフェットの言葉に耳を傾けている。彼が支配権を持つ会社（ウェルズ・ファーゴ、アメリカン・エクスプレス、ゼネラル・エレクトリック、ゴールドマン・サックス）はさらに加えて、破綻後、納税者のお金を使った政府からの財政援助を何十億ドルも受けている。ウォーレン・バフェットが世界で最も頭のいい投資家と言われる真の秘訣はここにあるのだろうか？

この金融危機の間にはまた、何百万という人が抵当に取られて持ち家を失った。そして、持ち家の価値が抵当価値を下回る状況に陥っている人の数はさらに何百万人にも上る。

二〇一〇年、ボストン大学は、アメリカ人全体で六・六兆ドルの年金資金が不足しているという報告書を発表した。この調査は、年金口座と持ち家の価値の下落のために、アメリカ人は充分な年金資金を得られなくなるだろうと予測している。お金が足りなくて引退できないとしたら、働けなくなったらどうするのだろう？　なけなしの所持品を積んだショッピングカートを押して、橋の下で生活するのか？　病気になったらどうなるのか？　彼らの面倒は誰が見るのか？

●世界で一番頭のいい人たち

私が言いたいことはわかってもらえたと思う。二〇〇七年からずっと、世俗を離れた隠遁生活でも送っていない限り、一体何が起こっているか、あなたにもわかっているはずだ。世界で一番頭がいいはずの金融の専門家たち、私たちがその知恵を借りたいと思う人たち、世界で最高レベルの学校に通い、最高のファイナンシャル教育を受けたはずの人たちが、どのようにして史上最大の金融危機――これを「新大恐慌」と呼ぶ人もいる――を引き起こしたか、あなたにもわかっているはずだ。

ここでこんな疑問が出てくる。もし彼らがそんなに頭がよかったとしたら、もし金融界のリーダーたちが、お金で買える限りで最高のファイナンシャル教育を受けていたとしたら、一体なぜ、こんな金融危機が起こったのか？　なぜ金持ちがどんどん金持ちになり、貧乏な人がどんどん貧乏になり、中流層が姿を消しつつあるのか？　なぜ税金が上がり、政府が破産していくのか？　仕事はどこに消えたのか？　なぜインフレが進行する一方で賃金が下がっているのか？　なぜこれほど多くのベビーブーマー――投資の世界で最高の教育を受けたはずの人たちのアドバイスに従った人たち――が今、引退後の生活資金不足に陥っているのか？なぜこれほど多くの若者――大きな学資ローンを抱えて学校を卒業した人たち――が借金返済できるような仕事を見つけられないでいるのか？　学資ローンの債務不履行は今後大きな金融危機をもたらすだろう。これからやってくる危機は不動産市場の下落による破産ではない。次の債務危機は学資ローンの債務不履行が引き起こすことになるだろう。

問題は、国のリーダーたちのファイナンシャル教育の質の悪さ、大衆のファイナンシャル教育の欠如にあるのではないだろうか？

●ファイナンシャル教育とは何か？

今やっと、「学校でファイナンシャル教育をする必要がある」と言う人が増えてきた。でも、もし金融界のリーダーたちが世界で最も優秀な頭脳を持ち、お金で買える限りで最高のファイナンシャル教育を受けていたとしたら、なぜこれほど大きな金融危機に見舞われているのだろうか？

もっと適切な質問をしよう――そもそもファイナンシャル教育とは何か？　もし学校の先生たちが、ファイナンシャル教育が何たるかを知らなかったら、一体どうやってそれを教えるというのか？　ハーバード、エール、プリンストン、オックスフォード、ケンブリッジといった最高の大学と言われる学校を卒業した人たちが、史上最大の金融危機を招いたのはなぜなのか？　カリフォルニア大学の教員の年金プランが窮状に陥っているのはなぜなのか？　その年金プランを運用している人たちは本当にファイナンシャル教育を受けた人たちなのか？　学校に通っている子供たちはファイナンシャル教育を受けているのか？　学校は現実のお金の世界のための準備を学生たちにさせているのか？

何がファイナンシャル教育か、私の考えをお話しする前に、教育と訓練《トレーニング》の違いを指摘しておく必要があるだろう。

一九六九年、私はフロリダ州ペンサコラにある合衆国海兵隊飛行学校に入学した。そして、三年後にはベトナムでヘリコプターを飛ばしていた。当時を振り返って今気付くのは、自分は「よく訓練された」パイロットだったということだ。「よい教育を受けた」パイロットではなかった。

私が「よく訓練された」という言葉を使ったのは、戦闘用ヘリコプターを飛ばす訓練はきちんと受けていたからだ。でも、自分の国がなぜベトナムで戦っているのか、その理由に関する教育は受けていなかった。私は地政経済学的教育は受けていなかった。ベトナムが千年以上もの間、戦闘状態にあったことなど知らなかった。フランスとアメリカは、長きにわたってベトナムを征服しようと試みてきた帝国主義諸国の列に連なる最後の国だった。私は自分が参加している戦いが、アメリカがイギリスからの独立を獲得するために戦った独立戦争と同様に、千年にわたってベトナムが戦ってきた独立戦争であることを知らなかった。

私たちが聞かされていたのは、自分たちが善人で共産主義者たちが悪人だということだけだった。共産主義者が何かすら私は知らなかった。私が知っていたのは、自分たちが「善玉」で敵が「悪玉」だということだけ、自分たちは神を信じ、共産主義者たちは神を信じていないということだけだった。自分たちが石油と、ベトナムおよびそのほかの東南アジアの国々の天然資源の支配権をめぐって戦っているのだとは知らなかった。悲しいことに、今同じことがイラクやアフガニスタンで起こっている。

私はまた、ヘリコプターの設計、製造、修理に関してもまったく知識を持っていなかった。ただそれを飛ばし、銃やミサイルを撃ち、命令に従うように訓練を受けただけだった。戦争が終わる頃には、私は非常によく訓練されたパイロットになっていたが、きちんとした教育を受けたパイロットにはなっていなかった。

●教育と訓練の違い

「パブロフの犬」という言葉は、ある状況に対して批判的思考をすることなく自動的に反応する人のことを指してよく使われる。ロシアの生理学者イワン・パブロフが犬を使った実験で発見したのが、訓練によって獲得される「条件反射」だ。

現代の広告は条件反射がよく使われる。たとえば、アヒルを使った生命保険会社アフラックのコマーシャルなどがその例だ。金融サービスを提供する産業も同じ手を使う。条件付けられた人々は、お金のために一生懸命に働き、深く考えることもなくそのお金を銀行や年金プランにつぎ込む。

今、自分たちはファイナンシャル教育をしていると誇らしげに言う学校がたくさんある。でも、実際のところ、彼らが与えているのはファイナンシャル・トレーニングであってファイナンシャル教育ではない。パブロフが、食べ物がなくてもベルが鳴れば唾液が出るように犬を訓練したのとまったく同じような形で、何百万もの「高い教育」を受けたはずの人々が、お金に関する教育ではなく訓練を受けている。

「学校へ行っていい成績を取り、仕事に就け」
「一生懸命働け」
「お金を貯めろ」
「持ち家は資産だ」

「クレジットカードにはさみを入れて、借金を返済しろ」
「収入に見合った生活をしろ」
「株式、債券、投資信託などからなるポートフォリオに長期分散投資をしろ」

多くの人はこういったことがファイナンシャル教育だと思っている。テレビで「金融の専門家たち」がそう言っているのもよく見かける。これはファイナンシャル教育ではない。パブロフが犬に与えたのと同じ、また広告業者が商品を売るのに使っているのと同じトレーニングだ。

二〇〇七年に金融危機が襲った時、このファイナンシャル・トレーニングに従ってきた多くの人たちは、自分はファイナンシャル教育を受けていると信じ、結局すべてを失った——仕事も、家も、引退用資金も貯金もすべて。結婚生活が破綻に追い込まれたケースもたくさんあった。

さらに悪いことに、ファイナンシャル教育の流行に乗じた学校の多くは、銀行の人間を学校に招き、「お金を貯める」という知恵を授け続けている。このような学校はまた、ファイナンシャル教育の名のもとに、ファイナンシャル・プランナーを使って、「株式、債券、投資信託などからなるポートフォリオに長期分散投資をする」のが頭のいいやり方だと学生に信じ込ませる訓練をしている。何も考えずに、見も知らずの他人にお金を託すのはいいファイナンシャル教育の結果とは言えない。それは犬の訓練と同じだ。

そのようなことをしている学校の教育者たちが、「よかれ」と思ってそれをしていることはわかる。でも、彼ら自身に植え付けられた条件反射のせいで事実が見えなくなっているのは確かだ。つまり、自分たちが学校に招き入れている銀行の人間やファイナンシャル・プランナーが現在の金融危機を引き起こし、そこから利益を得た組織そのもののために働いているということが見えなくなっている。その組織とは、バンク・オブ・アメリカ、メリルリンチ、ゴールドマン・サックス、リーマン・ブラザーズ（この会社は今はもうないが）といった会社だ。これらの会社は世界でトップクラスの学校で「最高のファイナンシャル教育を受けた学生たち」を雇い、彼らを訓練して会社を運営させ、ファイナンシャル・サービスを売らせている。これはファイナンシャル教育ではない。セールス・トレーニングだ。

●「カネを見せろ」

一九九六年の映画、『ザ・エージェント』の中のトム・クルーズの台詞「カネを見せろ（Show me the money.）」は、今ではいろいろな場面で使われる決め台詞になっている。たいていの人がファイナンシャル教育だと思っているのは、この「カネを見せろ」ではなく「あなたのお金を私のところに送れ」ということだ。「一万ドル持っているが、どうしたらいいだろう？」と言う人がいると、ほんのわずかのファイナンシャル教育しか受けていないが、たっぷりセールス・トレーニングを受けているファイナンシャル・プランナーたちは次のように言う――「株式、債券、投資信託などからなるポートフォリオに長期分散投資をしなさい」。つまり一言で言えば「あなたのお金を長期にわたって私に預けなさい」ということだ。何度も聞かされるこのような言葉に従ってきた人たちは、今大きな損をしている。巨額詐欺事件の張本人バーナード・マードフが、あれほど多くの、高い教育を受けた金持ちたちに何十億ドルものお金を出させ、アメリカ史上二番目に大きな規模のポンジー・スキーム（ネズミ講方式の投資詐欺）を成功させたのはこの方法だ（ちなみにアメリカ史上最大のポンジー・スキームは社会保障だ）。

ポンジー・スキームの仕組みを考えると、ほとんどの市場――不動産、債券、投資信託の市場――は一種のポンジー・スキームだと言える。より高いリターンを求めて新たに参加する投資家たちがお金を出すのをやめたら、このシステムは崩壊する。

二〇〇七年、サブプライム危機の拡大のニュースが伝わると、古い投資家も新しい投資家も、こぞって自分のお金を取り戻そうとした。投資家だけでなく、お金を貯めていた人も自分のお金を取り戻したいと考え、そのために世界経済――巨大なポンジー・スキーム――が崩壊寸前に追い詰められた。人々がお金を出すのをやめて、返してくれと要求し出したら、つまり「カネを見せろ」と言い出したら、世界市場は暴落し、何百万人もの一般の人々が莫大なお金を失う。

世界経済を救うために、各国の中央銀行と政府が介入を余儀なくされ、お金を貯めている人や投資家に「あなたのお金は安全だ」と請け合った。問題は、それでもなお何百万という人が財産を失い、さらに多くの人が政府と金融システムを信じなくなっていることだ。そもそも信じてはいけないのだ。世界の金融システムは政府主催のポンジー・スキームだ。あなたや私のような人間が、信頼に値する相手だと希望的観測を持ってお金を送り続けている間は、それは機能する。アメリカの若い労働者たちが「社会保障のためにこれ以上お金を出すのはやめよう」と言い出したらどうなるだろう？　アメリカ経済が混乱に陥るばかりでなく、おそらく世界経済も崩壊する。

世界規模のポンジー・スキームはファイナンシャル教育を受けている人間には都合のいい仕組みだが、それを受けていない人間にとっては悲劇だ。私がファイナンシャル教育について本を書き、それを人々に与えようとしているのはそのためだ。

●ファイナンシャル教育の五つの構成要素

簡単に言うと、ファイナンシャル教育は次の五つの要素から構成されている。

・歴史
・言葉の定義
・税金
・借金
・コインの表と裏

説明をできるだけわかりやすく単純にするため、本書全体を通じて、この五つの基本的構成要素を折にふれて取り上げるつもりだ。

●ゲームでわかる単純な仕組み

世界の金融の中心地から遠く離れたハワイで育った私のファイナンシャル教育は、九歳の時に始まった。その時、親友の父親で私が金持ち父さんと呼んでいる人が、自分の息子と私に、ボードゲーム『モノポリー』を使ってお金について教えてくれたのが始まりだった。金持ち父さんはいつもとてもわかりやすく教えてくれた。

ある日、金持ち父さんはこう言った。「世界で一番すばらしいお金に関する戦略の一つは『モノポリー』の中にある」

「どういうやり方ですか？」友達と私は好奇心にかられてそう聞いた。

金持ち父さんはにやりとしながら答えた。「わからないかい？　もう何年もこのゲームをやってきただろう？　その方式はきみたちの目の前にあるじゃないか」

残念ながら私たちにはそれが見えなかった。このゲームでは出発点（GOと書かれたマス目）を通るたびに二百ドルもらえることになっているが、何度それを繰り返しても金持ち父さんが言っていることがわからなかった。

それからやっと金持ち父さんは答えを教えてくれた。「金持ちになるためのすばらしい方式の一つは、四つの家を一つの赤いホテルに変えることにある」

そのあと、金持ち父さんは息子と私を外に連れ出し、自分が持っている本物の「緑の家」を見せてくれた。彼の緑の家は五エーカーほどあった。「いつか、私は大きな赤いホテルを手に入れる」。次に、考えをまとめるために少し待ってから金持ち父さんはこう続けた。「方式はたくさんあるが、私はこれから生涯、この方式に従うつもりだ。私は教育を受けていない。きみたちのようにきちんと学校に通っていない。でも、正式な教育こそ受けていないが、この方式を自分のために働かせる方法を学ぶことに一生をかけるつもりだ」

金持ち父さんはその言葉通りにした。正式な学校教育を受ける代わりに、ビジネスやセールス、投資についてのコースをとるために、ハワイ島のヒロからオアフ島にある州都ホノルルへよく飛んだ。彼の目標は職を得るために大学卒業資格を得ることではなかった。仕事に就きたいとは思っていなかった。大きな富につながる自分の計画を推し進めるための教育を得ることが彼の目標だった。

十年後、十九歳の私はクリスマス休暇を家族とすごすためにニューヨークの学校から家に戻った。金持ち父さんの息子と私は、ワイキキビーチにある金持ち父さんの本物の「赤いホテル」のペントハウスで盛大な新年会をやった。真夜中を過ぎ、パーティーがお開きになった時、私はバルコニーに立ち、目の前のワイキキビーチをながめながら、金持ち父さんが現実の世界でモノポリーをやり続けてきたことを実感した。彼は自分の計画に従ってきた。その十年のあいだに、彼が貧乏な状態から大金持ちになったことを私はこの目で見てきた。のちに金持ち父さんはハワイのあちこちの島に五棟のホテル、そのほかたくさんの不動産、ビジネス、資産を持つようになった。

今、ハワイに帰ると、金持ち父さんの家族が今も所有し家賃を受け取り続けているビルのそばを車でよく通る。金持ち父さんはもう亡くなっているが、ある意味、亡くなったあとも彼は金持ちであり続けている。

わかっている人もいると思うが、富を維持するのは、それを獲得するのと同じくらいむずかしい場合がある。金持ち父さんが金持ちになる前に、先に挙げたこと以外に税金や相続、資産保護などについてのコースをホノルルでとっていたのはそのためだ。なぜそんなことをするのか、理由を聞くと彼はこう答えた。「せっせと働いて稼いだお金を他人や政府に持っていかせるのは理屈に合わない。賢く頭を使わなければ、汗水流して稼いだお金は、きみが死んだあと、政府がその大部分をとっていく。株式ブローカーは市場が暴落したらきみのお金を返してくれない。賢く頭を使わなければ、思いがけないことが起こったり病気にかかったりした時に全財産を失う。賢く頭を使わなければ、訴訟を起こされて苦労したお金の大部分を失うこともある。お金を儲ける前に、それを守る方法を学ぶ必要があるのはそのためだ」

金持ち父さんはハイスクールも出ていない。でも、自分を教育することを決してやめなかった。

結婚し、ビジネスと投資資産を築きつつあった頃、キムと私は一年に三回か四回、ビジネスや投資に関する教育を受けるようにしていた。実際にビジネスを築き、投資をしながら学ぶことの利点は、学んだことをすぐ応用できることだ。オプションの取引からセールスレターの書き方、資産保護まで、私たちはさまざまなコースを取った。金持ち父さんの場合と同じように、私たちはこうしてお金に関する知識を獲得し、今もそれを増やし続けている。金持ち父さんは何か特定のテーマについて教えてくれたわけではない。何を、どのように学んだらいいか教えてくれた。金持ち父さんと同じように、私たちは今もせっせと学び続けている——現実の世界で『モノポリー』をやることができるように。

●ファイナンシャル教育の価値

キムと私は一九八六年に結婚した。新婚夫婦はたいていそうだが、私たちはあまりお金を持っていなかったし、借金をするために必要な信用度《クレジット》もあまり高くなかった。そのような金銭的問題に加えて、私には百万ドル近い借金があった。初めて起こした会社、ナイロンとベルクロを使ったサーファー用財布の製造会社の失敗によって生じた、出資者への借金だった。

一九八七年十月十九日、ダウ平均株価は五百八ドル下がった。二十二パーセントの下落だった。

一九八八年、ジョージ・ハーバート・ウォーカー・ブッシュがアメリカ大統領に選出された。同じ年、貯蓄貸付業界が破綻し、それに続いて不動産市場が暴落した。サブプライム危機の場合と同様に、この破綻はアメリカ全土に、そして世界へと広がった。何百万という人々が仕事や家を失い、景気が急降下し始めた。

一九八九年、世間が悲観的なムードになっている時、私はキムにこう言った。「今こそ投資を始める時だ」

結婚したばかりで大きな借金を抱え、いわゆる「職」もなく、自分たちのビジネスを築くプロセスにあった私たちには、投資のためのお金を貸してくれる人を見つけるのは不可能に思えた。状況を悪くする要素はまだあった。当時、投資家に対する貸付金利は九パーセントから十四パーセントに上っていた。私たちの借入申込は何度となく断られた。何十年に一度の最悪の景気の時に、なぜ私たちが投資家になりたいと思っているのか、銀行には理解できなかった。たいていの銀行は、モノポリーを現実の世界でやろうとしているのだという私たちの説明を好意的には受け取ってくれなかった。

でも、断られながらもキムは学び続けた。セミナーを受けたり、本を読んだり、不動産をいくつも見て回った。キムの目標は十年間、一年に二軒ずつ家を買い、全部で二十軒手に入れることだった。このプロセスは、最初はゆっくりと始まったが、次第に勢いづいてキムは十八カ月でこの目標を達成した。そして、予定より八年も早く目標を達成したあとも、投資をやめなかった。キムは楽しみながらそれをやっていた。一つ取引を終えるたびに何かしら新しいことを学んだ。特に、自分の思い通りにいかなかった取引から多くを学んだ。何か学ぶたびに、自分がいかに知らないことが多いか気付かされた。もっと学びたいという気持ちがキムのやる気を後押ししていた。

一九九四年までにキムと私は経済的に自由になっていた。私たちはビジネスを売り、儲けを再投資した。投資用の不動産の数は六十を超え、そのどれもが毎月収入を生んでいた。キムは三十七歳、私は四十七歳だった。

私たちはまだ金持ちとは言えなかった。ただ月に収入一万ドル、支出三千ドルという状態になっただけだ。でも、「金持ち」とは言えないまでも、経済的自由を手にしていた。もう働かなくても充分なキャッシュフローを手にしていた。

●引退プランの耐久テスト

一九九四年、私たちは早期引退を決めた。自分たちの引退プランに「耐久テスト」を課したいと思ったからだ。つまり、景気の良し悪しに左右されず、このプランが機能することを確かめたかった。まだ若かったから、もしそれが機能しなくても投資の土台を修正し再建することができた。

●早期引退の終わり

二年後、引退生活に飽き飽きしたキムと私は仕事に戻り、ファイナンシャル教育を目標としたゲーム『キャッシュフロー』を作った。このゲームは言わば「箱詰めされたセミナー」のようなもので、金持ち父さんから私が学んだお金についての教えをみんなに伝えるために作られたものだ。金持ち父さんの場合と同様、このゲームもあなたに答えは与えてくれない。さまざまな課題を与え、考えさせてくれる。プレーヤーや課題は毎回変わるから、ゲームの進行も毎回異なる。このゲームは三種類ある。初心者向けの『キャッシュフロー１０１』、上級者向けの『キャッシュフロー２０２』、十二歳以下の子供向けの『キャッシュフォー・キッズ』だ。

二〇〇四年、ニューヨークタイムズ紙は一面をほぼすべて使い、このゲームに関する記事を掲載した。そこには、世界中にキャッシュフロー・クラブがあり、私が金持ち父さんから学んだ教えを人々が教え合っていることが取り上げられていた。現在、このゲームは十五の言語に訳されていて、オンライン版も世界中で利用されている。

一九九七年、『金持ち父さん　貧乏父さん』が出版された。この本の中で、私は「持ち家は資産ではない」という金持ち父さんの教えを紹介した。あちこちで反論の声が上がった。特に不動産エージェントからの声が強かった。二〇〇七年、不動産市場が大暴落すると同時に、多くの人が金持ち父さんの教えの大切さに気が付いた。

二〇〇〇年、オプラ・ウィンフリーが司会をする人気トーク番組が出演依頼の電話をしてきた。出演後、私は「一夜にして大成功を手に入れる」ことになった。つまり一夜にして有名人になったということだが、実際は本当の成功を手に入れるまでに四十年の長い戦いの時期があった。

オプラの番組に出演したあと世界中で本やゲームが売れ出し、お金がどんどん入るようになったが、私たちの「お金に関する方式」に変化はなかった。それは、景気の良し悪しにも、自分たちの持っているお金の多少にも影響されず、常に機能し続ける「耐久テストをパスした方式」だった。

二〇〇二年、『金持ち父さんの予言』が出版された。この本の中で私は史上最大級の株式大暴落が迫っていると「予言」した。この予言は異端の説と受け止められた。なぜなら、当時世界は好景気に沸き、史上最高のバブル期を迎えていたからだ。このバブルこそが、予言通りに、のちに何百万という人の引退プランをめちゃくちゃにする。今、予言は実現しつつある。

『金持ち父さんの予言』はウォール街の注目を集め、私は攻撃の矢面に立たされた。マネー、スマートマネー、ウォール・ストリート・ジャーナルといった雑誌、ラジオ、テレビ、インターネットなどのメディアで私は叩かれた。それもそうだろう。私はビジネスの世界に生きる人間だ。一方、ウォール街の人間は自分たちにお金を稼がせてくれる「金のなる木」を守る必要があったのだから。

『金持ち父さんの予言』の「はじめに」の中で、私は「二〇一〇年までに準備すればまだ間に合うかもしれない」と書いた。でも、私の警告にもかかわらず、何百万という人たちが株式市場でギャンブルを続け、不動産市場の値上がりをいいことに、持ち家をATM代わりに使ってお金を引き出し続けた。私がこの本を書いて二〇一〇年に関してそのような予言をしたのは二〇〇一年のことだった。もし私がファイナンシャル教育に多くの時間を投資していなかったら、お金に関するあのような予言はできなかっただろう。

二〇〇六年、不動産市場が絶頂期にあった頃、私は二億六千万ドルの不動産プロジェクトへの誘いを受けた。そのプロジェクトは私たちが住むアリゾナ州フェニックスに建つ四百室のリゾート施設と五つのゴルフコースを含む大規模なものだった。でも、私はそのプロジェクトには手を出さなかった。それを断った時、売り手は「きっと後悔しますよ。十年後にはこのプロジェクトは四億ドルの価値のものになりますよ」と言った。

「あなたの言う通りになるといいですね。でも、このプロジェクトは私には採算が合うとは思えません」。私はそう言うとブリーフケースをたたんで席を立った。

二〇〇六年、私はロサンゼルスのテレビ局KTLAをはじめ多くの番組に出演し、市場の暴落が近づいていると警告を発した。

同年、ドナルド・トランプと私は『あなたに金持ちになってほしい』を出版した。この本の中で私たちは、近づきつつある大暴落と、中流層が大きな打撃を受け消えていくのはなぜか、その理由を取り上げた。私たちが執筆に取りかかったのは二〇〇四年の末だった。私たちは貧困層が増加すると考えていた。中流層に属する多くの人々が、「経済のハシゴ」を降りていくことになるというのが私たちの主張だった。金持ちになるか、貧乏になるか、選択肢が与えられているとしたら、金持ちになるほうがいいと私たちは思っている。書名に込められているのはそのような私たちの気持ちだ。ドナルドと私はあなたがたに金持ちになってもらいたいと思っている。

みなさんもご存じのように、この本が出た直後、二〇〇七年から市場の暴落が始まった。

●株式市場の暴落

二〇〇八年、ウルフ・ブリッツァーが司会代行を務めていた時に、私はCNNの看板トーク番組ラリー・キング・ライブに出演し、リーマン・ブラザーズの破綻を予言した。

二〇〇八年、『大金持ちの陰謀　Conspiracy of the Rich』が刊行された（邦訳は筑摩書房より刊行予定）。これはほじめオンライン書籍として無料で配信されていたものだ。この本の執筆は一つの「旅」だった。なぜならこの本は世界の金融市場が崩壊する中で書かれたからだ。この本には、連邦政府の一部でもなく、準備金も持たず、銀行でさえない「連邦準備銀行」について書かれている。一九一三年に創立されたこの「銀行」こそ、今の金融危機の元凶だ。この本ではまた、この危機が単なる金融危機ではない理由、たまたま起こった事故ではない理由、新たに訪れた危機ではない理由——この嵐はもう数年前から吹き荒れている——なども説明している。

二〇〇八年九月十五日、CNNで私が予言した通り、リーマン・ブラザーズが破産保護を申請した。これはアメリカ史上最大規模の企業破産だった。

二〇〇九年、前に話のあった四百室のリゾート施設と五つのゴルフコースを含むプロジェクトの話がまた私のところへ持ち込まれた。今回はキムと私はそれを購入した。私たちが払ったのは二億六千万ドルではなく、四千六百万ドルで、これには年金ファンドからの借入金を当てた。前に二億六千万ドルを要求していた売り手は破産していた。二〇〇七年の市場暴落でこの売り手は貧乏になったが、私たちはより金持ちになった。『金持ち父さんの予言』に書いた「二〇一〇年までに準備すればまだ間に合うかもしれない」という言葉通りになった。いい取引が市場に出始めた時、私とキムには準備ができていた。

一九八九年に自分に対するファイナンシャル教育を始めてから二十年あまりたった二〇一〇年、キムは三千戸近い賃貸用の部屋や家を所有するようになっていた。毎月の収入はたいていの人の年収を上回る。私は主にビジネス、商業用ビル、油田、金鉱、銀鉱を中心に投資を続けている。鉱山会社は一九九七年と一九九九年に非常に安い価格で購入した。なぜなら当時は金や銀の価格はとても低かったからだ。だから超お買い得値段で買えた。鉱山の開発が始まり、金と銀が多量にあることがわかってから、二つの会社はトロントの株式市場で新規上場（ＩＰＯ）され公開会社となった。ちょうどその頃、金と銀の価格は上がり始めていた。

私たちはまた、石油の価格がとても安い時に油田を探した。今の時代は景気がよかろうが悪かろうが、人々は石油を使い続ける。だから、私たちは市場の暴落でも打撃を受けなかった。キムの賃貸物件はオクラホマ州とテキサス州の石油産出地域にある。人々が石油を使い続ける限り、その地域には仕事があり、キムの貸屋は借家人で埋まる。そして、そこからの家賃でキムはさらに賃貸用のアパートを買う。

不景気の中でも、キムと私はとても順調にやっていて、どんどん豊かになっている。それに、私たちの稼ぎは増える一方で、収める税金は減っている。多くの場合、税金はゼロだ。もちろんまったく合法的にだ。これが真のファイナンシャル教育の威力であり、本書を書いた理由でもある。ドナルド・トランプと私が共著の中で書いたように「中流層が消滅しようとしている。金持ちになるか貧乏になるか選択肢があるとしたら、私たちはあなたに金持ちになってもらいたい」。これが、ファイナンシャル教育が大切な理由だ。

●貧乏はいやなものだ

キムと私は、文無しで落ちぶれ果てた状態がどんなものかよく知っている。「お金には興味がない」と言う人は頭がどうかしている。「貧乏はいやなものだ」。私は自分の体験からはっきりそう言うことができる。一九八五年、自分たちのビジネスを起こそうとしていたキムと私はしばらくの間ホームレス状態になり、友人の家の地下室や使っていない部屋に住まわせてもらった。私たちはよく引越しをした。キムが私と別れる決心をしても当然だった。でも、彼女はがんばり続けた。私たちは、二人で一緒によりよい人生を手に入れるという自分たちの決心の強さを試し続けた。キムがお金目当てで私と結婚したわけではないことは確かだ。私にはお金がなかったのだから。金持ち父さんが教えてくれたプロセスを実行し続け、成功が手に入り始めたあとも、私たちは決して立ち止まらなかった。初めの頃はつらかったが、ファイナンシャル教育を受ける過程での人生の山や谷こそが、私たちの人生を変え、今日のような姿にしてくれた。今の私たちは「お金が人を金持ちにするのではない。知識が金持ちにする」ということを身をもって知っている。実体験を通してファイナンシャル教育を受けることの威力、そして、知識がアンフェア・アドバンテージであることの理由がここにある。

●何がアンフェア（不公平）か？

一九八七年の株式市場暴落以来、世界経済は二つの大きな好景気と不景気のサイクルを潜り抜けてきた。そして、その好景気と不景気が来るたびに、キムと私は財力をさらに伸ばした。一九九〇年の経済の状態は二〇一〇年のそれとよく似ていた。景気が悪い時は金持ちになる絶好のチャンスだ。一九九〇年、世の中が大きな不景気に見舞われている時、キムと私は貧困層から金持ち層へ移動するプロセスを開始した。

そのプロセスは今も変わらない。変わったのはゼロの数だけだ。キムは最初の投資用不動産をオレゴン州ポートランドで四万五千ドルで購入した。もう一度断っておくが、当時私たちには貸付を受けるための信用がまったくなく、自営業者で定職がないからという理由でほとんどの銀行は融資をしてくれなかった。さらに悪いことに、私は百万ドルの負債を背負っていた。投資家に対する貸付金利は九パーセントから十四パーセントだった。加えて、私たちには余分なお金がまったくなかった。余分なお金は全部、当時大きくしようとしていた世界規模の教育会社につぎ込んでいたからだ。私はキムに「創造的資金作り」について自分が知っていることを教えた。すると彼女はその家を買うための五千ドルを魔法のように作り出した（売り手の助けを借りて、ローンが組めるようにした）。その物件からキムは毎月二十五ドルの純益を得るようになった。これはローン返済、そのほかの経費を差し引いた額だ。一九八九年、キムは自分の道を歩み始めた。まだ金持ちにはなっていなかったが、ファイナンシャル教育はすでに始まっていた。それはもう頭の中の理論ではなく、実社会での教育だった。

先ほども言ったように、二十年後、キムと私は五つのゴルフ場つきのリゾートを四千六百万ドルで購入したが、取引に伴う仕事をこなしたのは主にキムだった。ここでもプロセスは同じだ。キムはお金は持っていなかったが、お金を集める方法を知っていた。プロセスの中で変わっていたのはゼロの数だけだ。四万五千ドルが四千六百万ドルになっていた。増えていたのは彼女のファイナンシャル教育だ。キムが実社会で積んできたファイナンシャル教育はさまざまだった。講座やセミナー、調査、読書、成功や失敗、いい時期や悪い時期、詐欺師やペテン師、嘘つき、裏切り、よき師《メンター》、悪いパートナー、すばらしいパートナー……それらのすべてが教育だった。知識が増えると共にキムはより多くの自信を持つようになった。リスクは減少し、投資の規模が大きくなった。これこそが、今キムが持っているアンフェア・アドバンテージであり、『リッチ・ウーマン』を書くだけの資格が彼女にあった理由だ。この本は女性たちが実社会でファイナンシャル教育を受けることで、自分の金銭的未来を自らの手でコントロールできるよう、励ますことを目的に書かれたものだ。

●なぜ私たちは打撃を受けなかったか?

[よくある質問] 二〇〇七年以来、何百万人もの投資家がすべてを失った。あなたがたが損をせず儲けることができたのはなぜか?

[短い答え] ファイナンシャル教育のおかげで、昔ながらのお金に関する「賢い方法」に従わないでいる能力が与えられていたから。

[よくある質問] ほかの人は知らないことであなたがたが知っていたこととは何か? 景気が落ち込んでいく中でも、あなたが勝利を収められたのはなぜか?

[短い答え] モノポリーをやり続けていたから。

[解説]

モノポリーにはとても大事な三つの教えが含まれている。

・一つ目の教え：四つの緑の家を一つの赤いホテルに換える

この教えはつまりこういうことだ――小さく始めて大きく夢見ろ。私たち二人は講座やセミナーを取り、週末に小規模な不動産取引をするようにした。私たちには一つルールがあった。それは一つの物件を買う前に百の物件を見ることだ。新しい取引を終えるたびに私たちは賢くなった。特に悪い取引をした時、より賢くなった。ご存じかもしれないが、たいていの投資は悪い投資だ。だから、数少ないすばらしい取引を見つけるためには時間を投資する必要がある。

これは不動産投資に限らない。株式でもビジネスでも同じだ。多くの人、特に男性は、投資市場に飛び込み、一旗挙げて大儲けしようとする。たいていの場合、それで大損する。

経験から学び、経験を生かせるようになるまでに少なくとも五年から十年かけよう。不動産が好きだったら不動産から始めればいいし、株式が好きだったら株式、ビジネスに興味があるのならビジネスから始めればいい。忘れないようにしよう。これから先、必ず間違いは犯す。だから小さい間違いを犯すようにして、そこから学び、大きな夢を持ち続けよう。

・二つ目の教え：緑の家一つにつき十ドルの収入

この教えで大事なのはキャッシュフローだ。家が増えればキャッシュフローも増える。赤いホテルが手に入ればキャッシュフローは大幅に増える。

お金の世界とファイナンシャル教育において一番大事な言葉はキャッシュフローだ。お金《キャッシュ》はいつも流れ《フロー》ている。流れ込んでくるか、流れ出ていくかのいずれかだ。たいていの人の場合は、せっせと働く一方、お金は流れ出ていく。真のファイナンシャル教育は、現金を流れ込ませることができるようにあなたを訓練する。

ファイナンシャル教育を身につけた投資家になるには、キャッシュフローとキャピタルゲインの違いを知っていなければいけない。

ファイナンシャル教育を充分に受けていない投資家の大部分はキャピタルゲインを目的に投資する。アマチュアの投資家が次のように言うのはそのためだ。

「家の価値が上がった」

「株価が上がったから売った」

「新興国市場に投資するのは賢いやり方か？」

「私が金《きん》に投資しているのは金の値段が上がっているからだ」

「ポートフォリオを見直してバランスのとれたものにするべきだ」

「私の純資産は増えている」

「アンティークカーに投資するのは価値が上がるからだ」

簡単に言うと、この金融危機で損をした人は、主にキャピタルゲインを目的に投資をしていた人たちだ。その多くは、投資の対象が値上がりすることに賭けている。市場が暴落した時、彼らの純資産の価値も大幅に減りマイナスに落ち込んだ。

キャッシュフローとキャピタルゲインの違いを単純化して図によって説明しよう。

不動産物件を買う時、キムと私は主にキャッシュフローを目的に買う（図②）。私たちは財務諸表に注目する。寝室二つの四万五千ドルの貸家であれ、四百室と五つのゴルフコース付きの四千六百万ドルの豪華リゾートであれ、キャッシュフローを目的に投資するということは、お金が流れ込んでこなければいけないことを意味する。私たちの場合、景気が悪くなった時も、三千戸を越える貸家や商業用不動産からのキャッシュフローが途絶えることはなかった。

お金が流れ込み続けた理由は、物件を買う前に、その地域に安定した仕事が供給されていることを確かめたからだ。覚えておいてほしい。賃貸不動産の価値を決めるカギはその地域に仕事があるかどうかだ。私たちは高級住宅地には投資せず、パートナーのケン・マクロイと共に、多くの労働者を恒常的に必要とする地域にある労働者用の物件を中心に投資した。

テキサス州とオクラホマ州に賃貸物件を持っているのはこのためだ。石油産業には労働者が必要だ。不景気になろうと、人には住むところが必要だし、石油の消費は途絶えない。私たちはほかに、大学のある町の住宅にも投資している。こういう町には安定した雇用があるからだ。

不動産業界で大打撃を受けたのは、高値での転売を目的に不動産を購入するフリッパーと呼ばれる投資家たちだった。フリッパーはキャピタルゲインを目的に投資する（図③）。彼らは不動産バブルが続き、値上がりが続くことをあてにしていた。つまり値上がりしたら、別の「おめでたい人間」に転売し利ざやを懐にする。でも、不動産バブルがはじけた時、彼ら自身が「おめでたい人間」になった。

大事なことなのでここでもう一度繰り返す。モノポリーのゲームで大事なのはキャッシュフローだ。持っているのが緑の家だろうが赤のホテルだろうが、お金が流れ込んでくる。これがこのゲームで勝つ秘訣だ。

②キャッシュフローを目的に投資する

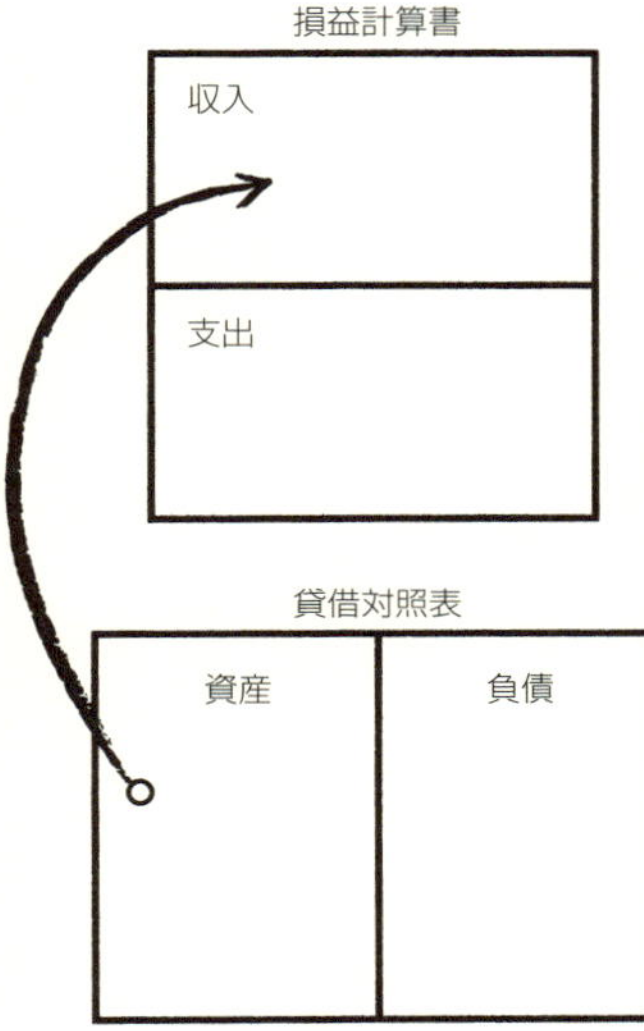

③キャピタルゲインを目的に投資する

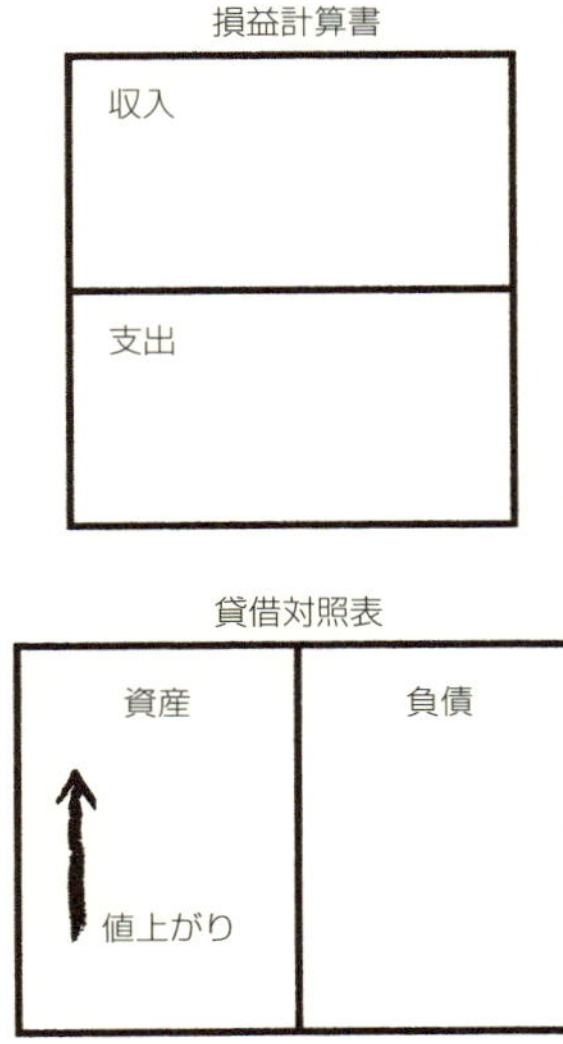

現実の世界でも同じだ。

残念なことに、ファイナンシャル教育の不足のために、私が思うに九十パーセントのアマチュア投資家はキャピタルゲインを目的に投資している。つまり、株式や不動産、金や銀の価格が上がることをあてにしている。これはギャンブルだ。でも、大部分のお金の「専門家」たちはそうするように勧める。ファイナンシャル・プランナーたちが「株式市場は平均して毎年八パーセント上昇している」などと言ったり、不動産エージェントが「あなたの家の価値は上がる」などと言うのはこのためだ。彼らはキャッシュフローではなくキャピタルゲインに注目している。あなたは賢く考え、キャッシュフローに投資するようにしなければいけない。

▼ファイナンシャル教育——ここがカギ

ファイナンシャル教育ではキャッシュフロー、キャピタルゲインといった言葉の正しい定義を理解することが大事だ。

『金持ち父さん　貧乏父さん』の中で私は資産と負債の違いについて書いた。簡単に言うと、資産とはあなたのポケットにお金を入れてくれる（お金が入ってくる）もの、負債とはあなたのポケットからお金をとっていく（お金が出て行く）ものだ。たいていの人の場合、家を持っていると、たとえローンは残っていなくても、不動産税、修繕費、保険料といった形でお金が出て行く。そのほか自家用車など、あなたのポケットからお金をとっていくものはすべて同じように負債だ。

一方、キムと私が買う不動産の場合は、そのほとんどが、借入金返済やそのほかの経費を差し引いたあとも収入を生む。キャッシュフローとキャピタルゲインの違いを知っているおかげで、私たちにはアンフェア・アドバンテージが与えられている。私たちが一つの物件を買うのに多くの物件を見て回るのは、プラスのキャッシュフローを生む物件を見つけるのは大変だからだ。ありがたいことに、市場が暴落するとそのような物件を見つけるのはたやすくなる。なぜなら購買価格が低く抑えられるからだ。

この金融危機の嵐の中で一番損をしたのは、キャピタルゲインをあてにして負債に投資していた人だ。市場の暴落と同時に彼らの懐からお金が流れ出した。

ごく普通の平均的投資家はキャピタルゲインを目的に投資する。彼らは本当の意味での投資家ではない。値上がり益を狙う「トレーダー」だ。真の投資家はキャピタルゲインとキャッシュフローの両方を目的に投資する。彼らはまた、できる限り他人のお金を使い、節税を考えながら投資する。節税の方法を知っていることも、一つのアンフェア・アドバンテージだ。

図④は資産と負債の違いを表している。

キャッシュフローを目的とするのは何も不動産に限ったことではない。私が石油に投資するのも、キャッシュフローが目的だ。そこからお金が入り続ける限り、石油の値段が上がろうが下がろうが私は気にしない。配当をあてにして株に投資する人はたくさんいるが、これも一種のキャッシュフローだ。債券を持ち続ける人、貯蓄をする人は利子をあてにしている。これもキャッシュフローだ。私は自分が書いた本や考え出したゲームなどに対して印税やライセンス使用料を受け取っているが、これもキャッシュフローだ。配当、利子、印税などと名前は異なるが、どれも同じことだ。

残念ながら、二〇一〇年の市場暴落のあと、債券からの配当や貯蓄の利子は大幅に下がった。この種のキャッシュフローをあてにしていた引退者には大きな打撃だ。

私は子供の頃、モノポリーをすることでこの貴重な教え――キャッシュフローの教え――を学んだ。図④をもう一度見てみよう。「緑の家」はどれも私のポケットにお金を入れてくれるものでなければいけない。プラスのキャッシュフローだ。私はこの教えを決して忘れなかった。キムと私が一九八七年と二〇〇七年の金融の嵐の中で損をしなかったのはそのためだ。

もう一度繰り返すが、これほど多くの人が巨額のお金を失ったのは、キャピタルゲインをあてにして投資していたからだ（図③）。そういう人はギャンブルをしているのと同じだ。市場の上がり下がりをいつも気にしている。投資が危険だと思う投資家がこれほど多いのはそのためだ。自分でコントロールできないものは何でも危険だ。

私は日曜学校で「わが民は知識の不足のために滅ぼされる」（ホセア書４：６）という言葉を教えられた。今、ファイナンシャル教育の不足のおかげで何百万もの人が滅ぼされようとしている。モノポリーからの貴重な教えである、キャッシュフローとキャピタルゲインの違いを知ってさえいれば、多くの人が損をしないですんだだろう。

・三つ目の教え：他人からお金を送ってもらう

モノポリーは私に、人からお金を送ってもらうことを教えてくれた。モノポリーでは緑の家を持っていると、ほかのプレーヤーがこの家のあるマス目に止まると十ドル払ってもらえる。「人にお金を送らせる」というのはちょっと抵抗のある考え方かもしれないが、その方法を学ぶことこそ真のファイナンシャル教育だ。

▼ファイナンシャル教育――ここがカギ

学校で行われているファイナンシャル教育は、自分のお金を政府や一般の銀行、投資銀行などに送ることを教える。真のファイナンシャル教育は他人から自分のところにお金を送らせる方法を教える。

普通の教育を受けた子供が大人になった時、彼らの財務諸表は図⑤のようになる。

ファイナンシャル教育を受けていない人は、何も考えずに自分のお金を税金という形で政府に送ったり、住宅ローン、自動車ローン、クレジットカードの借入、学資ローンといった形で銀行に送ったりしている。

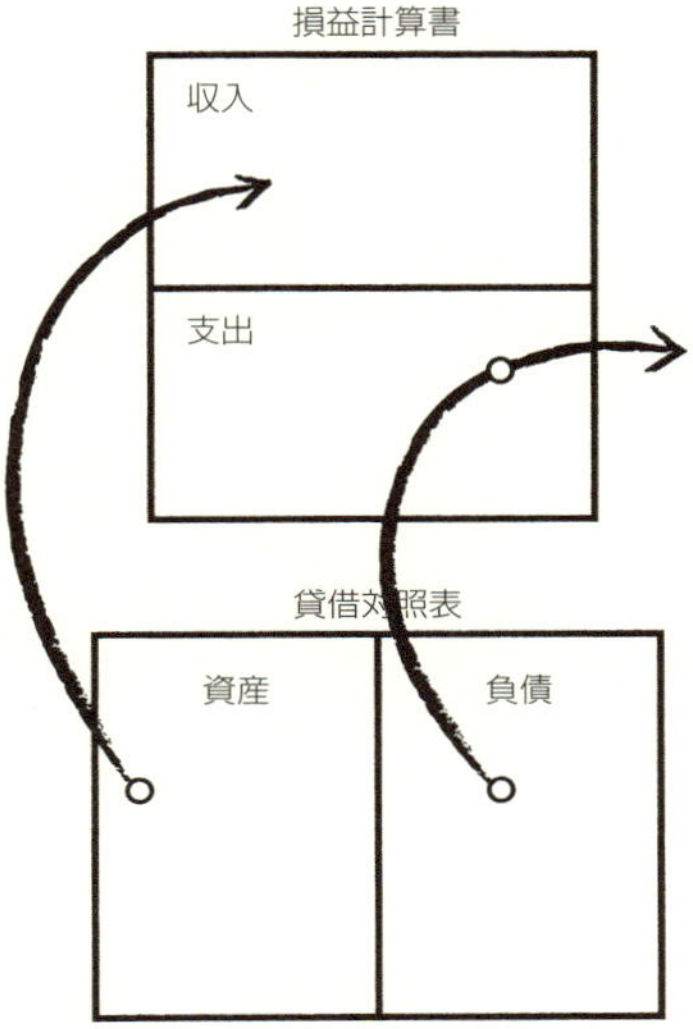

④資産と負債はここが違う

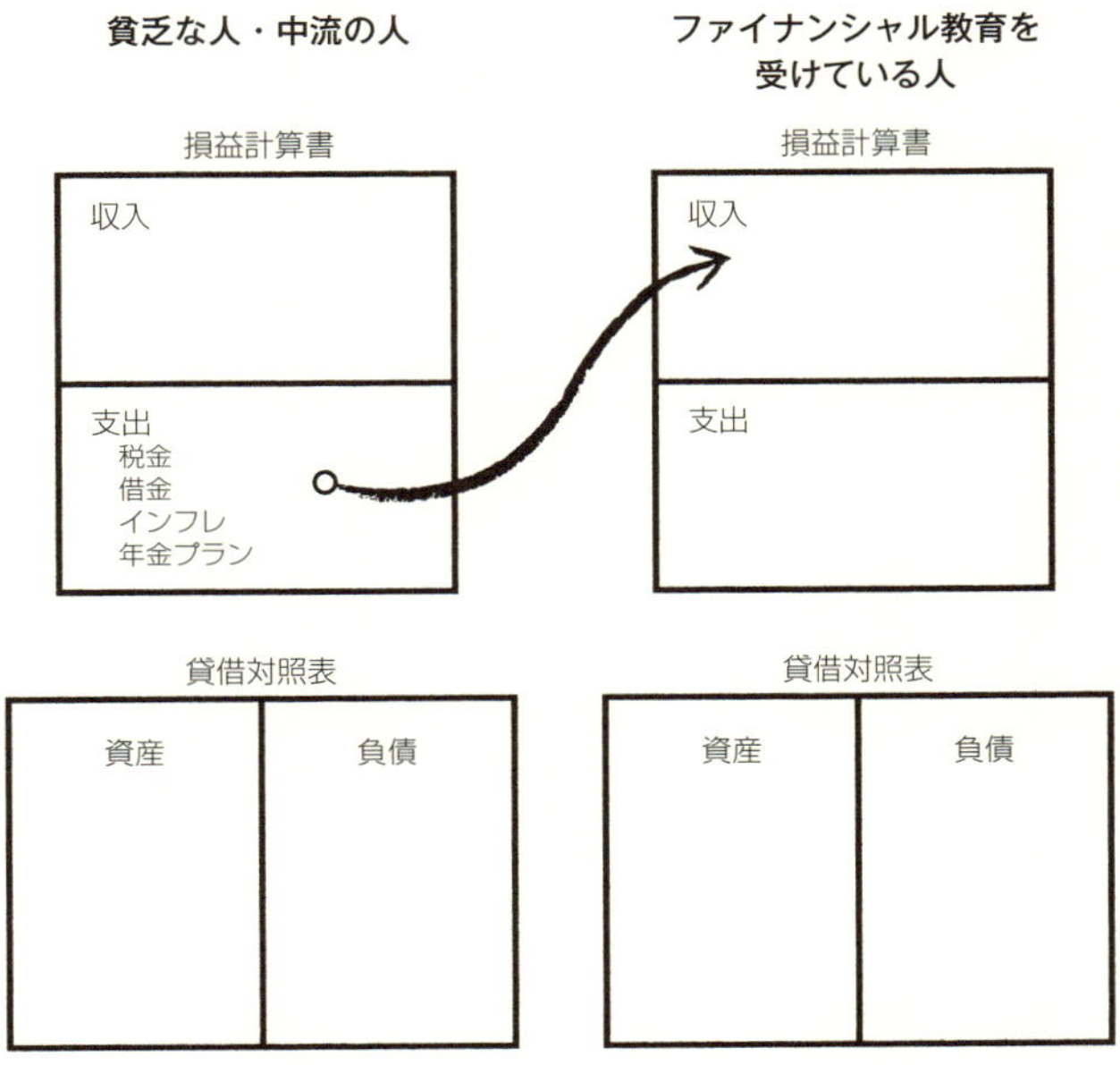

⑤大人になった時、財務諸表はどうなっているか

またインフレ経済を通して石油会社や電力会社、食品製造会社にお金を送ったり、年金口座を通して一般の銀行や投資銀行にお金を送ったりしている。金持ちがどんどん金持ちになり、貧乏な人が貧乏のままでいる理由、そして中流の人が常にそれまで以上にせっせと働く理由はここにある。

▼ファイナンシャル教育——ここがカギ

どのコインにも表と裏の二つの面がある。私はボードゲーム、モノポリーをすることによって、お金を受け取る側になることを学んだ。たいていの人はお金を送る側になる。ファイナンシャル教育を受けていない人のお金は、最大限のファイナンシャル教育を受けた人のもとへ毎月流れ込む。コインの二つの面のうち「受け取る側」に立ちたいと思ったら、ファイナンシャル教育が不可欠だ。

私は九歳の時に、緑の家が十ドルの収入——プラスのキャッシュフロー——を生むことの重要性を知った。つまり、金持ちが人々に自分のところへお金を送らせる仕組みを知った。それを知った私は、さらに多くのファイナンシャル教育を受けたいと思った。モノポリーというゲームは人々からお金を送ってもらう立場に立つことを教えてくれた。これこそが真のファイナンシャル教育であり、市場が暴落した時、キムと私が損をしなかった理由だ。私たちは景気が良かろうが悪かろうが、人々がお金を送る必要のあるものを対象に投資をしている。

市場が暴落し価格が下がったあと、リゾート施設とゴルフ場を買った資金は、いくつかの年金プランを利用して借りたお金だった。銀行はさらに多くのアパートを買うお金を私たちに貸してくれた。なぜなら、その借入金を返済するのが借家人たちであることを知っていたからだ。暴落のあとも、消費者はその値段が上がろうが下がろうが石油を使い続けている。インフレが進行し物価が上がっても、私たちはさらに多くのお金を儲ける。中央銀行が何兆ドルものお金を印刷し始めると、金と銀の価格が上がり、私たちはさらに儲けた。

たいていの人には、このような話はあまりに生々しくて、強欲で、低俗に聞こえるかもしれない。特に社会主義を信じる人にとってはそうだろう。それは私も承知している。でも正直に言って、私が一生、ファイナンシャル教育を受ける学生でいる理由は、他人に自分のところにお金を送らせる方法を学びたいからだ。他人に自分のところにお金を送らせる方法を学ぶのは、一生懸命稼いだお金を金持ちや政府に送るように訓練されるよりも賢いことだと私は思う。

他人にお金を送らせるという考え方はひどく低俗に聞こえるかもしれないが、実際のところ、たいていの人は雇い主が自分にお金を送ってくれるからこそ働いている。貧乏な人や引退した人も、政府が自分にお金を送ってくれることを期待している。言い換えれば、人が他人にお金を送っているからこそ世界は機能している。これがキャッシュフローだ。ここで問うべきもっと大事なこととは、入ってくるキャッシュフローをどんどん増やし、出て行くキャッシュフローをどんどん減らす方法をあなたが学びたいと思っているかどうかだ。もし学びたいと思っていたら、ファイナンシャル教育が不可欠だ。

キムはキャッシュフローの達人だ。彼女はまた、自分に心地よく感じられるレベルの上を目指すよう自ら課題を課し、自分が決めた目標、また夫婦二人で決めた目標を達成するために自分を厳しく律する。

●キムの話

それまでずっと、お金に関して間違ったことを教えられてきたと気が付いた時、私は思い切り揺さぶられて目を覚まさせられたように感じた。

おそらく多くの人がそうだと思うが、私もいつも「いい仕事に就き、昇進して、より多く給料をもらえるようにしろ」と言われ続けてきた。そして時給制で働いていた時は、より多く稼ぎたければ長時間働くように、あるいは時間給を上げるようにするのがいいと思い込まされていた。給料、あるいは収入を常に上げ続けることに焦点を合わせたこのような考え方は、初めて仕事に就いた時からずっと頭に叩き込まれてきた考え方だ。

私のこのような考え方は、経済的に自立し自由になるためには、収入ではなく資産を獲得することに焦点を合わせなければいけないと気が付いた時に大きく変わった（図⑥）。なぜ収入ではなく資産なのか？　それは、収入に焦点を合わせることは、より多くのお金を稼ぐために私自身がより多く働かなければならないこと、そしてそれを続けていたらいつか、もう働かなくてもいいだけのお金を手に入れることが「もしかしたら」できるかもしれないということを意味するからだ。焦点を収入から資産へと移動させることで、私は自分自身がお金のためにずっと働くという考えから離れ、お金を儲けるためにお金を働かせるという考えに意識を向けるようになった。これは大きな違いだった。

ロバートと私は毎年二人でいろいろな目標を決める。ビジネス上の目標、健康維持のための目標、人生を楽しむための目標、資産に関する目標などだ。私たちは毎年、確実に資産を増やしていきたいと思っている。資産の種類はビジネスでも、不動産でも、紙の資産でも、商品《コモディティ》でもかまわない。

私は一九八九年に投資を始めた。不安で、自分が何をやっているかよくわからないまま、近所をあちこち見て回り、最後にやっと賃貸住宅として採算が合いそうな、寝室二つ浴室一つの家を見つけた。恐る恐る買付申込をしてみると、数回交渉をしただけで、その申込が通った。私の不安はさらに大きくなった。どれだけ得をするかということより、損をする可能性があることのほうが気になった。この家を買うべきではない理由を必死で探した。でも、何とかその不安をなだめて、大きく深呼吸をして足を前に踏み出し、この物件を購入した。

すべてが終わった時、私ははじめての賃貸物件と借家人を手に入れていた。家賃を受け取り、そこから借入金の返済分と経費を差し引くと、なんと一カ月に二十五ドルものプラスのキャッシュフローがあった！

一九八九年、小さいが魅力あふれる貸家を購入したあとの私の資産の欄は図⑦のようになっていた。

この同じ年、私たちははじめて「資産に関する目標」を定めた。私たちの目標は十年で二十戸の賃貸物件を手に入れることだった。一年に二戸ということだ。これは、経済的に自由になるという大目標を達成するための小さな目標だった。目標を設定することが大事なのは、具体的な目標を立てることで自分たちが何を求めているかはっきりとさせることができるからだ。目標を設定することで、それを達成するために行動を起こせるようになる。私たちの場合、目標に向かって進み始めると、不動産に関する私の知識が劇的に増加した。なぜなら、やってみると自分が不動産をとても愛していること、それに関わっていると胸がわくわくすることがわかったからだ。それに、手に入れた不動産が生み出してくれるキャッシュフローに関してはもっと胸がわくわくした。実際のところ、最初の目標は十年経たないうちに達成された。私たちは十八カ月以内に二十どころか二十一の賃貸物件を手に入れていた。

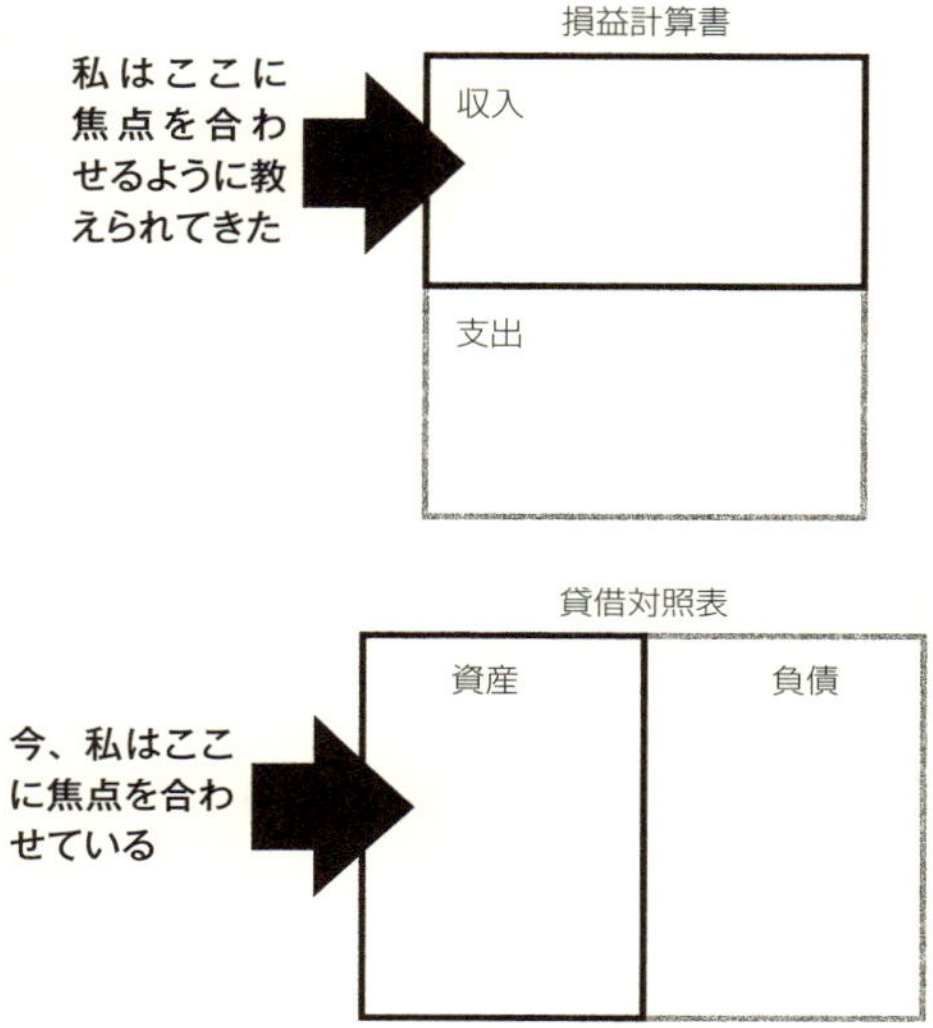

⑥私はお金について間違ったことを教えられてきた

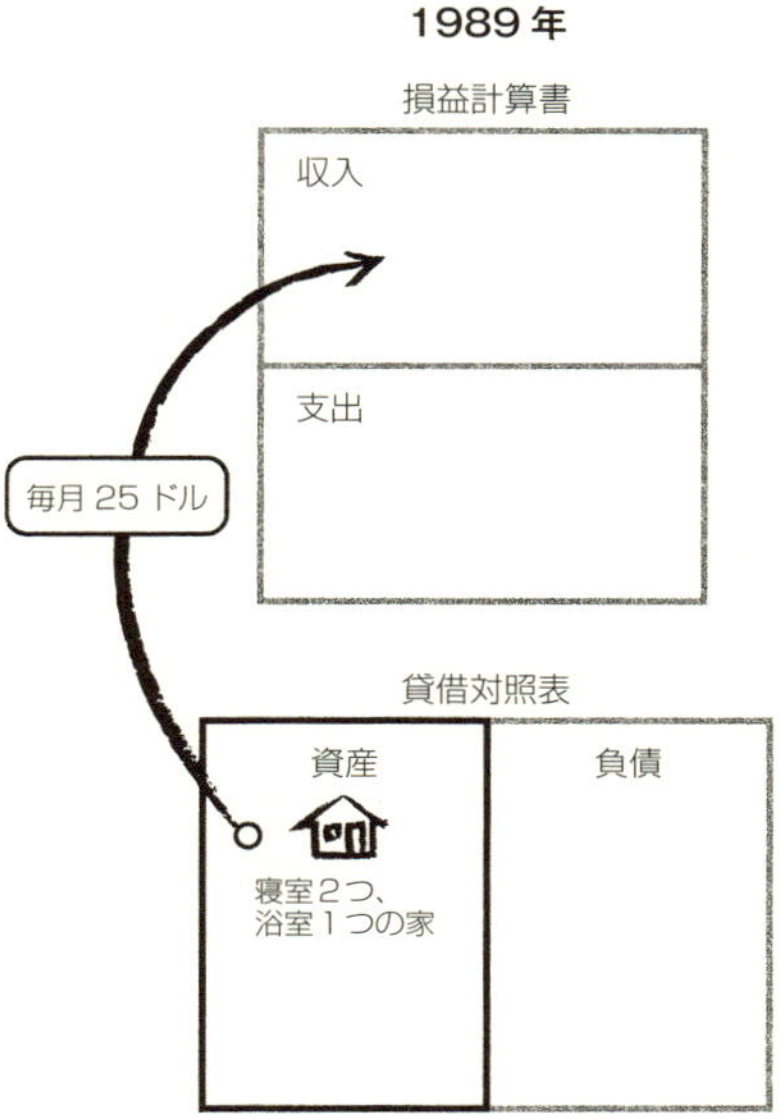

⑦私は一九八九年に最初の賃貸物件を買った

この時の私たちの資産欄は図⑧のようになっていた。

最初の目標を達成できたことで、私たちは経済的に自由になるという大目標に大きく近づいた。経済的自由とは、資産からのプラスのキャッシュフローが生活にかかる費用より多い状態を意味する。私たちはこれを次の目標に設定した。つまり、資産から入ってくるキャッシュフローを、生活費として出て行く額より多くすることだ。この目標を達成するには、それから三年かかった。

一九九四年の私たちの資産欄は図⑨のようになっていた。

ロバートと私にとって経済的自由とは、生活費を賄えるだけの数百万ドルの預金を持つことではなかった。それは単純に、自分たちが働く働かないにかかわらず、毎月、投資からプラスのキャッシュフローがあることを意味していた。一九九四年、投資から流れ込んでくるお金は月一万ドルだった。これは巨額とは言えないが、当時の私たちの支出は三千ドルだったから、この時点で、私たちは経済的に自由になった。つまり、資産からのキャッシュフローが毎月の自分たちの支出を超えていた。私たちは自分に「人生で本当にやりたいことは何か？」と問うぜいたくを許されるようになった。この問いを問えるようになることこそが、真の自由を意味する。お金を持っていることが自由を意味するわけではない。

●夫婦としてのアンフェア・アドバンテージ

私たちが夫婦として持っているアンフェア・アドバンテージは何だろう？　一つ目は、私たちが「二人で一緒に」お金の面での目的を決めることだ。二つ目はその目標を達成するために「二人で一緒に」学ぶことだ。私たちは人生でほしいものを手に入れるために一緒にセミナーに参加し、本を読み、「本物の」専門家に会い、「人生のコーチ」たちから教えを受ける。

ロバートとデートを始めた時、彼からもらった最初のプレゼントはすてきな宝石でも、大好きな香水でもなかった。それはなんと、会計についてのセミナーだった！　ロバートは私に資産と負債の違いをきちんと知ってほしいと思っていたのだろう。大学を卒業した時、私はもう二度と「教室」には足を踏み入れまいと心に誓っていた。学校にはもううんざりしていた。でも、会計に関するこの講座（二日間のセミナーのあいだ、生徒はゲームを楽しんだ）をとった時、私は自分が学ぶことが大好きであることに気が付いた！　私はただ、教育システムに組み込まれた学校で教えられている内容、そしてそのやり方が嫌いなだけだった。だから、ロバートは最初のプレゼントとして「会計セミナー」だけでなく、それ以上の大きなものを贈ってくれたと言える。それによって、学ぶことに対する私の情熱を新たに燃え立たせてくれたのだから。

情報時代の今は、どんなテーマについても情報があふれている。特にお金に関する情報の量は多い。だから、私たちは自分で見つけられる範囲で、最も適切な情報を見つけるために常に努力している。どんなワークショップでも、出席すれば少なくとも一つは自分に応用できる新しいアイディアを学べる。私たちは「コーチ」からも教えを受けている。たとえばフィットネスのコーチ、ビジネスや投資に関するコーチだ。そうしている理由は、時として、前に進むためにうしろからドンと背中を押してもらう必要があるからだ。

⑧十八カ月以内に二十一の賃貸物件を手に入れた

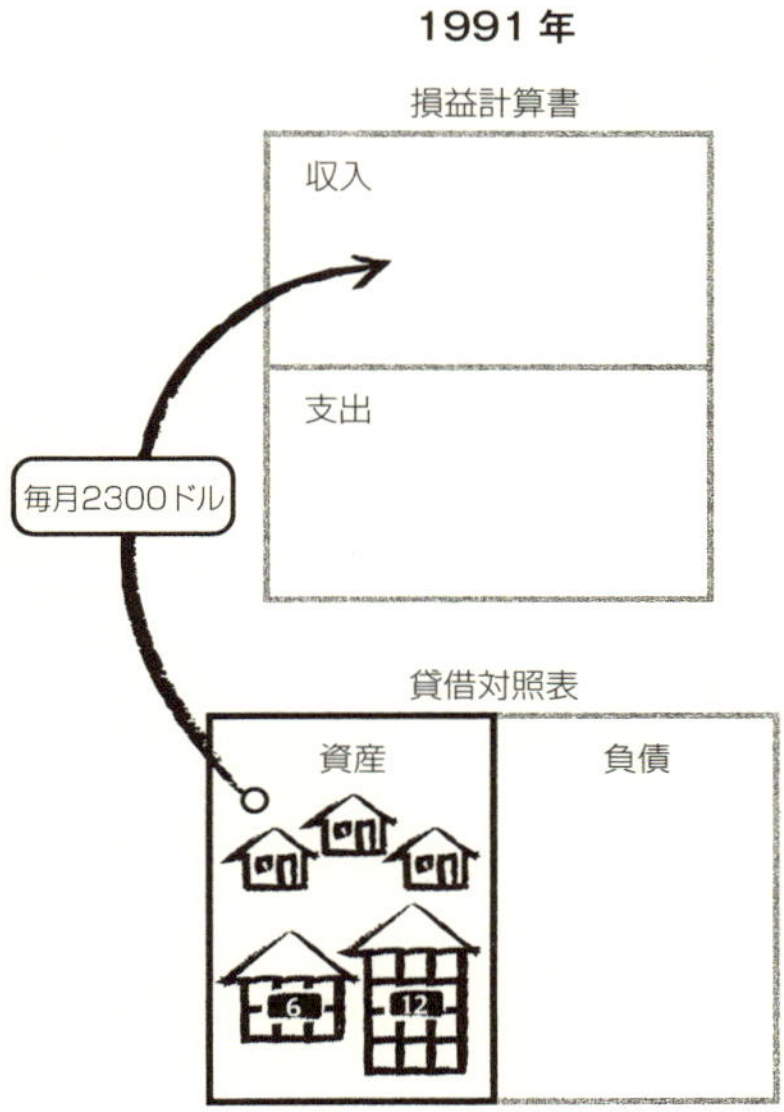

⑨一九九四年、資産からのキャッシュフローが生活費を超えた

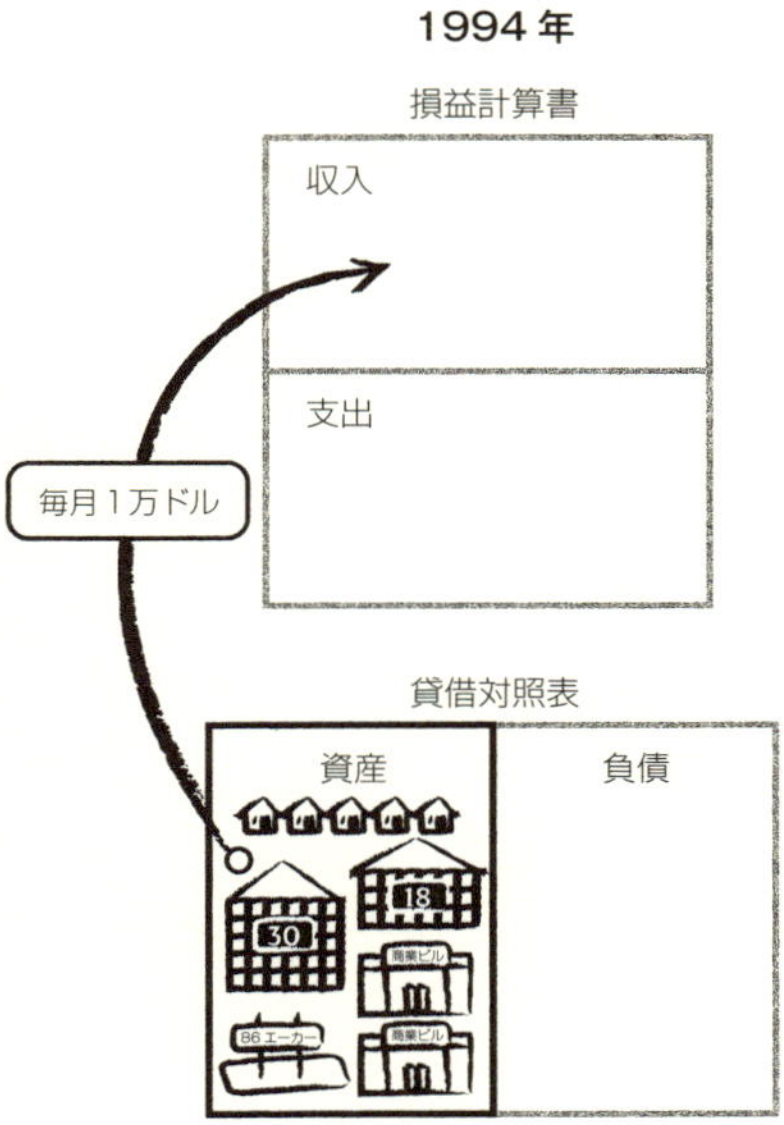

以上のようなことが、私が考える「夫婦としてのアンフェア・アドバンテージ」だ。これは手に入れようと思えば誰にでも手に入る。特別な知識は必要ない。特別なことは何もない。言ってみればこれは、私たち夫婦の関係を常に新鮮に保ち、成長させ、楽しいものにし続ける秘訣の一つだ。そして、これはまた、私たちが人生で本当に手に入れたいと思っているものを手に入れさせてくれるカギでもある。

だから毎年、年の初めになると、ロバートと私はほかのいろいろな大切な目標と共に、資産に関する目標を定める。その目的は、財務諸表の中で一番大事な欄、資産の欄により多くのものを加え続けることだ。今私たちの資産欄は、ビジネス、不動産、紙の資産、商品《コモディティ》の四つの主要資産のすべてを含んでいる。私たちはキャッシュフローを生むビジネスをたくさん立ち上げてきたし、不動産はアパートから商業ビル、リゾート施設からゴルフコースまで、さまざまなものを所有している。私たちの資産欄にはいくらか紙の資産も含まれているし、銀、金、石油、ガスなどの商品もかなりの割合を占めている。昔ながらのファイナンシャル・アドバイザーが「分散投資」を勧める時、たいていの場合、それは一種類の資産——紙の資産——の中での分散を意味している。ロバートと私も投資を分散する。でも、一つの資産の中ではなく、四つの種類の資産、全体を考慮して分散する。

焦点を合わせているとそこが大きくなっていく。これは経験から私が学んだことだ。毎年、資産の目標を定め、その目標の達成に焦点を合わせることで私たちの資産欄は大きくなった。それはもちろん、キャッシュフローももたらしてくれている。でも、何より重要なのは、それが私たちに自由を与えてくれたことだ。

●まとめ——「わが民は知識がないために滅ぼされる」

キムの話からもわかるように、教育の真の目的は、情報を取り入れそれを処理して知識に変える力をその人に与えることだ。

ファイナンシャル教育を身につけていないと情報を処理できない。そういう人は資産と負債や、キャピタルゲインとキャッシュフロー、ファンダメンタル投資とテクニカル投資の違いがわからないし、金持ちが払う税金が少ない理由、借金によって金持ちになる人がいる一方で多くの人が借金で貧乏になる理由などもわからない。また、いい投資と悪い投資の区別も、いいアドバイスと悪いアドバイスの区別もつかない。学校へ行って一生懸命働き、税金を払い、収入に見合った生活をし、家を買い、借金を返し、貧乏なまま死ぬ……彼らはそういう人生しか知らない。

聖書にあるように「わが民は知識がないために滅ぼされる」。今、何百万という人が、自分のお金を金持ちと政府に送るという訓練——これは教育ではない——しか受けてこなかったからという理由で滅ぼされつつある。

●最後の質問

［よくある質問］ では、私のお金はどこに投資したらいいのか？

［答え］ すべての人に次の三つの選択肢が与えられている。

1. 何もせず、何とかうまくいくように願う。でも、ただ願うのではそれが叶う見込みはあまりない。
2. 長期にわたり自分のお金を「専門家」に託し、「買って、持ち続け、そして祈る」。
3. 自分にファイナンシャル教育を与えることに投資する。お金を投資する前に時間を投資しよう。本書をここまで読んできた人はすでにそれをしている。私に言わせれば、それこそが賢いやり方だ。

第二章

税金のアンフェア・アドバンテージ

税金は不公平だ。ファイナンシャル教育を身につけている人は、収入を増やす一方で、税金を少なく、時にはゼロにすることさえできる。税金に関する知識はアンフェア・アドバンテージの一つだ。

［よくある質問］　より多く稼ぎ、より少なく税金を払うにはどうしたらいいか？

［短い答え］

1．お金のために一生懸命働けば働くほど、払う税金は増える。

2．自分のために一生懸命働けば働くほど、払う税金は減る。

3．人のお金を自分のために働かせれば働かせるほど、払う税金はさらに減る。

税金はゼロにすることも可能だ。でも、当然ながら、そのためには最高のファイナンシャル教育が必要だ。金持ち父さんを見習って私が獲得しようと思ったのはこのレベルのファイナンシャル教育だ。

［解説］

多くの人が税金は罰のようなもので、とても負担だと思っている。確かに、たいていの人にとってはそうだ。その理由は単純だ。たいていの人はお金のために働いているからだ。

税金は、政府が望んでいることを実現してくれる人に対する「奨励金」の意味も持っている。政府が求めるようなことをすれば、たくさん稼いでも税金を低く抑え、ゼロにすることさえできる。

問題は、たいていの人が何も考えずに言われた通りにする――つまり、学校へ行って仕事に就く――ように訓練されていることだ。だから、たいていの人は一生お金のためにせっせと働き、どんどん多くなる税金を払い続ける。

一言で言って、税金は公平ではない。最高レベルのファイナンシャル教育を身につけている人は、稼げば稼ぐほどより少なく税金を払う。ただし、これも政府が彼らにやってほしいと思っていることをやっている場合に限る。

たいていの人の場合は、税金のせいで貧乏になる。ここでも同じことだ。そういう人は政府にお金を送るように「訓練」されている。ごく少数の人の場合は、税金のおかげで金持ちになる——中には大金持ちになる人もいる。そういう人たちは、政府に自分のところにお金を送らせる方法を知っている。

ここにもまたキャッシュフローという、お金の世界で一番大事な言葉が関わっている。

●ルールはどこでも同じ?

［よくある質問］　そういったことがあてはまるのはアメリカだけか？　それとも世界中どこでも同じか？

［短い答え］　どの国にも独自の税法がある。私は税金のプロではないから、いつもみんなに、何か税対策をとる時には、実行に移す前に税金の専門家にアドバイスを求めるように勧めている。

アメリカおよび世界の税金事情についてもっとよく説明してもらうために、次に税金のプロ、公認会計士のトム・ホイールライトに登場してもらおう。

［専門家からの答え——トム・ホイールライト］

世界のさまざまな税法を調べてみると、たいていの国は同じ基本原則に従っていることがわかる。つまり、税法は政府が歳入を得るために存在している。しかしながら、税法はまた、政府が奨励したいと思っている経済活動を活発にさせるための方法としても広く使われている。同様に、世界のいろいろな国で、政府の社会政策、エネルギー政策に国民を従わせるためにも使われている。

［よくある質問］　税金に関する最悪のアドバイスとは何か？

［短い答え］　学校に行って、仕事に就き、せっせと働いてお金を貯め、持ち家を買え。持ち家は資産なのだから。それから借金を返済し、株式、債券、投資信託からなるポートフォリオに長期分散投資をしろ――これが最悪のアドバイスだ。

［解説］

書籍「金持ち父さんシリーズ」の第二弾『金持ち父さんのキャッシュフロー・クワドラント』は、お金の世界でプレーする、四つの異なる世界に属するプレーヤーについて書かれた本だ。図⑩はそれを説明するための「キャッシュフロー・クワドラント」だ。

お金の世界が機能するにはこの四つのクワドラント（四分割された領域）がどれも必要だ。それぞれのクワドラントは職業によって違うわけではない。たとえば医者は、Ｂ（病院や製薬会社といったビッグビジネス）のために働く医者になってＥのクワドラントでも活躍できるし、個人で開業してＳ（自営業者、スモールビジネス）にもなれる。また、病院や製薬会社のオーナーのように医者自身がＢになることも可能だ。それに、Ｉの投資家になることも可能だ。

Ｉクワドラントはよく誤解される。年金プランを通して株式や投資信託を売買することで自分のお金を「投資」している人は多い。でも、そういう人たちは私がＩクワドラントと呼んでいるタイプの投資家とは違う。真の投資家は他人に自分のところにお金を送らせる。小規模な投資をしているごく普通の「投資家」は、そのような真の投資家のところに自分のお金を送っている。ここでも決め手はキャッシュフローだ。Ｉクワドラントの投資家かどうかはお金が流れる方向によって決まる。そして、お金の流れる方向が、誰が一番税金を払うかを決める。つまり、自分に代わって投資してもらうために他人にお金を送っている人は、そのお金を受け取る人よりも多くの税金を払う。

私の実の父、貧乏父さんは、自分に代わって投資してもらうために、自分が信頼する人にお金を送っていた。一方、金持ち父さんは貧乏父さんのような人たちからお金を送ってもらっていた。

税金の面から見ると、この二つは夜と昼ほども違う。

［よくある質問］　一番多く税金を払っているのはどのクワドラントか？

［短い答え］　EとSのクワドラントの人たち。

▼ファイナンシャル教育——歴史を学ぶ

歴史的に見て、税法には大きな変化が二回あった。その変化をキャッシュフロー・クワドラントで見てみよう（図⑪）。

一九四三年、アメリカ議会は「所得税源泉徴収法」を可決した。これはヨーロッパと太平洋で繰り広げら

⑩四つのクワドラントはどれも必要

E…従業員（employee）
S…スモールビジネス (small business)
　自営業者 (self-employed)
B…従業員五百人以上のビッグビジネス
　(big business)
I…投資家（investor）

⑪アメリカの税法には大きな変化が二度あった

れていた二つの戦争を戦うために国にお金が必要だったからだ。この新しい税法により、政府は従業員の給料から源泉徴収の形で税金を取ることができるようになった。言い換えれば、従業員自身よりも前に政府が支払いを受けられるようになったということだ。Eクワドラントに属する人々は自分のお金を自由に使うことができなくなった。今、給料をもらっている人は、明細を見ると給料総額と手取り金額の間に大きな違いがあることがわかる。

金融危機の嵐が吹き荒れ、政府がより多くのお金を必要としているために、Eクワドラントの給料の総額と手取り金額との差は広がりつつある。従業員はせっせと働き、稼ぐ量を増やしても、手にするお金は減っている。

一九八六年、アメリカ議会は「税制改革法」を可決した。この法律の目的は、Sクワドラントに属する人々が享受していた税法の「抜け穴」をふさぐことにあった。一九八六年までは、Sクワドラントに属する人々の大部分は、Bクワドラントの人々が享受していた税法の抜け穴を同じように利用することができた。より多くのお金を必要とするようになった政府は、医師や弁護士、スモールビジネスのオーナーやコンサルタント、不動産ブローカー、株式ブローカーなどの自営業者たちからお金を取ることにしたのだ。

一九八七年の株式市場の暴落と、一九八八年の貯蓄貸付業界の崩壊は、この一九八六年の税制改革法が一つのきっかけとなって引き起こされた。そして、それに続いて不動産市場が暴落し、さらにそれに引き続き不景気が始まった。これはBとIのクワドラントにとっては絶好のチャンスだった。

現在、Sクワドラントに属する医師や弁護士、会計士たちは、最も高い税率で税金を払っている。

●クワドラントによって税金は異なる

税金は職業ではなくクワドラントによって異なる。このことは大事なのでぜひ覚えておいてほしい。先ほども言ったように、医者はどの四つのクワドラントでも医者でいられるが、**クワドラントが異なれば税法も**

異なる。

学生時代、同級生の一人に父親は何をやっているのか聞いたことがある。この友人は「パパはゴミ拾いをしている」と答えた。私はその答えについて深く考えもしなかった。感謝祭のディナーに彼の家に招かれるまでは……。この時、友人の父親は車で迎えに来る代わりに自家用ジェット機を飛ばして、ニューヨークから二時間のところにある彼の家まで連れて行ってくれた。言うまでもなく豪邸だった。

父親がゴミ拾いをしているというのはどういうことかとたずねると、友人はこう答えた。「パパはこの州で最大のゴミ収集会社を持っている。会社には二百台以上のトラック、千人を越える従業員がいる。そのほかにパパはゴミ処理場も所有している。最大の顧客は州政府と市だ」

この同級生の父親はBとIのクワドラントでゴミ拾いをしていた。そしてゴミを拾うためにEクワドラントの従業員を雇い、専門的なアドバイスを得るためにSクワドラントの会計士や弁護士を雇っていた。税金に関していいアドバイスを受けていたとしたら、この父親は自分の従業員よりもずっと低い税率で税金を払っていたはずだ。

[よくある質問]　同時に二つ以上のクワドラントに属することはできるか?

[短い答え]　もちろんできる。厳密に言えば私は四つのすべてのクワドラントに属している。自分の会社の従業員としての私はEだし、自分で本を書き、ゲームを開発している私はSだ。一方、世界中で仕事をし、そのビジネスを支える五百人以上の人たちを抱えているからBクワドラントの人間でもあり、自分のビジネスのために資金を集めるIでもある。

[よくある質問]　クワドラントを替えるにはどうしたらいいか?

[短い答え]　自分の中心的価値観《コア・バリュー》を変えようと決心するところから始める。

［解説］

繰り返しになるが、医者は四つのどのクワドラントの住人にも、あるいは同時に四つすべてのクワドラントの住人にもなれる。あなたにもそれは可能だ。

コア・バリューが違えば、求めるクワドラントも違ってくる。その人が使う言葉から、その人のコア・バリューを判断できることがよくある。その例を次に挙げてみよう。

●Eクワドラント――「給付金制度が充実していて、安定した仕事がほしい」

これはEクワドラントの人がよく言う言葉だ。ビルの管理人だろうが会社の社長だろうが、Eクワドラントの人は同じことを言う。この言葉は安全、保障を求めるコア・バリューを反映している。失敗に対する恐怖、安定した給料を必要とする気持ち、そして変化に対する恐怖が、こういう人たちのコア・バリューに影響を与えている。このタイプの人たちは軍隊や警察、大企業で長い年月働ける仕事を探す。野心家であれば、ほかの会社で今より高い地位に就けるチャンスが与えられた時、仕事を替わる人もいるかもしれないが、そのような思い切った行動に出る前に、新しい会社で給料がきちんと保証されているかどうか確かめる。

ＭＢＡ（経営学修士）課程の学生の大部分は、Ｅクワドラントで企業の昇進のハシゴを登ることを夢見ている。ＭＢＡを取れば、それを持っていない人よりも有利になる。そのうち何人かはトップまで登りつめ、社長やＣＥＯになり、たくさんのお金を稼ぐようになるだろう。でも、問題は彼らの給料の大きな部分が税金に取られてしまうことだ。

アメリカのＥクワドラントで輝く星《シャイニング・スター》はゼネラル・エレクトリックのジャック・ウェルチ、イーベイのメグ・ホイットマンといった人たちだ。

［よくある質問］　私はＥクワドラントにいるが、収入を増やし、合法的に税金を減らすために私にできるこ

とは何か？

［専門家からの答え――トム・ホイールライト］

Eクワドラントにとどまっている限り、あなたにできることはあまりない。ほとんどの税法はBとIのクワドラントに対する税金を軽減するために作られている。あなたにできるのはIRA（個人年金口座）や401（k）を使って税金を納めるのを先延ばしにすることくらいだ。税を軽くするための本当のカギはBとIのクワドラントに移動することにある。

●Sクワドラント――「きちんと仕上げたかったら、自分でやるのがいい」

これはSクワドラントの人がよく言う言葉だ。医者だろうが弁護士だろうが庭師だろうが、職業は関係ない。みんな同じことを言う。この言葉は、自立心と、「ほかの人が自分よりうまくできるとは信じられない」というコア・バリューを反映している。一般的に言って、Sクワドラントの人は何かをやるには「この方法がいい、この方法は悪い」といったはっきりした考え方を持っていて、それをなかなか変えようとしない傾向がある。Sクワドラントが抱える問題は、その人が働くのをやめたら収入も入らなくなることだ。Sクワドラントの人は「ビジネス」を持っているのではなく、「仕事（job）」を持っているにすぎない。

専門的な技術を持つ職業の人の多くがSクワドラントに属している。たとえば、自営業の会計士、税理士、ウェブデザイナー、コンサルタントなどがそうだ。SクワドラントのSには「専門化された（specialized）」という意味や「頭がいい（smart）」という意味も含まれている。彼らは自立と、専門化されたスキルに価値があると考える。彼らの多くは小さいままでいる。なぜなら、大きくなることよりも、さらに専門化することに焦点を合わせているからだ。

Sクワドラントの輝く星は、現実の世界でもスターと呼ばれる人が多い。たとえば、映画スターやロックスターの多く、プロスポーツのスタープレーヤーなどはSクワドラントに属している。また、どんな都市や町にも、Ｓクワドラントの「スター」がいる。たとえば地元で名の通った医者、不動産エージェント、町の誰もが知っている人気レストランのオーナーなどだ。

私の友人に、五つのレストランを持っている人がいる。おいしいイタリア料理を出すことで町では有名な店だ。彼はたくさんのお金を稼いでいる。子供たちも一緒に働いていて、彼は五つのレストランで大いに満足しているので、それ以上大きくしたいとは思っていない。

別の友人は有名な癌専門外科医だ。彼に手術をしてもらいたい患者は途絶えることがない。診ることのできる患者の数は限られているから、彼は収入を増やすためにただ単純に診療代、手術代を値上げした。ビジネスを大きくする気はないのか聞かれると、彼はこう答える。「もうたっぷり稼いでいるし、これ以上忙しくなるのはいやだ」

［よくある質問］

私はＳクワドラントにいるが、収入を増やし、合法的に税金を減らすために私にできることは何か？

［専門家からの答え——トム・ホイールライト］

Ｓクワドラントのビジネスで一番大事なことは、Ｂクワドラントのビジネスをやる人間のように考え、行動し始めることだ。具体的には、人を雇う、設備と不動産に対する投資を増やす、Ｂクワドラントの法人組織として法的に登録するなどといったことだ。Ｓクワドラントのビジネスは大部分が一人か二人でやっている個人事業で、会社組織にしていないが、これは税的には最も不利である場合が多い。

●Ｂクワドラント——「最高の人材を探している」

これはＢクワドラントの人がよく言う言葉だ。Ｂはビッグ（大きい）のＢだ。ビジネスの規模は従業員五百人以上。Ｂクワドラントの人は、一人でできる範囲を超えた大きな役割を担っている。Ｂクワドラントで成功するには、技術的スキルではなく、リーダーシップと人間関係のスキルが必要だ。マイクロソフトの創業者ビル・ゲイツ、ディズニーランドの創業者ウォルト・ディズニー、ゼネラル・エレクトリックの創業者トーマス・エジソンなどは大学を出ていない。起業家に必要なのは学校でのいい成績ではなく、アイディアを捉え、それを巨大ビジネス——雇用と富を生み出すビジネス——へと育てるための能力とリーダーシップのスキルだ。

Bクワドラントで成功するにはチームワークが不可欠だ。なぜなら、五百人を超える人を一人で管理できる人はほとんどいないからだ。Bクワドラントで輝く星はアップルのスティーブ・ジョブズ、ヴァージン・グループのリチャード・ブランソン、グーグルのセルゲイ・ブリンといった人たちだ。

[よくある質問]

私はBクワドラントにいるが、収入を増やし、合法的に税金を減らすために私にできることは何か？

[専門家からの答え——トム・ホイールライト]

Bクワドラントの人が節税するチャンスはほとんど限りなくあると言っていい。Bクワドラントのビジネスで発生する経費はほとんどすべて税金の控除が受けられる。また、人を雇用していること、研究開発をしていること、自然にやさしいテクノロジーを開発していることなどに対しても税控除が受けられる。BクワドラントのビジネスはSクワドラントのビジネスと比べて低い税率で税金を払っている場合が多い。それに、オーナー自身は自営税をほとんど払っていないか、あるいはまったく払っていない。

●Iクワドラント——「プロジェクトに投資するお金をどうやって集めるか？」「他人のお金を使って収入を増やし、税金を減らすにはどうしたらいいか？」

前にも書いたが、Iの大きな特徴はOPM（Other People's Money）（他人のお金）をできる限り利用することだ。このクワドラントで輝く星はヴァンガード・ファンドの創業者ジョン・ボーグル、クォンタム・ファンドのジョージ・ソロスといった人たちだ。

［よくある質問］

私はＩクワドラントにいるが、収入を増やし、合法的に税金を減らすために私にできることは何か？

［専門家からの答え――トム・ホイールライト］

ＯＰＭを使うことは、Ｉクワドラントで税金を減らす一番いい方法だ。その理由は、他人のお金を使って買ったものに対して税控除を利用できるからだ。他人のお金から得られる税金面でのプラスのうち、特に効果が大きいのは不動産の減価償却だ。不動産の場合、自分のお金で買った分だけでなく、銀行のお金で買った分に対する減価償却も費用として控除できる。

●各クワドラントを一言で言うと

Ｅは他人のために働く。

Ｓは自分自身のために働く。

Ｂは他人を自分のために働かせる。

Ｉは自分のお金、あるいはＯＰＭを自分のために働かせる。

●もっと大きな違いはここ

ＥとＳはお金のために働く。ＢやＩよりも高い税率で税金を払っているのはそのためだ。

ＥとＳは収入に焦点を合わせている（図⑫）。

ＢとＩは資産を作り出すか、獲得するために働く。税金が少ないのはそのためだ。

BとIは資産に焦点を合わせている（図⑬）。

●真の資本家

BとIで大活躍している人たちはみんな資本家だ。つまり自分のアイディアをもとにビジネスを作り出し、そのビジネスを成長させるためにOPMを使っている。彼らは「大きく考える」ことに時間を費やし、資産を作り出すことにフォーカスしてきた。そうすることで、より楽に資本が集められるようになる。

Sクワドラントで大変なのは、資本を増やすためのOPMがほとんどないことだ。その理由は、Sクワドラントの起業家のビジネスは規模が小さく、その人自身の考え方も小さすぎるからだ。それでは成長の可能性は少なく、リスクも大きいから投資資本を引きつけるのがむずかしい。Sクワドラントに属する大部分の

⑫EとSは収入の欄に焦点を合わせている

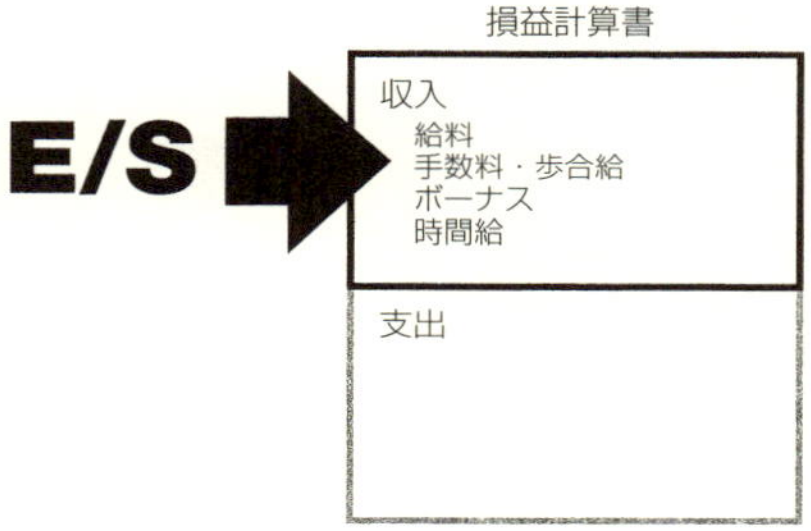

⑬BとIは資産の欄に焦点を合わせている

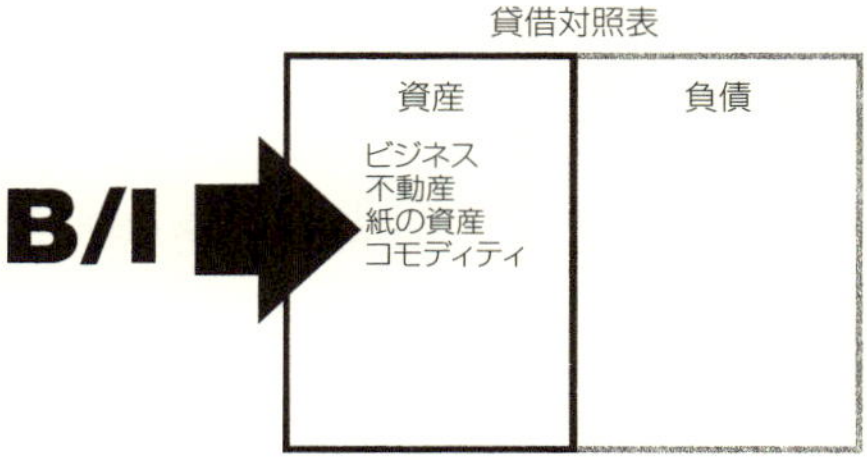

人が、政府が支援する中小企業相手の貸付機関などをあてにするのはそのためだ。真の資本家は「人」にではなく、「資産」に投資する。

たいていの学校は、学生にEとSのクワドラントのための訓練を与えることに関してはかなり成果をあげている。たとえば、たいていの大学にはMBA課程が用意されているが、これは大企業、つまりすでに誰かが起こした企業の社長やCEOになりたいと思っている学生のためのものだ。MBAを取得した学生の大部分は起業家ではなく従業員になる。なぜなら、彼らはBクワドラントのことは知らないからだ。MBA課程を修了したばかりの学生は資本を集める方法も、資産を築く方法も知らない。資本を集める能力は、起業家にとって最も大事なスキルだ。多くのスモールビジネスが小さいままでいるのは、資本を集めることができないからだ。

昔ながらの教育システムの中には、弁護士になりたい人のためには法学校が、医者になりたい人には医学校がある。コックや機械工、鉛管工、自動車整備工、電気工などになるための訓練をするすばらしい職業学校もたくさんある。問題は、ほとんどの場合、こういった職業訓練学校を卒業しても、BやIのクワドラントについてはほとんど知らないままでいることだ。学生はお金や税金、借金、投資、資本集め、EやSのクワドラントからBやIのクワドラントに移る方法など、ほとんど知らないまま卒業する。今、失業の問題を解決したいと思ったら、もっとたくさんの人にBとIのクワドラントの人間になる訓練と教育、つまり真の資本家になるための訓練と教育を与える必要がある。

リッチダッド・カンパニーはBとIになるための訓練に焦点を合わせていて、用意されているプログラムは普通の教育課程とは大きく異なる。なぜなら、BやIになりたいと思う人は普通とは違うし、BやIになるために必要なスキルも普通とは違うからだ。給料によって保証された安定を望む人の大部分は、税制上の優遇措置のあるBやIのクワドラントではあまりうまくやっていけない。トム・ホイールライトの説明にあったように、これらの税制上の優遇措置があるのは、雇用を作り出し、住宅など、政府の得になるようなプロジェクトに投資できる余分な資金を生み出す方法を知っている人々を、政府がより多く必要としているからだ。現在の失業問題の原因の一部は、あまりに多くの学生に、起業家ではなく従業員になる――資本家ではなく労働者になる――ための訓練を与えている学校システムにあると思う。

●別のクワドラントに移る

別のクワドラントに移ろうとしている人は、そうする前に、自分のコア・バリューをよく理解する必要がある。なぜなら、この価値観こそがその人のクワドラントの種類を決めるからだ。つまり、税金が安くなるからというだけでクワドラントを替えるわけではない。

クワドラントを替えたかったら、まず自分のコア・バリューを見直そう。たとえば次のように自分に問いかけよう。

・安定した給料をもらうことは自分にとってどれくらい大事か？
・自分はいいリーダーか？
・ストレスにうまく対処できるか？
・BやIのクワドラントに必要なスキルを持っているか？
・自分が成功する可能性が一番高いのはどのクワドラントか？
・引退することは自分にとってどれくらい大事か？
・失敗した時、それにどう対処するか？
・チームと一緒にうまくやっていけるか？
・自分の仕事が好きか？
・今やっている仕事を続けていたら、自分の望む生活が手に入るか？

今挙げたのはどれもとても大事な質問だ。そして、これらの質問に答えられるのはあなただけだ。これらの質問をもとに考えることは、税金の心配をするよりずっと大事だ。

●クワドラントでコア・バリューが違う

EとSは安心と保障を求める。

BとIは自由を求める。

●私は何を変えたらいいか?

［よくある質問］　クワドラントを替わるには、まず何から始めたらいいか、一番簡単な方法は何か?

［短い答え］　友達を替える。

［解説］

「類は友を呼ぶ」という昔からのことわざの通りだ。会社勤めの人は同じように会社に勤めている人と付き合い、医者は医者と付き合う傾向がある。起業家や投資家に関しても同じことが言える。私の経験では、人は自分と異なるクワドラントにいる人にあまり好意を持たない。労働組合がBやIのクワドラントを非難したり、逆にBやIのクワドラントが労働組合を非難したりするのはそのためだ。社会主義者はBやIのクワドラントの人を信用しないし、その逆の場合もある。今、税に関するこの章を読みながら、私が従業員を雇っていること、そして、より金持ちになるために税法を利用していることを理由に、私にいやな感じを持った読者もいるかもしれない。その気持ちはわかる。

私の実の父、貧乏父さんも、金持ち父さんは従業員を搾取し税金に関してズルをしていると本気で信じていた。一方、金持ち父さんは、教職員組合に所属しているからという理由で、貧乏父さんが共産党員だと信じていた。父は結局、ハワイ州の教職員組合のリーダーにまでなったが、金持ち父さんはこの昇進を快く思っていなかった。

ご存じの通り、どのクワドラントにもペテン師や脱税などのズルをする人がいる。みなさんはそんな人間にならないでほしい。適切なアドバイスをもらい、ルール――BとIのクワドラントの金持ちのルール――に従ってゲームをするのはとても簡単なことだ。

クワドラントによって、そこに集まる人の種類が違う。一般に同じ価値観、同じ心構えを持った人が同じクワドラントに集まる。また、クワドラントが違うと、そこで話される言葉も違ってくる。たとえば、Eクワドラントの人は「給料を上げてもらって当然だ」とか「労働時間がもっと自由になるといい」などと言う。一方、自営している人は「いい助っ人が見つからない」「自分でやるのが一番だ」などと言うかもしれない。また、Bクワドラントの起業家は「新しい社長が必要だ」「新しいプロジェクトのための資金をどのようにして集めるか」などと言うかもしれない。

同じような考えを持つ人と出会う一つの方法は、講座やセミナーに出席したり、団体・組織に参加したりすることだ。あるいは、「新しい言葉」を学ぶだけでもいい。そういうことをしていれば、いつかきっと新しい友達に出会える。

▼ファイナンシャル教育――やってみよう
仕事関係の知り合い、家族以外で、あなたが多くの時間を一緒に過ごす人を六人挙げてみよう。そして、その六人がどのクワドラントに属しているか考えてみてほしい。友達はあなたの鏡と言えるから、それによって鏡に映った自分の姿を見ることができる。

もちろん、「友達を替える」と言っても、古くからの友達と付き合うのをやめなければいけないわけではない。もし人生を変えたかったら、新しい人と付き合い、自分の世界を広げる必要があるということだ。

●仕事に就くことのどこが悪いのか?

[よくある質問] 職に就き、せっせと働いてお金を貯め、持ち家を買い、借金を返済し、株式、債券、投資信託からなるポートフォリオに長期分散投資をする……そのどこが悪いのか?

[短い答え] 税金。

[長い答え] 一生懸命働けばそれだけ稼ぎが増え、税率が上がる。一生懸命働く従業員には税金を軽くする方法はない。払う税金を少なくしたかったら、基本的には収入を減らすしかない。

収入を増やし税金を減らしたいと思ったら、自分がそれを得るために働いている「収入の種類」を変える必要がある。

[解説]

収入には次の三つの種類があり、税金もそれぞれに異なる。

1. 勤労所得:税金が一番高い収入
2. ポートフォリオ所得:税金が二番目に高い収入
3. 不労所得:税金が一番低い収入——ゼロの場合もある

●勤労所得とは何か

・誰かに雇われている人、あるいは自営している人は勤労所得のために働く。
・お金を貯める人は、貯金を勤労所得のために働かせている。
・借金を返済する人は勤労所得を使って返済する。

・家を買う人は勤労所得を使って買う。
・アメリカの401（k）のような従来型の年金プランを利用している人は、引退に備えたお金を勤労所得のために働かせている。

私が言いたいことをわかってもらえただろうか？　お金に関して受けた昔ながらの訓練に条件反射的に従っている人――職に就き、せっせと働いてお金を貯め、持ち家を買い、借金を返済し、株式、債券、投資信託からなるポートフォリオに長期分散投資をする人――は、働かせているお金は確かに自分のものでも、それに対して一番高い税金を払っている。

この章の前のほうで説明したことをもう一度繰り返すと次のようになる。

1. お金のために働けば働くほど、払う税金は増える。
2. お金を自分のために働かせれば、税金が減る。
3. 他人のお金を働かせれば働かせるほど、さらに税金は減る。ゼロになる場合もある。

たいていの人は充分なファイナンシャル教育を受けていないので、勤労所得のために働く。そういう人の貯金や従来型の年金プランも、結局は勤労所得のために働いている。そういう人は、自分の労働とお金に対して、一番高い税金を払っている。

ファイナンシャル教育を受けていれば、少なくとも自分が持っているお金（貯金と年金プラン）を、税率がもっと低いポートフォリオや不労所得のために働かせることも可能だ。

［専門家からの答え――トム・ホイールライト］

自分で収入を生み出し、他人のお金を自分のために働かせている人たちに、政府が税法を通して「ご褒美」を与えるのには理由がある。理由は簡単だ。それは彼らが経済に直接的に投資する人たちだからだ。政府は雇用、住宅、ビジネスチャンスを作り出すために私たちが経済に投資することを望んでいる。少しばかりのファイナンシャル教育を身につければ、誰にでも税法を自分に有利に働かせる方法を学ぶことができる。なぜなら、今取り上げている優遇措置は、偶然にできた「税の抜け穴」などではないからだ。それはビジネスオーナーや投資家に向けて意図的に作られたものだ。

●ポートフォリオ所得とは何か

ポートフォリオ所得は、たいていの場合、投資の世界でキャピタルゲイン（資産売却益）と呼ばれる収入を示す。一般に言って、**キャピタルゲインは何かを安く買い、高く売ることで得られる。株式では高く売ってから安く買うこと――「空売り」と呼ばれる――でキャピタルゲインを得ることも可能だ。**

投資をするたいていの人はキャピタルゲインに興味を持っている。でも、**キャピタルゲインを目的に投資するのは、本当の意味での投資ではない。技術的観点から見ると、それはトレーディングだ。**だからそれにかかる税金も変わってくる。

トレーディングを簡単に言えば、「売ることを目的に何かを買うこと」だ。トレーダーは自分がほしいから買うわけではなく、卸値で服を買い小売値で売るブティックのオーナーと変わりがない。大部分のトレーダーはSクワドラントの住人であり、そのクワドラントの税法に従って課税される。

不動産バブルの時期、短期の売買で利益を上げようとする「フリッパー」たちは自分のことを投資家だと思っていた。でも、実際のところ、彼らは不動産のトレーダーだった。安い値段で物件を買い、時にはちょっとそれに手を入れて、自分よりも無知な「カモ」に転売する。このようなフリッパーたちは、本当の意味での不動産投資家に対するイメージを悪くさせた。これらのアマチュアたちは、自分より愚かな人たちを市場に引き込むプロセスの中で、価格を引き上げ、あちこちで混乱を引き起こし、どんなに自分が儲けているか吹聴して回り、騒ぎを起こしただけだった。

問題は、フリッパーたちがキャピタルゲイン——ポートフォリオ所得とも呼ばれる——を目的としていたことだ。第一章でも言ったように、キャピタルゲインを目的とするのはギャンブルと変わりない。二〇〇六年から二〇〇七年にかけて市場が絶頂期にあった時は、スーパーマーケットのレジ係のようなごく普通の人たち、どちらかと言えば控えめな暮らしをしていた人たちさえもが、日頃の暮らしを忘れてフリッパーとして不動産に手を出し始めた。今の危機が引き起こされた理由の一つは単純だ。人々が投資の世界で言うところのキャピタルゲインとキャッシュフローの違い、あるいは会計の世界で言うところのポートフォリオ所得と不労所得の違いを知らなかったからだ。

▼ファイナンシャル教育——定義を学ぶ

投資の世界		会計の世界
キャピタルゲイン	＝	ポートフォリオ所得
キャッシュフロー	＝	不労所得

キムと私は自分たちの時間の九十パーセントをキャッシュフロー（不労所得）のために投資している。キャピタルゲイン（ポートフォリオ所得）を目的に投資する時は、とても慎重にする。なぜなら、それがギャンブルだということを知っているからだ。

キャッシュフローゲームをやったことがある人は、投資のチャンスには、キャピタルゲインを目的とするものとキャッシュフローを目的とするものの二つがあることに気が付いただろう。賢い投資家は税金面だけでなく、リスクの面からもその二つに違いがあることを知っている。

●金持ち父さんのとても大切な教え

ファイナンシャルＩＱ（お金に関する知性）が高い人は、さまざまな所得を、税金面から見て最も効率の高いものに切り替える方法を知っている。残念なことに、他人のために働いている従業員は、勤労所得のために働き、貯金をしてさらにその所得を増やす傾向がある。彼らは高い学校教育は受けているかもしれないが、所得の種類の違いを知らないし、それを切り替える方法も知らない。一方、株式や不動産を売り買いするトレーダーの大部分は、ポートフォリオ所得（キャピタルゲイン）をさらに多くのポートフォリオ所得に切り替えようとする傾向がある。だから、決して税法から逃れられない。

所得の種類を切り替えることは、金持ち父さんが自分の息子と私に教えてくれたとても大切な教えの一つだ。金持ち父さんにとって本物の「緑の家」と「赤いホテル」が大事だったのはそのためだ。金持ち父さんは不動産投資を通して、勤労所得をポートフォリオ所得や不労所得に切り替えた。ビジネスと投資を使って、税金のかかる所得を税金のかからない所得に切り替えていたのだ。学校では最高学位まで取っていたがファイナンシャル教育を受けていなかった貧乏父さんは、税金のかかる所得のためにせっせと働き、その所得をさらに増やすような貯金や投資をしていた。貧乏父さんはモノポリーで遊ぶなんて時間の無駄だと思っていた。そんなことをするより宿題をしたほうがいい、そうしたら高い給料がもらえる職に就くことができる――そして、勤労所得を増やすためにせっせと働き貯金ができる――と信じていた。

キャッシュフローゲームには、目立たないがとても大事な教えが組み込まれている。それは、勤労所得をポートフォリオ所得あるいは不労所得に切り替える方法だ。あなたが次にこのゲームをやる時には、所得を切り替えることに注意を払ってほしい。この大事な教えを見逃してしまう人は多い。

●現実世界での投資

現実世界での話に戻ろう。不動産バブルの狂気の嵐の中、私たちはキャッシュフローとキャピタルゲインの両方を目的に、あるプロジェクトに多額のお金を投資した。それは総戸数およそ四百戸の規模のプロジェクトで、アリゾナ州フェニックス近くの豊かな町スコッツデールで進められていた。当時、この四百戸は賃貸アパートからコンドミニアムに切り替え中だった。キムと私は大きく深呼吸をし、狂気の沙汰を呈している不動産市場をじっくりながめ、出口戦略を立てた。それは四百戸のコンドミニアムを売るための戦略だった（私たちは投資としてコンドミニアムを所有することはあまり好きではない。だから、その時も早く手放したかった）。

投資家は私たちのほかに六人いて、それぞれが十万ドルを出資していた。多くの資金を銀行から借り、塗装と外回りの植栽などに大きく手を入れてアパートをコンドミニアムに作り変え、結果的には一年以内にそのプロジェクトを売り払った。不動産市場は加熱していた。人々は最高の立地条件でお買い得価格のこの物件に殺到した。

キムと私は一年以内に十万ドルを取り戻し、百万ドルを少し超える額のお金を儲けた。コンドミニアムを売り切った時、私たちは税金対策の専門家の助けを借り、その百万ドルを「買い替え特例」を使って再投資した。つまり、税金はまったく払わずに、キャピタルゲインで得た百万ドル（ポートフォリオ所得）を、アリゾナ州の別の場所にある四百戸のアパートに投資した。この百万ドルは純粋に儲け分だったから、この時の投資の元手はいわばゼロ、そして税金もゼロだ。このアパートは今もキャッシュフローを生み続けている。しかも、その大部分を非課税にできる。

技術的に言えば、私たちはこの四百戸のアパートをただで手に入れ、そこから毎月不労所得を得ている。不動産市場が暴落した時、私たちは家賃を上げた。なぜなら、家を買うより借りる人のほうが多かったからだ。この時も、アパートの立地には気をつけ、その地域に安定した仕事が供給されていることを確かめてから家賃を上げた。不動産はその地域に仕事が供給されていてこそ価値があるからだ。

次の章は借金についての章だが、そこで私は、私たちがどのようにしてこの百万ドルをまた税金を払うことなく取り戻したか――キムと私はどのようにして戻ってきた百万ドルをまた別のプロジェクトにつぎ込んだか――もっと詳しく説明するつもりだ。今、この四百戸のアパートは完全にただで手に入れたも同然だ。理由は簡単だ、私たちは元手を取り戻すのに借金を使うからだ。この「ただで手に入れた」アパートからの毎月の収入はおよそ八千ドルで、払っている税金はほぼゼロだ。八千ドルはたいした金額ではないかもしれないが、税金のことを考えると、一万二千ドルの仕事に就いているのと同じことになる。

もう一度思い出してほしい。私は自慢話をするためにこんな話をしているわけではない。自慢話は格好のいいものではない。みなさんに私の話を聞いて奮起してもらって、もっとファイナンシャル教育を受けようという気になってもらいたいと思っているから書いている。それから、このことも思い出してほしい。私たちは最初からこのような規模で始めたわけではない。私とキムとビジネスパートナーのケンの三人は誰もが小さく始め、大きな夢を持ち続けた。金持ち父さんと同じように、私たちは常に学び、お金を儲けている。成功のカギは、ファイナンシャル教育と実社会での経験だ。私たちはやめるつもりはまったくない。ここまで教育を受けてきて、今やめるのはもったいない。人生は楽しむためのものなのだから。

●株式、債券、投資信託ではなぜだめなのか？

私とキムは、普通は株式を買うのを避ける。その理由の一つは、不動産のほうがはるかに簡単だからだ。それに、税法や、レバレッジとしての借金の使い方が違うからだ。もう一つの理由は、リスクについての章で説明するように、株式より不動産のほうが自分でコントロールできる部分が大きいからだ。

では、株式や債券、投資信託、ＥＴＦ（上場投資信託）などには投資すべきではないのだろうか？

答えはノーだ。もしこのような紙の資産（金融資産）が好きならば、その世界で、自分に可能な限り最高の投資家になればいい。リッチダッド社にも紙の資産に関するコースがある。なぜならこれも大事な資産の一つだからだ。紙の資産で問題なのは、リスクに対して自分がコントロールできる部分が少ないことだ。リスクのコントロールの仕方をマスターすれば、紙の資産も生涯を通じて富を維持するすばらしい方法となり得る。

私自身、紙の資産に関する講座やセミナーを取ったことがあるし、今もそうしている。その理由は、投資の原則は同じだからだ。つまり、その原則はすべての投資に応用できる。私がよりよいビジネスパーソン、よりよい不動産投資家になる方法を学んだのも、また未来を見通す方法を学んだのも、このような紙の資産に関するクラス――特にテクニカル分析とオプション・トレードについてのクラス――を通してだ。

アメリカにおける紙の資産に関する不利な点の一つは、キャピタルゲイン、ポートフォリオ所得に関する税金の繰り延べができなくなったことだ。以前は株式を買い替えることでキャピタルゲイン税を繰り延べすることができた。現在では紙の資産に関してはこの税法の抜け穴はふさがれてしまったが、不動産投資に対してはまだ有効だ。

［専門家からの答え――トム・ホイールライト］

一九八六年、私がワシントンDCで大きな会計事務所の国税部門で働いていた頃、議会が法律を変えることを決め、不動産投資家とビジネスオーナーにだけ、買い替え特例によって課税を回避する方法が使えるようにした。その時から、紙の資産に投資する人は同じような優遇措置を受けることができなくなった。今、投資信託に投資している人は、その価値が下がった年に税金を払うことになりかねない。ファイナンシャル教育の不足のためにそうなるのは大きな損失だ。

●不労所得とは何か

キムと私は常にキャッシュフロー（不労所得）を目的にしている。開発したゲームに『キャッシュフロー』という名前をつけたのもそのためだ。私たちが考える経済的自由とは、一生続くキャッシュフローを確立することだ。早い時期に引退して生活を維持できたのは不労所得のおかげだ。不労所得はまた、三種類の所得のうち最も税金が少ない所得でもある。

私の著書『金持ち父さん　貧乏父さん』は資産と負債の違いについての本だと言っていい。残念なことに、たいていの人は負債（持ち家、車、ボート、家財など）を資産だと思っているために、金銭的に苦労している。その上、困ったことにそういう人たちは投資を考える時、キャピタルゲインのことを考える。だから、自分が持っている「純資産（資産から負債を差し引いたもの）」がどれくらいかを重要視する。問題は、持ち家や車、ボート、家財、年金プランなど、本当は負債であるものを資産と考えて純資産を計算することだ。金持ち父さんが「純資産には大して意味はない」とよく言っていたのはそのためだ。キムと私は自分たちの純資産がどれくらいか知らない。でも、毎月のキャッシュフローがどれくらいかは知っている。

二人の子供に教えるために、金持ち父さんは言葉の定義を簡単にして説明してくれた。そして、資産は「きみたちのポケットにお金を入れてくれるもの」、負債は「きみたちのポケットからお金を取っていくもの」と教えてくれた。この単純化された定義を著書の中で紹介した時、私はいわゆる「高い教育を受けた、お金の専門家たち」から猛烈な攻撃を受けた。

でも、投資家と税務署の立場から世界を見たら、あなたにもこの単純化された定義にどんなに大切なことが隠されているかわかるだろう。銀行にお金を貯め、昔ながらの年金プランに投資をしている場合、あなたのお金の多くは税務署に流れ込む。あなたの税金は政府が受け取る「不労所得」だ。それを政府に払うより、政府があなたに投資してほしいと思っているところに投資して、政府からお金をもらうようにしたほうがずっといい。私に言わせればそれこそが正しいやり方だ。

キムと私はそれを徹底してやっている。私たちには余分なキャッシュフローがあるので、それを使って常に投資をしている。でも、貯金や株式、債券、投資信託、従来型の年金プランなどには投資しない。政府からせっかくお金をもらっているのに、それを返したのでは元も子もない。

キムと私はお金を貯めない。世界各国政府が何兆ドルにも値する贋金を刷り続けているのに、ドルを貯めて何になるというのだろう？　私たちはお金を貯める代わりに、ロスＩＲＡ（個人年金の一種）を使って金と銀を貯めている。それは、金と銀の値上がりから得られるキャピタルゲインを受け取る時に、非課税になるからだ。

借金に関する次の章を読むと、私たちがどのようにして投資のためのお金を得ているかがわかるが、ここでは、私たちが貯金をしない二つの理由だけを知っておいてもらいたい。一つ目の理由は、各国政府がお金を刷り続けているために、ここ何年にもわたりお金の価値がどんどん下がっているからだ。これはまたインフレーションとも呼ばれる。二つ目の理由は、貯金につく利子が勤労所得と同等に扱われて税金がかかるからだ。

［専門家からの答え――トム・ホイールライト］

先進諸国の税法は何千ページにもわたる。このうち、歳入に関するページはほんのわずかだ。実際のところ、アメリカではたった一行しか記述がない。そこに書かれているのは、一言で言えば、法律が特別に定められていない限り、あなたが受け取るすべての収入には税金がかかるということだ。それに、年金プランを使って節税をする方法について書かれているページもほんの数百ページだ。何千ページもの税法のうち大部分は、ビジネスと投資に関わる控除や支払猶予、特別税率などに関して書かれている。

［よくある質問］　税金の面からみて、アメリカの４０１（ｋ）のような従来型の年金プランがよくないのは

なぜか?

[短い答え] アメリカの401(k)は、引退した時に貧乏になることを想定している人のためのものだ。だから、ファイナンシャル・プランナーは「引退すると収入が減ります」と言う。引退時に勤労所得の税率が適応されることを彼らが正当化する理由がこれだ。彼らが提案するファイナンシャル・プランは、引退する時に稼ぎが減ることを想定したものだ。稼ぎが減るから、税率も減るというわけだ。それまでよりも裕福な状態で引退しようと計画している人には、彼らのプランは役に立たない。

[専門家からの答え——トム・ホイールライト]

従来型の年金プランは「今、貯めるお金」に税控除を与え、引退時にあなたが年金プランから引き出す「すべて」に税金をかける仕組みになっている。よさそうな話に聞こえるかもしれないが、それは間違っている。理由は三つある。

一つ目の理由は、引退後、仕事をしている時と同じ生活レベルを維持したいと思ったら、つまり実際に今と同じだけの収入を得たいと思ったら、今より高い税率のカテゴリーに入ってしまう可能性があることだ。これは、経費の控除や、住宅ローンの控除、扶養控除(子供たちが無事に巣立っていれば)などがなくなるからだ。

二つ目の理由は、不労所得やポートフォリオ所得を事実上、勤労所得に切り替えてしまうことになりかねないからだ。年金プランとは別に株式に投資していたとしよう。その場合、そこから得られた利益に対して払う税金は比較的低いキャピタルゲインに対する税率になる。でも、もし年金プランの一部として投資していた場合は、最も高い勤労所得に対する税率で払うことになる。

三つ目の理由——これが一番重要な理由だ——は、年金プランに組み込んでしまうと、そのお金をコントロールする力を大幅に失うことだ。あなたが投資できる対象は限られるし(主に投資信託になる)、お金を引き出して使う時期も雇い主と政府によって決められてしまう。

私もかつてはほかの税金アドバイザーと同じように、年金プランにできるだけお金をつぎ込むようにアドバイスしていた。でも、BとIのクワドラントでの活動を利用することで税金を少なくする――政府にお金を返さない――方法がそれこそ数え切れないほどあるというのに、高い税率をかけられるカテゴリーに自分が入る時まで税金を先送りにすることがいかにおかしなことか気が付いたあとは、そのようなアドバイスはやめた。

[よくある質問] 税の優遇措置が使える資産は不動産だけか？

[短い答え] 政府は税金を使った「奨励策」を多数用意している。キムと私は自分たちがよく知っていて、理解できるものだけを利用している。

[専門家からの答え――トム・ホイールライト]

投資が活発に行われている分野には、税法を含めて何らかの「刺激剤」が働いている。このような投資対象の例としては、石油やガスの採掘、製材、農業、クリーン・エネルギー、そのほかのさまざまなビジネスが挙げられる。政府があなたにお金をどこに投資してほしいか本当に知りたいと思ったら、税法を見てみるといい。そうすれば、政府があなたにお金をつぎ込んでほしいと思っているありとあらゆるものに関して税的優遇措置があることがわかる。

[よくある質問] あなたは税金の面で有利な投資として、どんな投資をしているか？

[短い答え] 油井とガス井。

[解説]

一九六六年、十九歳の時、私はスタンダード・オイル社のタンカーに次席航海士として乗り組み、カリフォルニアの海岸沿いを南北に行ったり来たりしていた。私が石油に興味を持ったのはこの時だ。一九七〇年代には、裕福な顧客相手に、石油とガスを使った節税対策をパッケージにして売る投資銀行家のもとで働いたこともある。キムと私は今も石油・ガス関連プロジェクトへの投資を続けている。

私たちはＢＰやエクソンといった石油会社の株式や投資信託には投資をしない。私たちが投資しているのは石油の探査と開発のためのパートナーシップだ。つまり、テキサス州、オクラホマ州、ルイジアナ州――偶然だが、私たちが所有するアパートが数多くあるのもこれらの州だ――などを中心に、特定のプロジェクトを手がける石油起業家とパートナーシップを組んでいる。そのプロジェクトがうまくいけば、石油や天然ガスを売って得た利益から何パーセントかもらえる。このキャッシュフローには税金の優遇措置が適用できる。

石油と天然ガスは交通機関、食料、暖房、プラスチックや肥料の生産に欠かせない。キッチンを見回しただけでも石油製品はいくらでも見つかるし、食品にさえ使われている。政府が大幅な税の優遇措置を与えているのは、石油の採掘はリスクがとても大きい一方、私たちの生活、経済に欠かせないものだからだ。

●**投資の具体例**

［**よくある質問**］　四百戸のアパートをコンドミニアムに作り変えたアリゾナ州スコッツデールのプロジェクトから取り戻した十万ドルをどう使ったのか？

［**短い答え**］　テキサス州の石油とガスのプロジェクトに投資した。

［**解説**］

この時も、私たちの目的はいつもと同じ、プラスのキャッシュフローを得ることと、税金の優遇措置を利用することだった。

石油やガスのパートナーシップへの投資のいい点は、ＲＯＩ（投資収益率）が大きいことだ。テキサス州のプロジェクトに十万ドルを投資した時、キムと私は七十パーセントの税控除を受けた。普通、私の所得税率は四十パーセントだから、これは二万八千ドルのキャッシュバックを意味する。つまり、最初の年に二十八パーセントのＲＯＩが保証されているということだ。このお金は政府が私に返してくれるようなものだ。理由は私に石油に投資してほしいと思っているからだ。

十万ドルに対するこの二万八千ドルのリターン（収益）についてここで取り上げたのは、「十パーセントのリターンを得られますよ」と私に言う人たち――特に株式ブローカー――がたくさんいるからだ。市場の上がり下がりの大きなリスクを背負ってまで、十パーセントにも満たないリターンを得たいと思う理由は私にはない。それより政府から確実に二十八パーセントもらったほうがずっといい。それは実体のあるキャッシュフローで、キャピタルゲインの場合のように、可能性に基づいた架空のリターンに賭ける必要もない。

この取引を財務諸表の上で見ると図⑭のようになる。

もし油田が見つかれば――この「もし」は実現可能性の高いものでなければいけない。石油業界で経験がものを言うのはそのためだ――財務諸表は図⑮のようになる。

説明を単純化するために、油田からの毎月の収入を五千ドルとしよう（収入の額は石油やガスの生産量、価格によって変わる）。この五千ドルの収入にもまた二十パーセントの税控除があるから、私が税金を払うのは四千ドルに対してだ。ＥやＳのクワドラントで五千ドル稼いだとしたら、全額の五千ドルに税金がかかる。

私にとっては、「買って持ち続けているものから、一生困らないだけのお金が手に入るように」と祈りながら、４０１（ｋ）に四十年間投資を続けるよりも、税の優遇措置が利用できるこのような投資をするほうが理にかなっている。

●究極の目的は何か

キムと私は次のような五つの目的を持っている。

1. 元手を取り戻す

毎月五千ドル、つまり年に六万ドルの収入、それに二万八千ドルの税金の還付分をプラスすると、一年あまりで十万ドルを取り戻せる。４０１（ｋ）を利用して同じようにしようと思ったら大変だ。石油の値段がもっと高ければ（当時も一バレル百四十ドルの高値だった）、さらに早く元手を回収できる。

2. 取り戻した元手を使って別の投資をする

3. 一生困らないだけのキャッシュフローを確保する

油井の寿命は一年から六十年だ。だから、どの油井に投資するか、どの開発業者を選ぶかがとても重要になる。

4. 油井をさらに増やす

石油が溜まっている場所を一つ見つけたら、その近くでさらに見つかる可能性が高い。どこに穴を掘ったらいいかわかっていれば、空振りするリスクが減る。確かに空振りすることはある。空井戸を掘ることはお金を失うことを意味する（それでも二十八パーセントの税金の還付はある）。だから、私たちは有望だとわかったらその地域を掘り続ける。

5. 毎年収入を増やす

自分が働く、働かないにかかわらず、私たちのキャッシュフローは税率は低いまま毎年増えていく。

●注意すべき点

石油の採掘には大きなリスクが伴う。だから、法律によって、このような投資ができるのは適格投資家だけに限られている。適格投資家とは充分なお金、知識、経験があるとＳＥＣ（証券取引委員会）が認めた投資家だ。

リスクが大きいとされるのは、石油自体に問題があるからではなく、採掘する起業家の腕が大きくものを言うからだ。でも、優秀な石油採掘業者も空井戸を掘ることがある。だから、充分な知識とお金を持っていない人は石油採掘のパートナーシップに投資をすべきではない。それより、ＢＰやエクソンといった石油会

⑭油田に投資すると、政府からお金が返ってくる

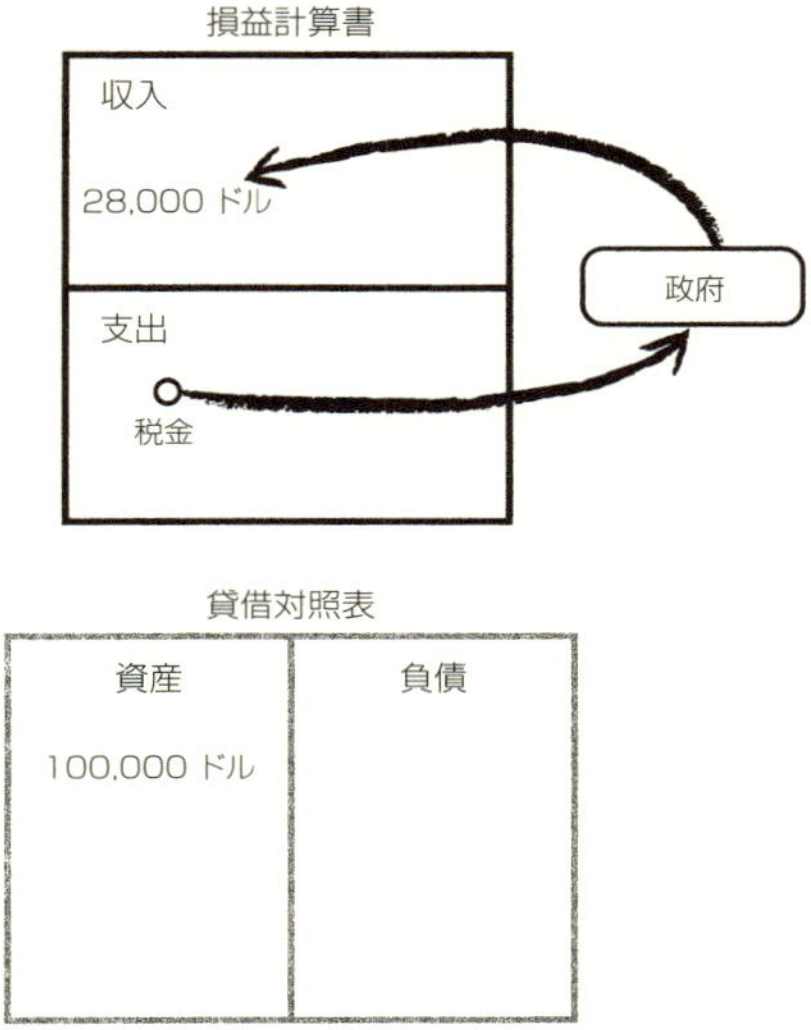

⑮油田が見つかればさらに儲かる

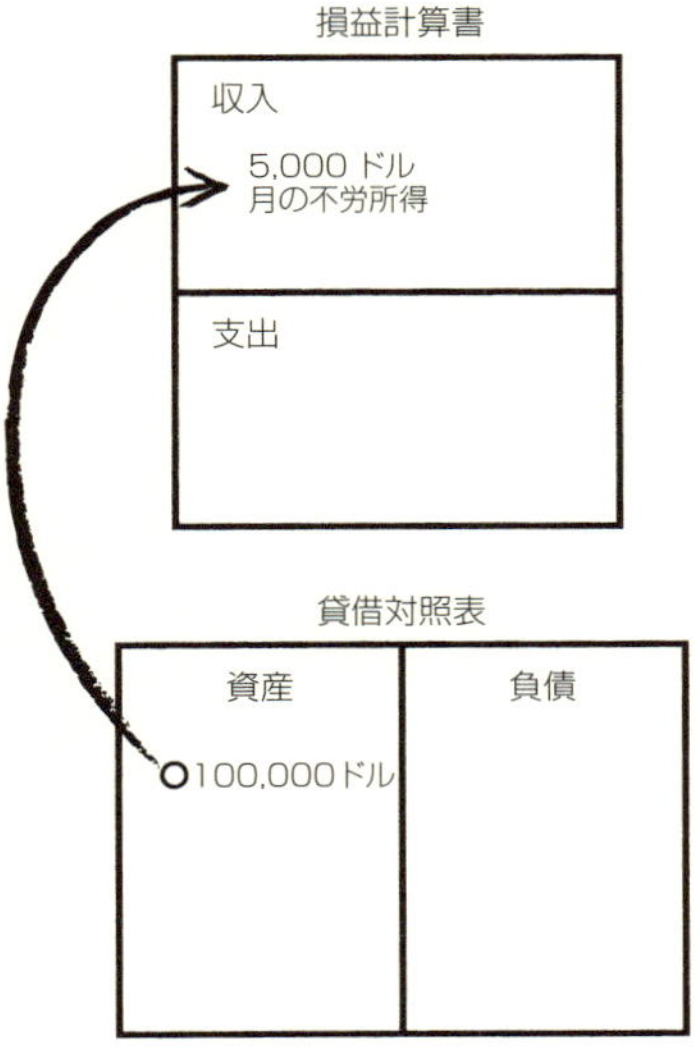

社の株式に投資するほうが安全だ。株式は株式ブローカーを通して買うことができる。石油会社の株式に投資することで、キャピタルゲインと配当からのキャッシュフローが期待できる。ただし、税の優遇措置を受けることはできない。

［よくある質問］　環境、地球温暖化の問題も考えるべきではないのか？

［答えと解説］

これはよく受ける質問だ。私の答えはこうだ。「私も環境問題には大きな関心を持っている」。だから、投資からの儲けの一部を代替燃料や電力会社に投資している。たとえば、太陽エネルギー関連の新設会社にかなりの額の投資をしている。子供の頃、原爆実験をこの目で見た私は、原子力発電には反対だ。なぜなら、核廃棄物の害は何千年も続くからだ。

私は今後五年以内に、化石燃料、核燃料に代わるエネルギー源を誰かが発見すると確信している。それが実現した時、世界は大きく変わるだろう――インターネットが世界を変えたのと同じように。

石油や環境に対する個人的見解がどんなものであれ、文明にはエネルギーが必要だ。このことは忘れないようにしよう。文明の発展のために、私たちはより安く、よりクリーンな代替エネルギーを必要としている。代替エネルギー源が開発されなければ文明は後退する。だから私は石油と代替燃料の両方に投資している。

●終わりに

税金はとても大きなテーマだ。税金はまた、支出の項目の中で一番、額が大きい。今の金融危機のせいで税金は今後増えるに違いない。ファイナンシャル教育の中で税金の知識が重要な意味を持っているのはそのためだ。税法は職業によって異なるのではなく、クワドラントによって異なることを覚えておいてほしい。だから、学校に行って仕事に就けとか医者になれといったアドバイスは、税金の面から言うとあまりいいアドバイスではない。税金を減らそうと思う人は、クワドラントを替わったり、自分が活躍するクワドラントを新たに加えたりする必要がある。

でも税金より大事なのは、自分が今いるクワドラントに満足しているかどうかだ。税金を減らすことだけを考えてクワドラントを替えるのはいいアイディアとは言えない。EやSのクワドラントで成功していて幸せだったら、たとえ税金を多く払うことになっても、そこにとどまって、より多く稼ぐ方法を見つけるようにすればいい。

EやSのクワドラントにとどまりながら、Iクワドラントの投資家になる方法を学ぶことは可能だ。このあとの章ではそのためにどうしたらよいかを説明するつもりだ。

税金対策をする前には、必ず有能な税金のプロを探して相談するようにしてほしい。

最後に言いたいのは、税金のアドバイザーといっても誰もが同じというわけではないことだ。たいていのアドバイザーはEクワドラントかSクワドラントに属していて、EやSのクワドラントの会計士と同じように考える。だから税金に関するアドバイスをもらう相手を選ぶ時には、相手がたとえプロでもよく注意して選ぼう。

無能で怠け者、資格を持っているだけのプロ、あるいは不正を勧めるようなプロに相談すると、結局は高くつくことになりかねない。私は個人的な経験からそのことを知っている。学校で優等生だったからといって、彼らが実社会で有能で正直な人間だとは限らない。

［専門家からの答え――トム・ホイールライト］

税金は生活の一部だ。だから問題は簡単だ。税法をうまく利用してそれを生活の「小さな一部」にするか、何もしないで「最大の部分」にしたままでおくかだ。税金の仕組みに関する適切な知識と、税法をよく理解している有能な税金アドバイザーによる適切な税金対策を備えていれば、起業家や投資家の大部分は十パーセントから四十パーセント、税金を減らすことができる。そして、節税によって得たお金は投資に回し、資産を築くために利用できる。だから、もう待つのはやめよう。今、行動を起こし、税金を減らすために何ができるか学ぼう。

●最後の質問

［よくある質問］　でも、みんながBやIのクワドラントに移ってしまったら、一体誰が税金を払うのか？

［短い答え］　確かにすべての人がBやIのクワドラントに移るのは可能だが、そうなる可能性は少ない。

［解説］

EやSのクワドラントにとどまり、勤労所得——三種類の所得のうち一番税率の高い所得——のために働き、お金を貯め、投資するほうがずっと楽だからだ。

第三章

借金のアンフェア・アドバンテージ

一九七一年、ニクソン大統領がアメリカドルの金本位制をやめた。その結果、貯金をする人が敗者に、借金をする人が勝者になった。

［よくある質問］ なぜ貯金をする人が敗者になったのか？

［短い答え］ 一九七一年にアメリカドルが本当のお金ではなくなったから。政府が贋金を多量に印刷すれば、貯金が価値を失う。

［よくある質問］ アメリカはどれくらいのお金を印刷しているのか？

［短い答え］ とてもたくさん。

［長い答え］ 二〇一〇年、アメリカの国家債務は十三兆ドルを超えていた。一時借入金は百七兆ドルで、今もそれは増え続けている。

二〇一〇年、アメリカ政府は毎日十億ドル近くのドルを印刷していた。その額は今も増え続けている。

●十億とはどれくらいの数か？

時給十ドルで一日八時間働けば、一日の稼ぎは八十ドルだ。たいていの人は八十ドルならなじみがあるが、十億ドルとなると想像もつかない。次の表を見るとその大きさが少し想像できるかもしれない。

十億秒＝三十一・七年
十億分＝千九百二・五年
十億時間＝十一万四千百五十五年
十億日＝二百七十三万九千七百二十六年

十億秒前は西暦一九七九年
十億分前は西暦一〇八年
十億時間前は石器時代
十億日前は人類は存在していなかった

●一兆とはどれくらいの数か?

一兆秒＝約三万二千年

一兆となると私のお粗末な脳みその理解の範囲を超えている。十億に関する先ほどの表の数字を単純に千倍にしてみてほしい。そうすれば一兆がどれほど途方もない数かわかるだろう。一兆秒にあたる三万二千年など私には想像もつかない。

［よくある質問］　これからどうなって行くのか?
［短い答え］　さらに多くのお金が印刷される。
［解説］
図⑯の表を見てほしい。これから先、さらに多くのお金が印刷されていくことがわかるだろう。

⑯これから先、さらに多くのお金が印刷されていく

オバマ政権の赤字はこれまでの赤字を上回るだろう

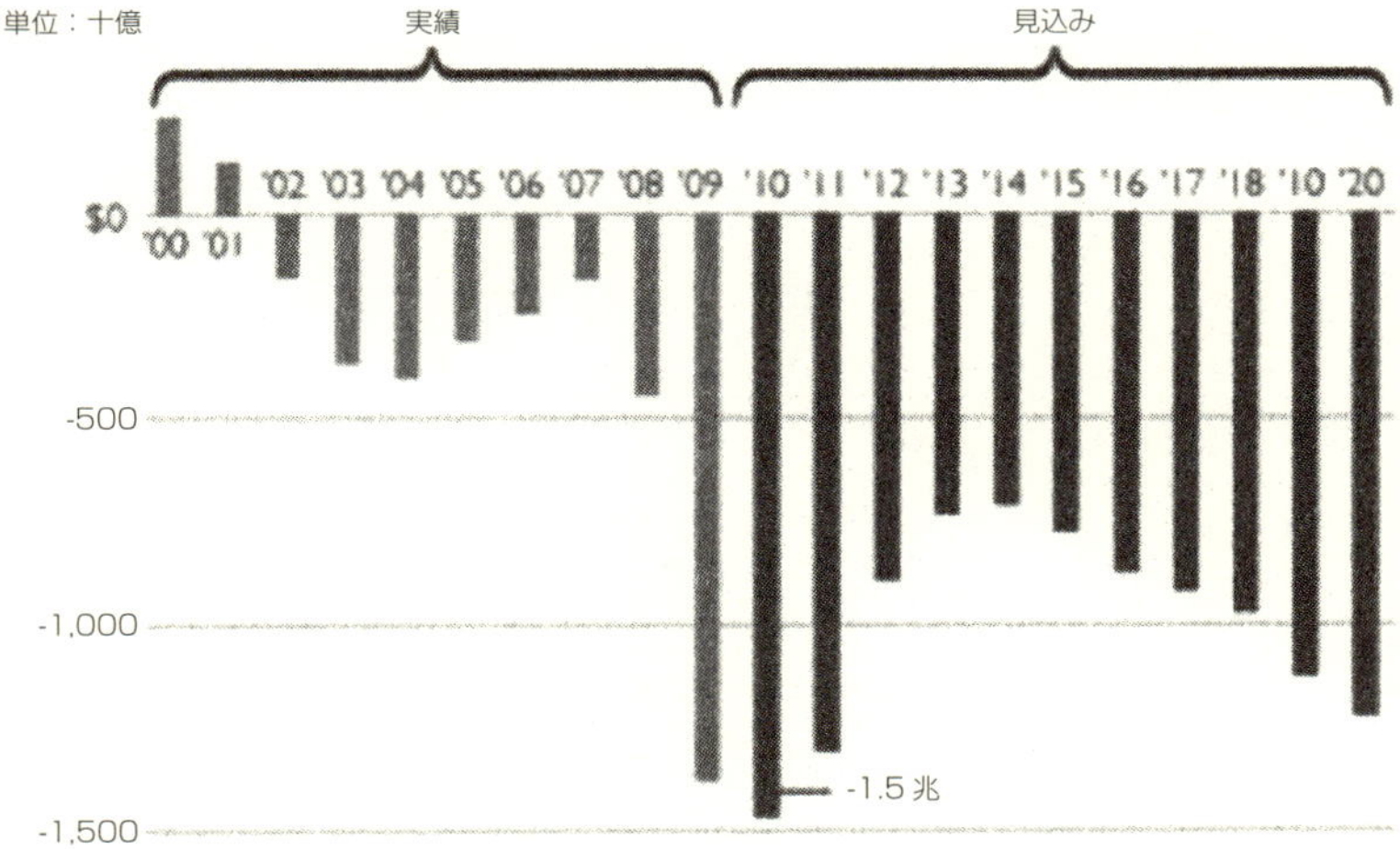

原典：●Congressional Budget Office and Office of Management and Budget/heritage. org

Reprinted with permission

二〇一〇年のアメリカの財政赤字は一兆五千億ドルに上る見込み
二〇一一年のアメリカの財政赤字は一兆三千億ドルに上る見込み

［よくある質問］　これらの数字は何を意味しているか？
［短い答え］　さらに多くのお金が印刷されることを意味する。

［よくある質問］　そのことが私にどう関係してくるか？
［短い答え］　税金が上がりインフレが進行する。

［よくある質問］　アメリカドルが暴落する可能性はあるか？
［短い答え］　ある。アメリカでは貨幣の暴落がこれまでに何度もあった。独立戦争中の大陸紙幣と南北戦争中に南軍によって発行された南部同盟通貨がそのいい例だ。

今アメリカ政府はイラクとアフガニスタンで戦うため、「請求書」の支払いをするため、そして中国から製品を買うためにお金を印刷し続けている。

［よくある質問］　個人としてできることは何か？
［短い答え］　これには二つ答えがある。

1. もし私が限られたファイナンシャル教育しか受けていなかったら、お金よりも金や銀を貯める。給料をもらうたびに少しずつ金と銀を買い、それを持ち続ける。私は金の価格が一オンス三百ドル以下、銀の価格が三ドル以下の時に金と銀を買って、もう何年も持ち続けている。私はお金は貯めない。

2. 高いファイナンシャル教育を受けていたら、自分で「紙幣の印刷機」を作り出してお金を刷ればいい。

［よくある質問］　自分で紙幣の印刷機を作るにはどうしたらいいか？

［短い答え］　資産を獲得するために借金を利用する。

［よくある質問］　それはリスクが大きいのではないか？　合法的にできるのか？

［短い答え］　確かにリスクが大きい場合もある。でも、これこそが、政府が私たちにやってほしいと思っていることだ。だから、合法的にできる仕組みになっている。

前の章で話したように、お金のために働く人は多くの税金を払い、お金を自分のために働かせる人は税金が少なく、他人のお金を自分のために働かせる人が払う税金はさらに少ない。あるいはまったく払わない場合もあるが、これには高いファイナンシャル教育が必要だ。

たいていの人には奇妙な話に聞こえるかもしれないが、実際のところ政府は私たちに借金をさせたがっているだけでなく、借金をすることに対して税的な優遇措置を設けている。

お金と借金の関係をもっとよく理解するには、金融の歴史を少し振り返って見ることが大事だ。

▼ファイナンシャル教育――歴史を学ぶ

一九七一年以降、政府が支出をまかない借金を返済するために「贋金」を使い始めるとともに、アメリカの紙幣印刷機が動き出した。

アメリカは石油をたくさん使うので、石油の値段が高くなり始めると同時に、サウジアラビアに多くのアメリカドルが流れ込んだ。そしてさらに石油の値段が高くなるにつれ、より多くのアメリカドルがアラブ世界に流れ込んだ。オイルダラーと呼ばれるこのお金には行き場所が必要だった。だからロンドンに流れ込んだ。なぜならロンドンにはこの多量のお金の流れをさばけるだけの大きな銀行があったからだ。次にロンドンからさらに行き場所を求めたオイルダラーは、お金を借りたいと思っているところにどんどん流れていった。たとえばラテンアメリカ諸国だ。一九七〇年代後半から一九八〇年代前半にかけて彼らは大喜びでこのお金を借り、景気がよくなりバブル状態となった。そしてその後バブルがはじけ、ラテンアメリカは債務危機に陥った。このホットマネー（国際的に移動する短期資金）は次にラテンアメリカから日本に流れこみ、好景気を引き起こし、一九八九年にそのバブルがはじけた。次にこのお金が流れたのはメキシコで、メキシコのペソは一九九四年に危機に陥り、一九九七年にはアジアで金融危機が巻き起こり、一九九八年にはロシアのルーブルが危機に陥った。

アメリカの銀行と証券業界は世界のほかの国々での騒ぎを高みから見下ろし、笑っていた。なぜなら、彼らは各国をめぐり歩くバブルとその崩壊はアメリカには何の影響も与えないと信じていたからだ。

クリントン大統領の時代（一九九三年―二〇〇一年）、政府は予算のバランスをうまく取っていた。そのため、アメリカはお金を借りる必要がなくなった。何兆ドルもの資金の借り手をさらに探す必要のあった世界中の銀行にとっては、これは悪いニュースだった。そこで彼らが見つけたのは、アメリカの準政府団体GSE（政府支援法人）のファニーメイ（連邦住宅抵当公庫の通称）とフレディマック（連邦住宅金融抵当公庫の通称）だった。これらの機関はお金を借りたがっていた。彼らは三兆から五兆ドルのホットマネーを借り、新しい家を買いたい、持ち家を抵当に再融資を受けたいという人に見境なく貸し付けた。アメリカの不動産バブルはすでに始まっていた。

ファニーメイとフレディマック、そしてその幹部たちに当局の調査が入り始めると、彼らはホットマネーの借入をやめた。そのおかげで巨額の贋金がまた行き場所を探さなければならなくなった。一九九〇年代後半、政府および連邦準備制度理事会はゴールドマン・サックス、バンク・オブ・アメリカ、シティバンクといった巨大銀行に関する規則を変え、その結果、これらの銀行がホットマネーを引き受けるようになった。そうなるとすぐに、銀行はこのお金を自分のところから引き取ってくれる相手を探す必要が出てきた。ご存じのように、お金は動き続ける必要があるからだ。

銀行やウォール街がこのホットマネーを動かす手助けをするために、住宅ローンの仲介をするモーゲージブローカー（カントリーワイド・モーゲージのような会社のために働いていたブローカー）が必死で借り手を探し始めた。そして、アメリカで最も貧しい層に手を出し、仕事もなく、借入のための信用度《クレジット》の低い人たちに「ＮＩＮＪＡ（No Income, No Job or Asset 無所得、無職、無資産）ローン」と呼ばれる貸付を提供し始めた。そういう人たちはまもなく「アメリカンドリーム」を実現させ始めた。残念なことに多くの人にとって、それは本当は自分の財力に見合わない「夢」だった。サブプライムローンのバブルはどんどん膨れ上がっていった。

●サブプライムローン問題とバブル崩壊

こういったサブプライムローンが増えてくると、大手銀行やウォール街は要注意のこの借金をパッケージにして売り出した。つまり負債を資産として、ほかの銀行や年金ファンド、投資家などを相手に世界的に売り出した。それはいわば馬の糞に消臭剤をかけてビニール袋に入れ、肥料として売り出すようなものだった。サブプライムローンと馬糞との違いは、馬糞はうまく使えば本当に肥料として価値を持っていることだけだ。

本書の第一章で、世界で最高のファイナンシャル教育を受けた人々こそが、この金融危機から利益を得た人たちだという話をした。そういう人たちは危機を「引き起こした」わけではないかもしれないが、明らかにその危機に「乗じた」。何百万ドルも儲けた人がたくさんいたし、少数ながら中には何兆ドルも儲けた人たちもいる。彼らは今もせっせと馬糞をシャベルですくっている。つまり馬糞を買い続けている。彼らは臭い匂いを感じないのだろうか？　信用格付け会社ムーディーズは――これはウォーレン・バフェットの会社だ――なぜこの馬糞にＡＡＡの格付けを与えたのだろうか？

世界で最も賢いはずの人間たちがこの金融界の馬糞を世界中に撒き散らす一方で、各国で住宅が値上がりし、大勢の人が金持ち気分になった。彼らが金持ち気分になったのは「資産効果」のおかげだ。つまり、持ち家の価値が上がったために金持ちになったような気になった。ここでも彼らが重視していたのはキャピタルゲインだった。持ち家の値上がりと共に、多くの人が自分の純資産が増えたと錯覚し、浮かれ気分になってお金を使い始めた。クレジットカードを使いまくり、価値の上がった家を抵当に再融資を受けてその借金を支払い、バブルに空気を吹き込んで巨大な熱気球へと成長させた。私が腹にすえかねるのは、連邦準備制度理事会の前議長のグリーンスパンやバーナンキが、史上最大のこの熱気球が自分には見えなかったと主張していることだ。

熱気球が爆発を始めてからの数年間、二〇〇五年から二〇〇九年にかけてのバーナンキの発言を振り返ると、ＭＩＴ（マサチューセッツ工科大学）を卒業し、スタンフォード大学とプリンストン大学の教授を務める彼は、エコノミストとしては有能かもしれないが、私やあなたが生きている世界と同じ世界に住んでいるとはとても思えない。

二〇〇二年、『金持ち父さんの予言』が出版された。この本の中で私は史上最大の株式市場の暴落が近づいていると予言した。未来を見るのに有名大学に通う必要はない。私は『金持ち父さんの予言』の「はじめに」の中でこう書いた――「未来に備えるための時間として、二〇一〇年までの年月が与えられている」。

思っていた通り、『金持ち父さんの予言』はウォール・ストリート・ジャーナルやスマートマネーといった主要金融誌にめちゃめちゃに叩かれた。

二〇〇七年、サブプライムローンの借り手たちがローンの返済ができなくなり、不動産市場が揺れ始めた。それに続いて世界中の銀行が危機に陥り、アメリカとヨーロッパが次第にその危機に巻き込まれていった。そしてアメリカが破綻に追い込まれると、ＰＩＩＧＳと呼ばれるヨーロッパ諸国（ポルトガル、アイルランド、イタリア、ギリシャ、スペイン）が巨額の借金を抱えて破綻した。ドイツの存在がなかったら、ヨーロッパとユーロはもっとひどいことになっていただろう。借金によって引き起こされたこの危機は、さらに借金をすることで解決された。アラブのオイルダラーの出現と共に一九七一年に始まったバブルとその爆発のサイクルは今も続いている。ホットマネーはお金をどんどん借りてくれる人間や団体を探している。一九七一年以降、世界経済は人々がお金を借りてくれなければ成長できない仕組みになっている。

現在も何兆ものドルおよびそのほかの不換通貨が行き場所を求めている。借入金の利子が低く、貯蓄に対する利子も低いのはそのためだ。簡単に言うと、金融の世界はお金を借りる人が大好きで、お金を貯める人には罰を与えている。

●銀行はなぜお金を貯める人が嫌いか？

銀行の仕組みを理解すると、世界的な金融危機の全体像をよりよくとらえることができる。図⑰は銀行と、貯金をする人との財務諸表を比較したものだ。

お金を預けている人にとっては銀行に預けた１００ドルは資産だが、銀行にとっては負債だ。

[よくある質問]　なぜ銀行にとって負債なのか？

[短い答え]　資産の定義は「あなたのポケットにお金を入れてくれるもの」、負債の定義は「あなたのポケットからお金を取っていくもの」だ。銀行は顧客の預金に対して利子を払わなければいけないから、百ドルの預金は顧客にとっては資産だが、銀行にとっては負債だ（図⑱）。

[よくある質問]　銀行はどのようにしてお金を儲けるのか？

[短い答え]　お金を借りてくれる人を使って儲ける。

[解説]

世界の銀行システムは「部分準備制度」という名前で知られるシステムの上に機能している。

ごく単純化して言うと、「あなたが預けたお金に対して、銀行はそれに一定の数をかけた量のお金を貸し出すことができる」というシステムだ。たとえば、あなたが一ドル預けて、部分準備比率が一対十だとすると、銀行は十ドル貸し出すことができる。つまり、あなたの一ドルが魔法のように十ドルに化ける。銀行はこの十ドルを高い利率で貸し付ける――特にクレジットカードを利用して。銀行が、お金を借りてくれる人との取引でお金を儲け、預金者との取引でお金を損をするのはこのような仕組みになっているからだ。だから、銀行はお金を借りてくれる人が大好きだ。たくさん借りてくれれば借りてくれるほど銀行にとっては都合がいい。

政府がお金の供給量を増やしたいと思ったら、部分準備比率が引き上げられる。たとえば、二〇〇四年、景気にてこ入れするためにFRBが五大銀行に許可した部分準備比率は四十だった。つまり預金一ドルに対して四十ドルの貸付を許した。この一対四十という部分準備比率は大きなバブルを引き起こし、そのために私たちは今、世界的な借金危機――返すことのできない借金による危機的状況――に陥っている。

債務者たちがローンの返済ができなくなった時、預金者は銀行の外に列を作って、自分たちのお金を返してくれと要求した。これは「銀行取付」と呼ばれる。銀行取付は主に部分準備制度――預かっているお金以上のお金を貸し出すことを銀行に許すシステム――が原因で引き起こされる。

反対に、もし政府が経済をスローダウンさせたいと思っているなら、財務省と連邦準備銀行は部分準備比率を引き下げるだろう。たとえば五になったとすれば、顧客が預けたお金一ドルに対して、五ドルの貸付しかできない。人々が借りることのできるお金が減ると、利子が高くなり、経済がスローダウンする。

ここまで読んでもう気が付いた人もいると思うが、銀行の部分準備制度はあなたの貯金の購買力を破壊する。なぜなら、あなたがお金を預けるたびに、このシステムは何もないところから魔法のようにお金を引き出してくるからだ。このシステムは世界に共通している。世界銀行とＩＭＦ（国際通貨基金）によって許可

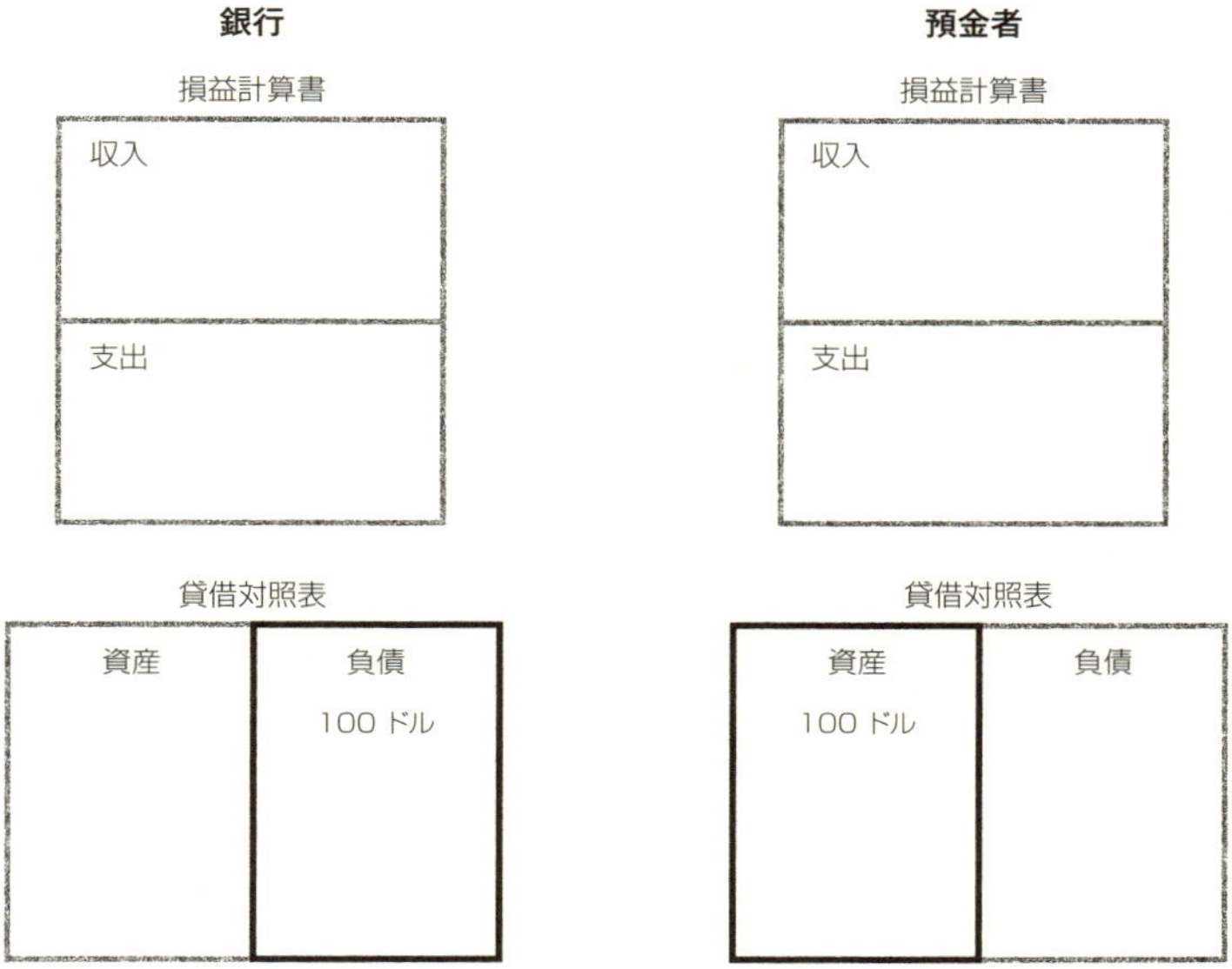

⑰銀行と預金者の財務諸表を並べてみると

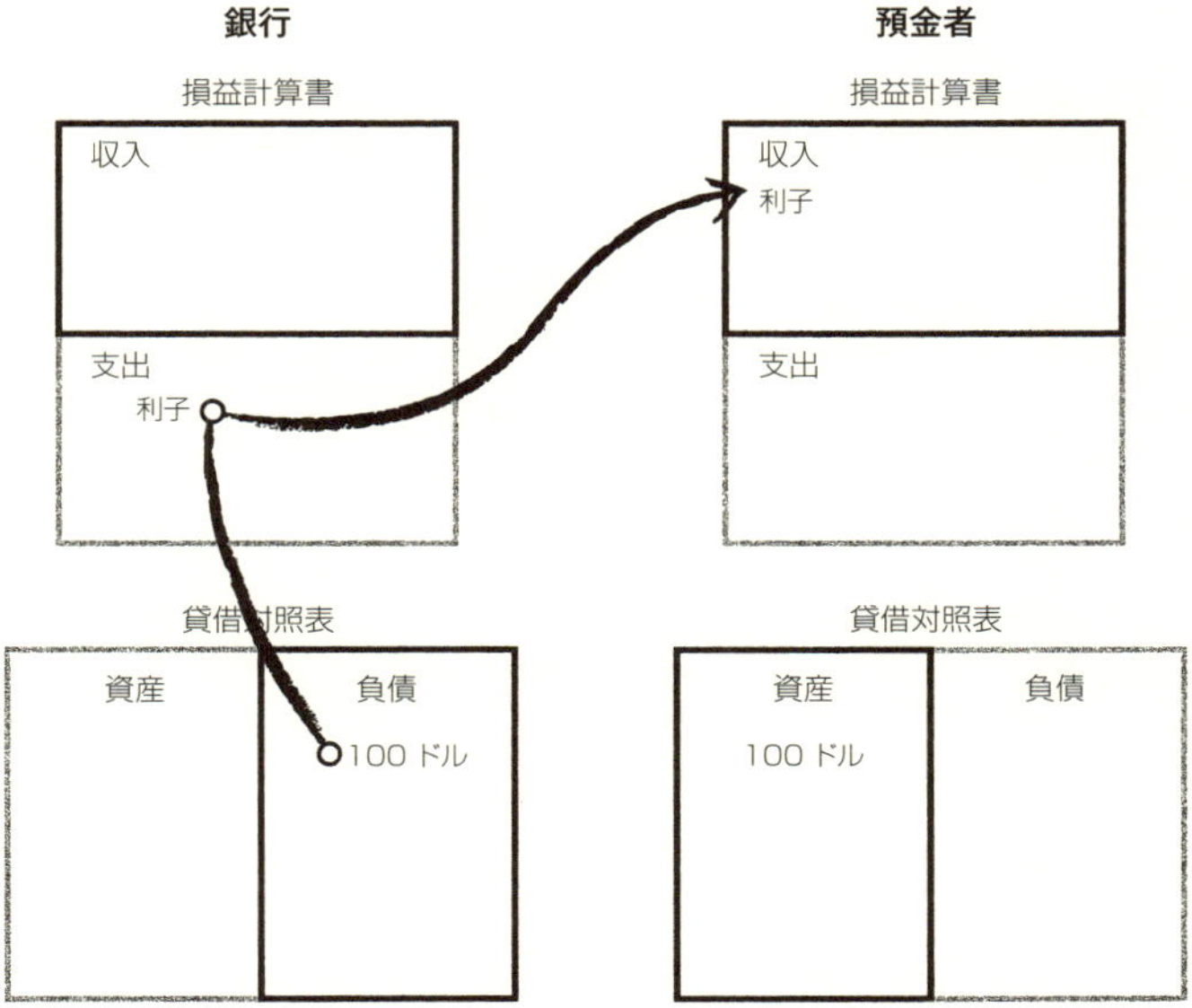

⑱預金者が預けたお金は、銀行にとっては負債となる

されたシステムだ。

●銀行が貸付で儲ける仕組み

部分準備比率を十として、その仕組みをもう少し詳しく図で表すと図⑲のようになる。銀行は百ドルの預金に対して預金者に二パーセントの利子を払う。次に銀行はその預金に十をかける。すると銀行は千ドル持っていることになる。手品を使って生み出したかのようなこの千ドルを、銀行は預金に対する利子よりずっと高い十パーセントの利率でほかに貸し付ける。

預金者：百ドルの預金に対して二パーセントの利子を得る。
　つまり百ドル×二パーセント＝二ドル。
銀行：預金者の百ドルの預金の十倍の額を十パーセントの利率で貸し付ける。
　つまり、百ドル×十＝千ドル×十パーセント＝百ドル。

この例では、銀行は預金者からの百ドルを使って百ドル儲けて、その使用料として二ドルしか払わない。銀行が借入をしてくれる人をありがたがるのはこのためだ。

今の説明が複雑すぎると感じた人は、銀行は預金者ではなく借り手を必要としているということだけを覚えておいてほしい。あなたや私がお金を借りるのをやめると、経済はストップする。なぜなら、今の世界ではすべてのお金が借金だからだ。言い換えれば「借金が世界を機能させている」ということだ。

●税務署はお金を借りる人を優遇する

ここまで読んできた人は、税務署が非課税の枠を広げてお金を借りる人を優遇し、預金利子に対して高い

⑲銀行はこうやって儲けている

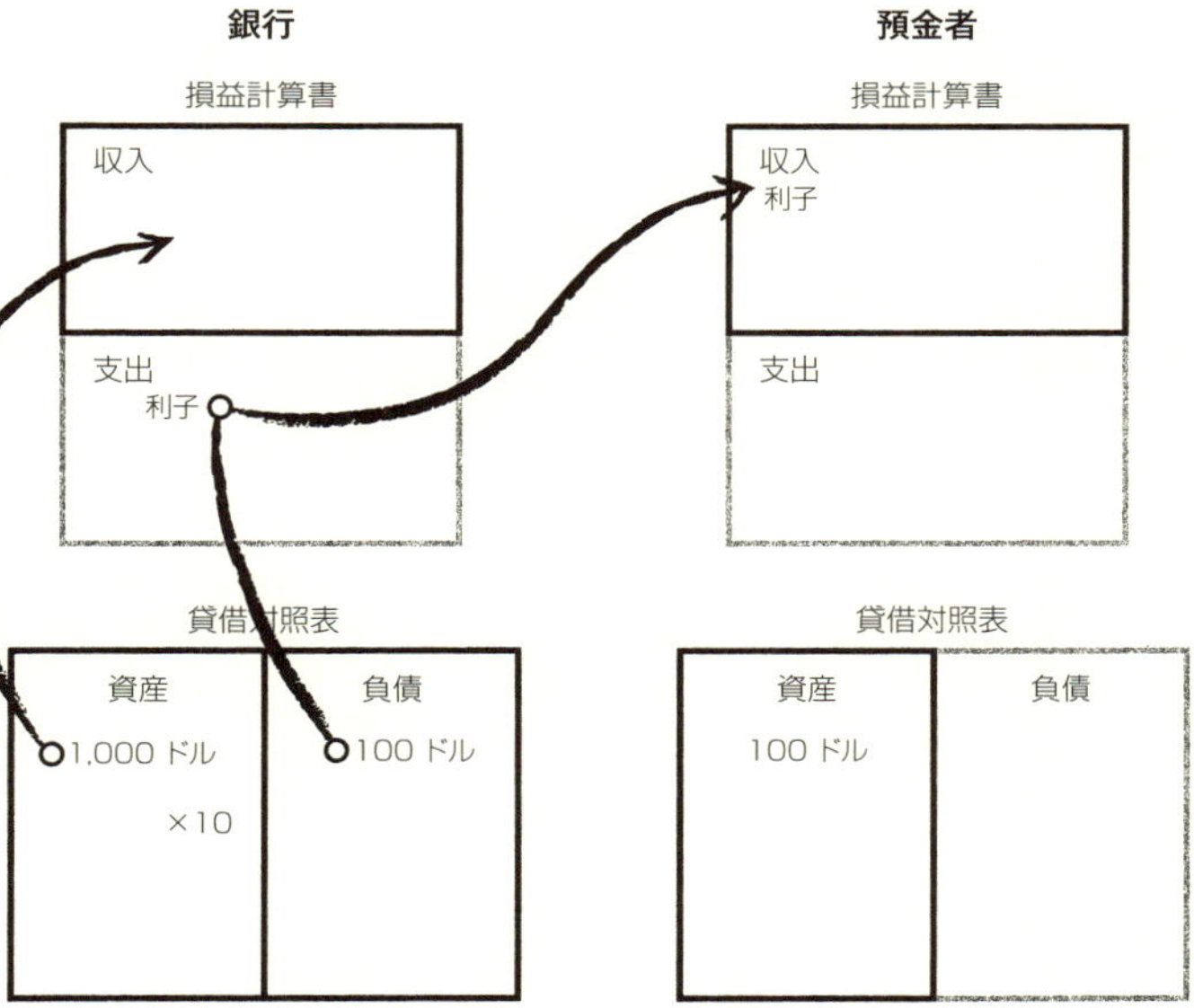

税金をかけて預金者を罰する理由がわかったと思う。

●借り手になる方法を学ぶ

一九七三年、私はベトナムから故郷に戻った。一九六五年以降ずっとハワイを離れていた私は、幸運なことに海兵隊での最後の一年間を故郷で送ることになった。

十八歳でハワイをあとにし、故郷に戻った私は二十六歳の青年になっていた。私はそれまでずっと大人からのアドバイスに耳を傾けてきた。それまでの私の人生はこんな具合だった――議員推薦を受けてニューヨークの連邦軍事学校に進学し学士（理学）の資格を得て卒業した。卒業と同時にスタンダード・オイル社に入社し、三等航海士としてオイルタンカーに乗り組んだ。給料は二十一歳の若者としてはかなり多く、当時五十歳近かった父の二倍近くあった。

その後私は、昇進のハシゴを登りいつか船長になるという道は選ばず、退社して海兵隊に入隊し、中佐として月二百ドル稼ぐようになった。スタンダード・オイル社で稼いでいた月四千ドルと比べて給料はずっと少なかった。飛行訓練はフロリダ州ペンサコラで始まり、二年後、飛行士の資格を得て訓練学校を卒業した。一九七一年、私はカリフォルニア州のキャンプ・ペンドルトンに移り、上級飛行訓練を受けた。そして、一九七二年にはベトナムの空母に赴任していた。その後ベトナムでの一年の間に三度墜落を経験した。一九七三年に五体満足でハワイに戻れた時はとてもうれしかった。

故郷に戻り、軍隊を去ろうとしていた私は、自分自身のことを考える時期にさしかかっていた。二十六歳の私には、この先何をやりたいか決める時期が来たことがわかっていた。

新しく赴任した飛行基地は貧乏父さんの家からわずか十五分、ワイキキの金持ち父さんのオフィスから三十分のところにあった。海兵隊の飛行士として基地で最後の一年間の軍役に就いていた時、私は二人の父のもとを訪れ、自分の将来についてアドバイスを求めた。

貧乏父さんは、海兵隊の仲間のパイロットたちの多くと同じように、民間航空会社のパイロットになるべきだとアドバイスしてくれた。私が「もう飛ぶのはたくさんだ」と言うと、父はスタンダード・オイル社に戻り三等航海士として船に乗るように勧めた。父はこう言った。「給料はすごくいいし、一年に五カ月休暇があるから、七カ月だけ働けばいい」。私が首を横に振ると、今度は、学校に戻って修士号――できれば博士号――をとって、政府関係の仕事に就くように勧めた。それに対する私の答えはこうだった――「そうするくらいならベトナムの戦場に戻ったほうがましだ」。

学校に戻り政府のために働くという父のアドバイスを私が素直に受け入れられなかったのには理由があった。そのアドバイスが、父が生涯従ってきてうまくいかなかったアドバイスと同じものだったからだ。当時父は五十四歳で失業していて、貯金を取り崩して生活していた。父の人生設計は、ハワイ州の教育長の職を辞し共和党から副知事選に立候補した時に狂い始めた。再選を狙う民主党の知事候補は父の上司だった。選挙に敗れた父はブラックリストに載せられ、ハワイでは二度と政府の仕事に就けなくなった。

自分には役に立たなかったのに、私に同じアドバイスをする父の言葉に従うのには抵抗があった。父は私がEクワドラントで政府のために働くのがいいと思っていた。高い学歴を持ち、一生懸命働いてきたのに、五十四歳にして失業中だった父の姿は、私に未来――今の私たちがいる未来――を垣間見させてくれた。

私は父に礼を言うとワイキキの金持ち父さんのオフィスへと車を走らせた。自分がどちらの父のアドバイスに従いたいと思っているか、私にはわかっていた。私の将来の夢は、Bクワドラントで活躍する起業家になることだった。

●学ぶべき三つのこと

一九七三年、金持ち父さんは私に、自分と同じ道をたどりたかったら次の三つのことを学ぶ必要があると言った。

1. 売込みの方法を学ぶ：ものやアイディアを売り込む能力は起業家にとって最も大事なスキルだ。なぜなら、起業家の仕事の中で一番重要なのは、資金を集めることだからだ。
2. 市場のトレンドを通して投資する方法を学ぶ：今、このような投資方法はテクニカル分析と呼ばれている。簡単に言えば、過去を振り返って、そこから市場の未来を予測する方法だ。
3. 不動産に投資する方法を学ぶ：これはつまり、富を築くために借金をうまく使う方法を学ぶということだ。

金持ち父さんは一九七一年にニクソン大統領が行ったお金に関するルールの変更の意味を充分理解していた。一九七二年、私がまだベトナムにいた頃、金持ち父さんが私に新聞で金《きん》の値段の動きを見守るように、そしてお金に関するさまざまな変化に対してベトナムの人々がどのように反応するか注意するように言ったのはそのためだった。『大金持ちの陰謀』の中で私は、ベトナムでのエピソードとして、屋台で果物を売っていた女の人に五十ドル札を渡した時、受け取りを拒否された話をした。この女の人は、私に未来――アメリカドルに訪れる危機、これからやってくる危機――を垣間見させてくれた。

なぜ不動産投資に関する講座をとったほうがいいのか説明してほしいと頼むと、金持ち父さんはこう答えた。「ドルはもうお金じゃない。今やそれは借金だ。金持ちになりたかったら、借金を使って財産を増やす方法を学ぶ必要がある」

その方法を私に教えてくれるのかどうかたずねると、金持ち父さんは「いや。きみはまず自分の教育に投資しなくちゃいけない」と答えた。不動産や借金についてまったく無知な人間に教えることに時間を無駄に使いたくなかったのだ。自分で学ぶように私を励ますために金持ち父さんはこう続けた。「きみがいくつか講座をとったら、そのあと私が道案内をしてあげる。よき師《メンター》、コーチになってあげる。でも、まず自分で自分に教育を与えなくてはいけない」

　私は少しがっかりした気持ちで金持ち父さんのオフィスを出た。不動産投資家のための教育など、どこで見つけたらいいのか見当もつかなかった。不動産エージェントのための講座があることは知っていたが、不動産エージェントが投資家ではないことも知っていた。なぜそれを知っていたかというと、金持ち父さんは株式や不動産のブローカーについて次のようなジョークをよく言っていたからだ。「彼らがブローカーと呼ばれるのは、きみよりも『文無し状態に近い《ブローカー》』からだ」。そして、こう説明した。「たいていの不動産ブローカーは不動産を売る資格を得るために講座を取る。不動産に投資するためではない。不動産業者の資格は、Ｓクワドラントで家を売って稼ぐ許可を彼らに与える。たいていの不動産エージェントはＩクワドラントで不動産投資をすることについてはほとんど何も知らない」。金持ち父さんのオフィスをあとにした私には、Ｉクワドラントのための不動産教育を見つける必要があることがよくわかっていた。自分がＳクワドラントの不動産ブローカーになりたいと思っているわけではないことを知っていたからだ。

　ある夜遅く、海兵隊の航空基地で翌日早朝のフライトの準備をしていた時、テレビに広告が流れた。不動産投資家のための講座の宣伝だった。私は画面に映し出された電話番号に電話し、数日後に催される無料の案内講座に申し込んだ。その無料セミナーで、自分が聞きたいと思っていた話が聞けたので、早速、三百八十五ドルを支払い、数週間後に開かれる三日間のコースに申し込んだ。当時、月給が九百ドルの海兵隊パイロットにとって三百八十五ドルはかなりの出費だった。多くの人と同様、私には住宅ローンの返済もあったし、自動車のローン返済、そのほかにも支払わなければならないものがあった。賢いことをしようとしているのか、馬鹿なことをしようとしているのか自分でもわからず、頭がごちゃごちゃになった。カモにされているのではないか、何も得ることもなくセミナーを終えるのではないかと心配だった。

　結局、この三百八十五ドルは私の生涯で最高の部類に入る投資となった。このセミナーのおかげで私はこれまでに何度も大金を稼いだ。しかもその多くは無税でだ。でも、お金の面でのプラスより大きな意味を持っていたことがある。それは、このセミナーが私たちの人生に与えた大きな影響だ。私が四十七歳、キムが三十七歳で経済的に自由になれたのは、このセミナーを通して自分の教育に投資したからだ。

●はじめての投資物件を買う

一九七三年、私は不動産セミナーでインストラクターが教えてくれたことをそのまま実行に移した。何週間もかけていくつもの投資物件を見て回った。不動産屋を訪れるたび、エージェントたちは私に同じことを言った。「そんな物件はハワイでは見つかりませんよ。今ハワイは高すぎます」

不動産エージェントがこのような狭い考え方にとらわれた話しかしないことは予想済みだった。なぜなら不動産セミナーのインストラクターたちから警告の言葉を聞いていたからだ。「だから彼らは不動産投資家ではなく不動産エージェントのままでいるのだ。もし投資家になれるのなら、販売員でいる必要はない」

何週間も探し回り、「ここではそんなことは無理です。あなたが求めるような物件はありません」という言葉を何度も聞かされたあと、私はワイキキの裏通りにある小さな不動産屋を見つけ、求め続けていた答えをとうとう見つけた。そこのブローカーに「立地条件がよく、安くて、頭金がゼロかごくわずか、そしてプラスのキャッシュフローがある物件を探している」と言うと、彼はにこりとしてこう言った。「ぴったりの物件がありますよ。それも三十五戸近くあります」

三日後、マウイ島に飛び、レンタカーを借りて四十五分かけて現地に向かった。現地に着いた私は自分の目が信じられなかった。実にすばらしい住宅開発地だった。きれいで静かな砂浜から通りをへだてて向かい合った場所に位置し、一昔前のハワイの絵葉書のような風景の中にあった。とてもお買い得値段だったのは、住宅地全体が抵当流れ物件だったからだ。そこにあるすべての家が売りに出ていた。私はお菓子屋に入った子供のように胸をわくわくさせながら、自分がほしいユニットを探していくつも見て回った。そしてとうとう一戸見つけた。どのユニットも一万八千ドルだった。条件は頭金十パーセント、つまり千八百ドルで、残金は売り手から融資を受けられた。

これは、銀行からローンを受ける資格がなくてもいいことを意味していた。ほかの不動産ブローカーたちが「無理だ」と言っていた条件がすべてそろっていた。しかもそれは、マウイ島で最も人気のあるリゾートエリアのすぐ近くに立地していた。

全額融資を受けてもプラスのキャッシュフローがあることを知った私は、クレジットカードを取り出し、千八百ドルを支払った。私はこの投資に自分のお金はまったくつぎ込まなかったが、それでも資金を集められた。結局私は三戸買った。もっと買いたかったが、それがクレジットカードの限度ぎりぎりだった。

その後六カ月くらいは何事もなくうまくいった。それから何もかもがうまくいかなくなった。開発地の下水浄化システムが壊れ、私の所有するユニットの中でも一番条件のいいユニットの内部に下水が流れ込んできた。そして借家人が出て行った時、私の資産は負債に変わった。月に二十ドル儲けがあったのが、三百ドルの損失を生むようになった。私は不動産投資家にとっての悪夢――多くの投資家が不動産に手を出さないでいる理由がこれだ――に見舞われた。つまり、不動産の管理とマイナスのキャッシュフローという問題に直面した。

この時、私の「実社会での教育」が始まった。ありがたいことに、ほかの二つのユニットにはまだ問題は生じていなかった。私は金持ちになるために借金を利用する方法を学ぶと同時に、借金のせいで貧乏になる可能性もあること、どのようにしてそうなるかを学んでいた。これは借金の力を知るための貴重な教育のスタートだった。

今も不動産ブローカーたちはキムと私に「そんなことは無理です」と言い続けている。私たちが三百から五百世帯規模のアパートを借金で買い、何百万ドルものお金を無税で儲けているのを知っていてもそう言うのだ。たいていの不動産エージェントには、私たちがしているようなことはできない。なぜならば、彼らはIクワドラントではなくSクワドラントの中で教育を受けてきたからだ。

借金は命取りになりかねないから、みなさんには小さく始めることをお勧めする。キムが最初の二十の投資物件を買った時と同じように、小さい物件をいくつか買って、借金の管理と不動産の管理の方法を学ぼう。

たいていの人がよく知っているように、借金をするのは簡単だ。むずかしいのは、借金の管理だ。

●なぜこれほどたくさんの人が困っているのか?

[よくある質問] なぜこれほどたくさんの人が借金で困っているのか?

[短い答え] 借金を使って負債を買っているから。金持ちは借金を使って資産を買う。

[解説]

『金持ち父さん 貧乏父さん』の中で私は持ち家は資産ではないという話をした。たいていの場合、持ち家が資産ではない理由は単純だ。家の所有者はローンや税金、保険料、維持費を払わなければならないからだ。私たちが所有している不動産の場合は借家人が、それらの費用に加えて私たちの儲け分まで払ってくれる。

私たちは資産——自分たちのポケットにお金を入れてくれるもの——を手に入れるための資金繰りに借金を使っている。それは不動産とは限らない。たとえば、キムと私は五十八フィートのヨットを持っている。たいていの人にとっては、ボートは大きな負債、水の中にお金を流し込むばかりの大きな穴だ。でも、私たちのボートは資産だ。なぜなら、ボートをチャータービジネスに使っているからだ。つまり、観光客たちがローンも、保険料も、維持費も、ボート・スリップ(ボートを泊めておく場所)のレンタル料も払ってくれる。私たちは毎月収入を得ながら、好きな時にボートを使っている。

覚えておいてほしい。あるもの(家、ボート、ビジネス、石油、金など)が資産か負債かを決めるのは「それが何か」ではない。キャッシュフローの流れの方向がそれを決める。お金があなたのポケットに入ってくるのなら、それは資産であり、出て行くのなら負債だ。理論的にはごく単純なことだが、実際問題となるとむずかしい。

●実際の不動産活用法

［よくある質問］全額借金で購入して、それでもプラスのキャッシュフローを手に入れる方法を、あなたがやっている実際の例で示してもらえるか？

［短い答え］もちろん。

［実例］

キムと私が、不動産に関するパートナーのケン・マクロイと一緒にやっているプロジェクトの例をお話ししよう。私たちの場合、取引をまとめたり、手続きをしたり、物件の管理をするのはケンと彼のパートナー、ロス・マカリスターで、キムと私はプロジェクトのファイナンシャル・パートナーとして参加している。

物件：百四十四世帯アパート＋十エーカーの空き地
場所：アリゾナ州ツーソン

ツーソンはアリゾナ大学や軍施設、政府施設があるおかげで雇用の増加が見込める町だ。それらの施設での仕事の多くは流動的なものなので、賃貸住宅の需要が常に高い。

この物件は不動産エージェントに紹介されたものではない。ケンとロスが物件管理をやっていたが、オーナーが売りたいと言ったので、ケンとロス、キム、私、それにあと二人の投資家と共同で手に入れた。ご存じのように、たいていの「お買い得物件」は不動産業者の物件リストには載っていない。それらの大部分は業者と特別な関係のある「インサイダー」に流れる。

価格：七百六十万ドル（百四十四世帯のアパートが七百十万ドル、空き地が五十万ドル）

資金繰り：投資家の自己資金二百六十万ドル。新たな借入が五百万ドル。
購入後の計画：十エーカーの空き地に百八世帯のアパートを建てる。
新築分の資金繰り：百八世帯の建築費五百万ドル。既存の物件と十エーカーの土地を抵当に、新築のための五百万ドルの借入れをする。
世帯総数：完成後の世帯総数は二百五十二戸。
総資金計画：自己資金二百六十万ドル＋借入金一千万ドル。
新築後基本総額：千二百六十万ドル。
新築後評価額：千八百万ドル。賃貸収入の増額によって評価額が上がる。
新たな融資：レバレッジ七十五パーセント＝千三百五十万ドル（千八百万ドル×七十五パーセント＝千三百五十万ドル）
借入金返済後の資金状況：千三百五十万ドル－一千万ドル＝三百五十万ドル
投資家へのリターン：三百五十万ドル
実際の取引の結果：キムと私は百万ドルを投資。投資家へのリターン三百五十万ドルのうち私たちは百四十万ドル受け取った。この百四十万ドルはオクラホマ州の三百五十世帯の物件に再投資。
百四十万ドルにかかる税金：ゼロ。

キムとケン、ロス、私の四人は今もツーソンの二百五十二世帯のアパートを所有していて、そこから毎月収入を得ている。この物件に私たちが投資した額はゼロだから、ＲＯＩ（投資収益率）は無限大ということになる。

キムと私はケンとロスと一緒に、同じような投資戦略を用いて七年間に二千五百戸以上の物件に投資した。現在の経済情勢はさらに多くの物件を買うチャンスを私たちに与えてくれている。なぜなら、一つには価格が安くなっているから、そしてさらに重要なのは利子がとても低くなっているからだ。賃貸収入が増える一方で、低い利子が私たちの収入を増やしてくれる。賃貸収入が増え続けているのは、持ち家を買う余裕のある人が減り、借りる人が増えているからだ。

二〇〇五年から二〇〇七年にかけての不動産バブルの時期には、借り手が減った。なぜなら本来は買えないはずの持ち家が、サブプライムローンを利用して買えるようになったからだ。あのバブルの時期、私たちの儲けは減った。でも、バブルがはじけ始めると、借り手がどっと戻ってきて、プラスのキャッシュフローが増えた。そして、持ち家の価値が急降下する一方で、私たちが所有するアパートの価値は上がった。

銀行が何百万、何千万ドルもの規模のプロジェクトへの貸付を検討する時、彼らは借り手のそれまでの実績と物件そのものに焦点を合わせてチェックする。そして、貸付をするかどうかの決定は、借り手がどんな人間であるかではなく、主に物件からのキャッシュフローに基づいて行われる。

一方、持ち家を買うために借入をする人たちをチェックする時は、借り手と、その人自身の収入に注目する。なぜなら、持ち家から入ってくる収入はないからだ。

ありがたいことに、ここで紹介した戦略はもっと小規模な不動産投資にも応用できる。先ほどお話ししたように、私はマウイ島ではじめてアパートを購入する際に、百パーセント融資を受けた。すべての投資がそうなるわけではないが、私たちは常に頭金を取り戻すことを目的にしている。私たちはまず頭金を取り戻したい、そして、元手ゼロの資産からプラスのキャッシュフローを得て、税金の優遇措置を受けたい。キムとケン、ロス、そして私の四人が「お金を印刷する」と呼ぶのはこのような「無限大のリターン」のことだ。

●無限大のリターン

［よくある質問］　無限大のリターンとは何か？

［短い答え］　ゼロから生み出されるお金。

［解説］

資産につぎ込んでいるお金がゼロで、その資産から一ドルのプラスのキャッシュフローがあれば、元手ゼロの資産に対するリターンは無限大だ。これが「ゼロから生み出されるお金」だ。最初につぎ込んだお金を取り戻したあとは、その資産は「ただで手に入れた」ことになる。

これを簡単に説明するために、ごく単純化した例を一つ挙げよう。たとえばある物件の値段が十万ドルで、私が払った頭金が二万ドルだったとする。ローン返済を含めてすべての経費を差し引いた後、二百ドルのプラスのキャッシュフローがあったとすると、私が投資した二万ドルに対する毎月のリターンは一パーセントということになる。一年にすると二千四百ドルだから十二パーセントのリターンになる。

ＲＯＩ（投資収益率）は純利益を頭金で割ったものだから、この場合その計算は次のようになる。

毎月の純利益二百ドル÷頭金二万ドル＝月に一パーセント、つまり年に十二パーセント

私たちの投資戦略は頭金の二万ドルを取り戻し、引き続き毎月二百ドルのキャッシュフローを受け取ることだ。二万ドルを取り戻したあとのＲＯＩは無限大だ。

これは、一九七三年に不動産投資セミナーを受けたあと、私が目標とした投資のシナリオだ。たいていの不動産エージェントはそんなことは不可能だと言った。今も私たちはその「不可能」に向けて努力を続けている。

たいていの人は、月に二百ドル、毎月一パーセントのリターンは少なすぎると思うかもしれない。確かに胸がわくわくする数字ではない。でも、もしこのような小さな物件を百件持っていたら、毎月のキャッシュフローは二万ドル、千件ならば二十万ドルだ。これはたいていの医者や弁護士が一カ月に稼ぐ額より多い。キムが不動産投資を始めた時、目標は二十戸だった。景気が悪かったおかげで、彼女は十八カ月でその目

標を達成した。今の状況も当時とそれほど違ってはいない。

二十戸の投資物件を手に入れたあと、キムはそれらを売却して税金繰り延べ措置を利用し、得られたキャピタルゲイン（売却益）を使って二十九世帯と十八世帯の二棟のアパートを購入した。今、キムは「無限大リターン方式」に従って、総戸数三千近いアパート、商業ビル、高級リゾート、五つのゴルフコースを所有している。市場は低迷しているが、それでもどの物件もプラスのキャッシュフローを生み出している。キムの目標は同じ方式を利用して、毎年少なくとも五百戸の賃貸ユニットを増やしていくことだ。これは、たいていの不動産エージェントが「そんなことは無理だ」と言う方式だ。考え方の違いは、SクワドラントとIクワドラントにおける不動産教育の違いにある。ここで本当に皮肉に思えるのは、不動産エージェントは自分で稼ぎ出した所得に対して税金を払っている一方、投資家は自分の所得に対して大きな税金優遇措置を受けていることだ。

私たちはほとんどの投資物件を自己資金ゼロで手に入れている。物件に自分のお金をつぎ込んでいる場合は、それを取り戻す過程にあると言っていい。私たちはたいていの場合、一年から五年以内に自分たちのお金を取り戻す。

取り戻したお金は、新たに資産を獲得するために使う。これが「お金の回転数《ベロシティ》」と呼ばれる方式だ。このことについては二〇〇四年に出版した『金持ち父さんのパワー投資術』にくわしく書いた。私たちの方式は今も変わっていない。現在のひどい経済状況の中でお金の回転数はどんどん上がっている。市場の暴落の前に、この本の中で私が提案した方法を試してみた人は、現在自己資金を取り戻しつつあるに違いない。

●借金の利用の仕方――ケン・マクロイ

あなたは当座預金口座の手数料が無料なのはなぜか不思議に思ったことはないだろうか？　銀行はお金を貸すためにあなたの預金を必要としている。あなたからお金を預かってそれを貸さなければ銀行は儲けられない。ここであなたに与えられた選択肢は二つだ。あなた自身を金持ちにするために銀行の借金を利用するか、あるいは他人を金持ちにするために銀行の借金を利用するかだ。

巨富は借金を利用することで作られる。借金には「いい借金」と「悪い借金」がある。

お金を借りて、将来価値の上がるもののために使ったとしたら、それはいい借金だ。お金を借りて、将来価値の下がるもののために使ったとしたら、それは悪い借金だ。自分の現在の経済状態を向上させ、純資産を増やすために使うのがいい借金だ。悪い借金は何としても避けなければいけない。

借金はレバレッジ（てこの力）だ。借金を使えば何でも今より大きくなる――いい方向にも、悪い方向にも。結局は価値がなくなるもの、たとえば自動車のような負債を手に入れるためにお金を借りたとしたら、費用を増やすだけで、マイナス方向にレバレッジを効かすことになる。悪い借金は、あなたのポケットからお金を取っていく負債を生み出す。

反対に借金を使って資産を買えば、すばらしい体験ができる。プラスの方向にレバレッジを効かせるという体験だ。

私の会社は借金とレバレッジを使って資産――特に多世帯用の物件――を購入することで、投資家たちの資産を作る手助けをしている。これらの物件は毎月プラスのキャッシュフローを生み出すばかりでなく、適切に物件を管理すれば、長期的には物件そのものの価値も上がる。

「いい借金」と「レバレッジを使う」とはどういうことかを示すいい例を一つ紹介しよう。それは、ロバートとキムを含む複数の投資家グループがオクラホマ州ブロークン・アローにある二百八十八世帯の物件を買った時の話だ。この物件は立地もよく、収入を増やし、経費を抑えられる可能性がいくつかあった。

購入時の物件の評価額は千四百万ドルだった。不動産の価値は常に純キャッシュフローに基づいて決まる。この評価を参考に、銀行は第一抵当で九百七十五万ドルを四・九九パーセントの利率で貸し付けてくれると言った。私たちはさらに第二抵当で百九万ドルを六・五パーセントの利率で貸してくれるように頼み、それも受け入れられた。これらはいい借金の例だ。

銀行がこのような貸付をしてくれたのは、物件の入居率がよく、入居者から私たちが集める家賃が毎月のローン返済額よりも多くなるとわかっていたからだ。

私たちは頭金と当初の諸経費の支払いのために投資家から三百四十万ドルを集めた。

私たちが最初からずっと考えていた「戦略」は、すべてのユニットに新しい洗濯機と乾燥機を備え付けることだった。それによって一ユニットの家賃を二十五ドル上げることができるからだ。そうすれば年間総収入の増額分は八万六千四百ドル（二百八十八ユニット×二十五ドル×十二カ月）になる。

三年半も経たないうちに、この物件の年間運用純益は三十万ドルを超えるようになった。そしてこの期間中、入居者からの家賃を使ってローンを返済してきたので、借入金は六十万ドル以上減っていた。

現在、この物件の評価はおよそ二千万ドルだ。評価が上がったのは純キャッシュフローが増えたからだ。

いい借金とレバレッジ、そしてわずか三百四十万ドルの頭金で、この物件の価値は六百万ドル以上増えた。一年にほぼ二百万ドルの増加だ。年間のキャッシュフローも三十万ドル増え、投資家に分配されている。

はじめの計画は、新たな借金を使って常に借り換えをし、レバレッジを効かせて、投資家の当初の持ち出し分を返すことだった。二〇一一年末、私たちはこの物件を担保に借り換えを計画している。新たに千五百万ドルを低い固定金利ローンで借入れ、レバレッジを効かせる計画だ。このお金で一千万ドルの現在の借入金は返済できて、五百万ドルを分配に回せる。

投資家にお金を返せるのはベストのシナリオだ。この場合、利益が五百万ドルだったら、もともとの出資金の三百四十万ドルを返すだけでなく、百六十万ドルをプラスできる。忘れないでほしいのは、投資家はそのほかにかなりの額のプラスのキャッシュフローを毎月受け取っていることだ。

投資家が出資金を全額取り戻した時点で、この物件への投資額はゼロになる。当初の出資金の返済とプラス分の利益は借り換えの結果だから税金がかからない。

二〇一二年には、新たなローンをレバレッジとして、物件は投資家にプラスのキャッシュフローを払い続けてくれる。これは無限大のリターンだ。

ここで特に言っておきたいのは、このシナリオは最初から計画されていたものだということだ。レバレッジと借金を使った投資家たちは、「借り入れたお金」によって「増加した価値」からの報酬を得ることができる。

いい借金を使って、キャッシュフローを生む資産を買うことができれば、あなたはとても裕福になれる。

●政府からの励まし――トム・ホイールライト

税法はビジネスオーナーと投資家を励ますための一連の奨励策だ。これは特に不動産投資家によくあてはまる。とは言っても、不動産を買い、手を入れて転売するタイプの人たちは別だ。そういう人は真の投資家ではない。私がここで不動産投資家と呼んでいるのは、投資用の不動産を買い、改修して、長く持ち続けるタイプの人たちだ。

不動産を買い、改修し、長く持ち続けるタイプの投資家に対する奨励策として、政府は二つの大きな税優遇措置を設けている。一つ目は一番効果が大きい減価償却だ。減価償却は不動産にかかるコストに関して、ある一定期間にわたり適用できる税控除だ。これはその物件を自分のお金で買おうと、他人のお金（借金）で買おうと、同じように適用できる。その仕組みは次の通りだ。

二十万ドルの賃貸不動産を総額の十パーセント、つまり二万ドルの自己資金と、九十パーセント、つまり十八万ドルの銀行のお金で買ったとしよう。この時、実際に買ったものは、たとえば四万ドルの価値のある土地と、建物、造園、設備など、改修工事込みで十六万ドルの価値のものだったとする。

政府は建物の劣化を考慮した、減価償却と呼ばれる控除を許している。居住用の物件なら、アメリカでの控除率は年に約三・六四パーセントだ（もっと率の高い国もある）。

これは年にほぼ六千ドルの減価償却費（十六万ドル×三・六四％）を申告所得から控除できることを意味する。この不動産から得られる毎月のキャッシュフローが当初の投資額二万ドルの一パーセントだとすると、毎年のキャッシュフローは二千四百ドルになる。六千ドルの税控除があれば、申告所得は年に三千六百ドルの損失（二千四百ドル－六千ドル）になる。この三千六百ドルの損失はあなたの給料、事業、あるいはそのほかの投資からの税金を減らすのに使うことができる。つまり、減価償却はキャッシュフローを税金から守り、さらに、ほかの収入に対する税金を低くするのに役立つ。それに、次のこともよく覚えておいてほしい――あなたは自分が投資したお金で買った分だけでなく、銀行から借りたお金で買った分に関しても減価償却を適用することができる。

同じような得をする方法として割賦償却《アモチゼイション》と呼ばれるものがある。これは利息や貸付手数料といった、銀行からお金を借りるのにかかった経費に関するものだ。たとえ手数料を払うために銀行がお金を貸してくれたとしても、割賦償却の控除を受けることができる。

これらの税優遇措置は、たとえ不動産の評価額が上がっても同じように利用できる。つまり、不動産の場合、減価償却、割賦償却、そして評価増の三つの方法を使って優遇措置を利用できる。

不動産投資家にはほかにも利用できる税の優遇措置がある。つまり、不動産を売った場合、どのような税金を払うか選ぶことができる。不動産を現金化したいと思ったら、売却益に対して、低率のキャピタルゲイン税を払えばいいし、その利益をほかの不動産の購入にあてたいと思ったら、税金は払わなくていい。つまり「買い替え特例」と呼ばれるシステムを利用する。

得することはまだある。不動産を売って損が出た場合は、その損を通常の損として計上できる。つまり、ほかの収入からの利益と相殺することができる。株式や投資信託を売った場合はそうはいかない。その場合の損失はほかの紙の資産からの利益としか相殺できない。

つまり、不動産の場合は、評価が上がってそれを売った時、あなたの払う税金は普通より少ないかゼロですみ、損失が出た場合は通常の所得と相殺することができるが、株式や投資信託ではそれはできないということだ。不動産、そのほかのビジネス資産の売却に関しては、多くの国が同じような規則を定めている。税法が不動産投資家とビジネスオーナーにどのような優遇を与えているか、あなたにもわかってきただろうか？（補足になるが、アメリカでは短期で不動産を転売する「フリッパー」は、今取り上げたような優遇措置を受けられない）。それどころか自営業税を余分に支払わなければならない――不動産投資家はこのような税は払わなくていい）。税法は、経済を上向きにするために政府があなたにどのようにお金を使ってほしいか、いわば指示を与えるためにあると考えていい。これは、不動産やビジネスに投資するために借金を使う場合に特にあてまる。

借金を使って投資することについて、もう少しロバートに話してもらおう。

●異なるROI（投資収益率）

たいていの株式ブローカーや不動産エージェントはリターンが十パーセントであれば「かなりいい」と言う。でも、たいていの場合、この十パーセントはキャッシュフローではなく「売却した場合のキャピタルゲイン」を意味している。実際に入るとは限らないお金をもとにしている。ここでも前と同じだ。彼らがSクワドラントでファイナンシャル教育を受けていることが問題だ（SクワドラントのSはセールス「Sales」のSの意味を持っている場合が多い）。投資家は自分に何かを売り込もうとしているセールスパーソンがどんな種類のＲＯＩについて話しているのか知る必要がある――その十パーセントはキャッシュフローなのか、キャピタルゲインなのか？　税金はどうなっているのか？　税金によって「罰を受ける」ことになるのか、それとも「優遇を受ける」ことになるのか？　今挙げたような質問よりもっと大事なのは、どのようにしたら無限大のリターンを得ることができるか？――つまり、どのようにしてゼロからお金を生み出すか、あるいは自分でお金を印刷するか――という質問だ。

自分が何をやっているかよくわかっていれば、借金はアンフェア・アドバンテージになり得る。

●Iクワドラントに隠された秘密

Iクワドラントの秘密はOPM（他人のお金）にある。ご存じのように、投資をする人はたくさんいるが、たいていの人は自分のお金を使っている。真の投資家になるためには、投資のためにOPM——銀行、年金ファンド、個人投資家などのお金——を使う方法を学ぶ必要がある。

頭のいい投資家は、株式や金そのほかの貴金属、石油などのコモディティを含め、どんな種類の資産に関してもOPMを使うことができる。OPMこそがIクワドラントに隠された秘密だ。それは資産の種類とは関係ない。それがわかってくると、あらゆるところでOPMが使われているのが見えてくるだろう。

キムがはじめて投資物件を買った時、自己資金は五千ドルで四万ドルは借入金だった。つまり投資のためにOPMを使った。その瞬間に、キムは真の投資家になった。前に話した通り、私がマウイ島の一万八千ドルのユニットを、クレジットカードで頭金を払って買った時、私は投資に必要なお金を百パーセント借金でまかなった。それをした瞬間に、私はIクワドラントに移動した。

ケンとロスと一緒にキムと私が百万ドルを投資したのは、彼らが「自己資金を取り戻すために銀行のお金を使う」という事業計画を持っていたからだ。もし、当初の投資資金百万ドルをずっとそのままにしておかなければいけなかったとしたら、投資しなかっただろう。実際は、三年半のあいだにそのお金を取り戻した。私たちは可能なかぎりOPMを利用する。なぜなら自分のお金を取り戻したいからだ。それに、資産を持ち続けていたいから、プラスのキャッシュフローを得たいから、そして税の優遇措置を利用したいからだ。これこそが真のIクワドラントの投資家のやり方だ。

石油に投資する時、私はOPMを使う。つまり、石油会社と政府のお金を使って、自分のための油井を買ってもらう。株式に投資をする時は、オプションと市場の勢いを利用して、自分のための資産を買う。

金持ち父さんはよくこう言っていた。「自分のお金を使うのは、怠け者と馬鹿者だけだ」。ＯＰＭこそが真の投資家の成功の秘訣だ。

●最後の質問

[よくある質問]　政府はこの税金の「抜け穴」をふさぐのではないか？

[短い答え]　どんなことでも起こる可能性はあるが、私はそうはならないと思う。

[解説]

前に、アメリカでは一九七一年以降お金が借金になったという話をした。経済が成長するためには、借金をする人が必要だ。政府が税金システムを使って、お金を貯める人に罰を与え、借金をする人――特に多額の借金ができる人――を優遇するのはそのためだ。

政府がこの抜け穴を借金をする人から取り上げたら、経済がすぐに停滞し、世の中が混乱に陥って、人々は政治家たちを激しく攻撃するだろう。この抜け穴を政府がふさぐことがあったとしたら、政治家は新たな抜け穴を自分の友人たち――自分のために選挙運動資金を出してくれる友人たち――のために開けるだろう。

[よくある質問]　借金を使う方法を知らない人たちにとってはこれはひどい話ではないか？

[短い答え]　とてもひどい話だ。巨額のくじをあてた人や、プロスポーツの世界で五千万ドルの契約をした若い選手などの話を聞くと、私は喜んでいいのか悲しんでいいのかわからない。そういう人たちがまずするのは何だろう？　すぐに大きな家や格好のいい車を買う。それも自分のためだけでなく、家族や友人たちにも買ってあげる。より金持ちになるために自分のお金を使うのではなく、より多くの借金――負債を手に入れるための借金――にどっぷりつかるためにお金を使う。彼らのお金が政府と金持ちたちの手に戻るのにそう長い時間はかからない。そして、愚か者のもとに最後に残るのは借金だけだ。

［よくある質問］　連邦政府がお金を刷り始め、超インフレが始まったらどうなるのか？
［短い答え］　そうなったら私は大喜びだ。より価値の下がったドルでローンを返済し、インフレに見合うように家賃を上げる。
［よくある質問］　あなたの思惑がはずれ、経済が破綻し、借家人が家賃を払えなくなったらどうするか？
［短い答え］　問題はない。
［解説］
私たちのローンはほとんどがノンリコース（無償還）ローンだ。ローンの返済ができなくなったら、その不動産を銀行に渡すだけだ。「ノンリコース」とは、私たちが所有するほかの資産に銀行は手を出せないという意味だ。
金持ち父さんはよく言っていた。「銀行から二万ドル借りてローン返済ができなくなったら、きみは問題を抱える。銀行から二千万ドル借りていて返済ができなかったら、問題を抱えることになるのは銀行だ」
今、銀行は多額の貸付に関してとても慎重だ。だから、不動産投資を目指す人は、「エージェント」になるためではなく、「投資家」になるための教育を身につけ、経験を積む必要がある。小さく始め、小規模の物件に数多く投資し、借金と物件と借家人を管理する経験を積もう。経験豊富で、いい業績を上げているとわかれば、銀行はあなたが扱える限り、最大限の貸付をしてくれるだろう。

●最後に一言――貯金ではなくいい借金をしよう
毎日、何十億ドルというお金が印刷されている。毎日、何兆ドルものお金が行先を探している。教育は受けているのに貧しいままでいる人たちの数が増えている理由は、蓄えられているこの何兆ドルものお金にアクセスする方法を教えてもらったことがないからだ。たいていの人は、この巨大なお金の海のそばにただ立っているだけだ。なぜなら、泳ぎ方を教えてもらったことがないから、飛び込むのが怖いのだ。

一九九七年、『金持ち父さん　貧乏父さん』の中で「持ち家は資産ではない」と私が書いた時、世界中の不動産関係者から非難や嫌がらせのメールがどっと送られてきた。

二〇〇六年、フェニックスのテレビのコマーシャルで、ある不動産エージェントが、値段が上がっているから不動産を買うようにとうるさく呼びかけていた。四年後、同じ不動産エージェントが、彼から家を買った人々に対して、価値が下がっているから売るようにと呼びかけていた。

ここでも問題は、Sクワドラントでの不動産教育とIクワドラントでの不動産教育の違いにある。そのような違いは別として本当に残念だったのは、二〇一〇年のその時、金利がとても低くて、銀行が掘り出し物の不動産を放出していたことだ。これはまさに、金持ちがさらに金持ちになるチャンスだった。一方、皮肉なことに、貧乏な人がさらに貧乏になるチャンスでもあった。

聖書にあるように「わが民は知識の不足によって滅ぼされる」。今、何百万もの人が、資産と負債の違いを知らないばかりに滅ぼされようとしている。これほど多くの人が貧困に追い込まれているのは、政府が多量のお金を刷っている一方で、お金のために働き続けている人が多いからだ。これは税金が増え、インフレが進行することを意味する。お金のために働いている人たちはお金を貯め、負債——自分は資産だと思っている負債——を買うために悪い借金を使おうとする。これは正気の沙汰ではない。

この章で取り上げたアンフェア・アドバンテージは、資産——無限大のリターンでキャッシュフローを生んでくれる資産——を手に入れるために借金を利用する知識だ。また、お金を貯めないようにすることの重要性も知ってもらいたい。なぜなら、お金はもはや本当の「お金」ではないからだ。今やお金は借金だ。だから、お金を貯める人が負ける。

第四章

リスクのアンフェア・アドバンテージ

[よくある質問] 不動産はいい投資か?
[答え] わからない。それはあなたがいい不動産投資家かどうかによる。
[よくある質問] 株式はいい投資か?
[答え] わからない。それはあなたがいい株式投資家かどうかによる。
[よくある質問] ビジネスはいい投資か?
[答え] わからない。それはあなたがいい起業家かどうかによる。

言いたいことはもうわかってもらえたと思う。ファイナンシャル教育を受けていなければ、投資対象が何であれ損をする可能性がある。

●最大のリスク

私はよく「何しろリスクがあるのはいやなんです。安全第一にしたいんです。それでなくてもいろいろ大変なんですから……」といった話を耳にする。そういうことを言う人は、リスクを避けようとして、かえって最大のリスクを抱えた人生を送る。

●七つのオキシモロン（撞着語法）

オキシモロンとは、一言で言うと「矛盾した言葉を一緒に使った表現」だ。ジャンボ・シュリンプ、公共サービス、無痛歯科治療、正直な政治家、聖なる戦いなどがその例だ。

お金の世界では次のような表現もオキシモロンだと言える。

1. 雇用の保障
2. お金を貯める
3. 安全な投資
4. 公平な取り分《シェア》
5. 投資信託《ミューチュアル・ファンド》
6. 分散投資されたポートフォリオ
7. 借金ゼロ

このような言葉を一番よく使うのは、リスクを避けようとしている人たちだ。そういう人たちは、これらのオキシモロンのせいで、最大のリスクを抱えた人生を送るはめになっている。

ファイナンシャル教育を受けている人は、これらの言葉がなぜお金の世界でオキシモロンになるのか、その理由を知っている。一方、ファイナンシャル教育を受けていない人にとっては、これらのオキシモロンがありがたい言葉、賢いアドバイスに聞こえる。どうしてそんな違いが出るのか、これから説明しよう。

●「雇用の保障」はなぜオキシモロンか

ハイスクールを卒業後、私のクラスメートの多くは大学に進まなかった。ハイスクールを卒業したばかりでも高給のとれる仕事がたくさんあったから、あえてそうする必要はなかったのだ。パイナップルやサトウキビのプランテーション（大規模農場）にはいくらでも仕事があって、重機の操作、缶詰工場の監督、事務など、高給のとれる仕事がたくさんあった。それに、大部分の職場には労働組合があって、給料もよかったし、給付金制度もしっかりしていた。

今、プランテーションはほとんど姿を消している。かつてのクラスメートの多くはマクドナルドで働いているか、「熱帯性農業《トロピカル・アグリカルチャー》」——実態はマリファナ栽培——を営む「起業家」となっている。当然ながらこの起業家たちは税金をあまり払っていない。彼らは一見、生活保護を受けなければならない貧困層に属する人たちに見える。でも、実際は最新型のピックアップトラックを現金で買って乗り回している。

皮肉なことに、現在の経済危機とテクノロジーの発展のせいで、大学に進んだクラスメートたちの多くは金銭的に苦しい状況に置かれている。同じハイスクールに通っていた下級生で、美人で優等生だった女性は、ニューイングランドの小さなエリート大学を卒業したが、今は仕事もなく、ハワイの田舎の森の中でほとんど世捨て人のような生活を送っている。社会保障からの給付金を受け、メディケア（高齢者医療保険）を利用できる年齢になるのをただ待っているような状態だ。

ニクソン大統領が中国との通商を開始すると、アメリカドルに後押しされて中国に新しい工場が次々と建設され、それと同時に仕事がアメリカの外へと流出した。中国の低賃金の労働者のために巨大工場が建設されると、賃金の高いアメリカの労働者は必要ではなくなった。そして、大学を卒業した人たちが就いていた中間管理職も姿を消し始めた。

テクノロジーの発展は低賃金の仕事を海外に流出させるだけでなく、高給のとれる仕事の絶対量をも減少させた。雇用の保障という言葉がオキシモロンになった原因の一端は、発展を続けるテクノロジーにあり、その影響は強まるばかりだ。一九二〇年代、二百万人を超えるアメリカ人が鉄道で働いていた。今、鉄道網は三十万人以下の労働者の手で効率よく操業されている。そこで働く人の数が少ないということは、鉄道会社のオーナーたちにより多くの利益がもたらされることを意味する。利益を得るのはたとえば、二〇〇九年に三百四十億ドルでバーリントン・ノーザン・サンタフェ鉄道を購入したウォーレン・バフェットのような人たちだ。テクノロジーの発展は仕事の数を減らし、労働コストの削減はオーナーたちに利益をもたらした。バフェットはなぜ最先端テクノロジーの会社ではなく鉄道会社を買ったのだろうか？　答えは簡単だ。安定したキャッシュフローがあるからだ。

雇用はこれからもどんどん減っていくだろう。なぜならアメリカの労働者は、世界の低賃金労働者の四十倍もの賃金を得ているからだ。これは、雇用が戻る見込みのないことを意味する。これまで低賃金の労働力が得られた中国においても、労働者がより高い賃金を要求するようになり、問題が出始めている。中国の労働者がより多くの賃金を得るようになる一方で、雇用はもっと低賃金の労働力の得られる国々、フィリピン、北朝鮮、キルギスタン、インドネシアといった国々に移動しつつある。

テクノロジーの進歩によって勝利するのはビジネスオーナーであり、損をするのは従業員たちだ。多くの新しいテクノロジーの誕生の地、シリコンバレーの産業においてさえ、実際の製造はアメリカ国外で行われている。本書を書くために私が使っているコンピューターはアメリカで設計され、中国で製造されたものだ。今この原稿を書いている私は、数カ月後にはこの本がいくつかの言語に訳され、書籍と電子ブックの両方の形で売られることを知っている。執筆が終わったら、私がそれに費やすコストは下がり、作り出した資産から収入が入り始める。

私のビジネスは世界に拡大を続けているが、それに必要な人手は過去数年にわたり減り続けている。テクノロジーはBクワドラントの人間にとってはアンフェア・アドバンテージであり、その効果はどんどん増している。一方、それはEとSクワドラントの人にとっては不利に働く要因となり得る。

雇用の保証を求めて職に就いている人たちは、今後、より多くの税金を払うことになるだろう。国家債務の増大に伴い、政府が税金を上げるからだ。前にも言ったように、節税のために利用できる方法が最も少ないのは、Ｅクワドラントの従業員と専門技術を持ったＳクワドラントの医者や弁護士といった人たちだ。二〇一〇年、アメリカ政府はＢとＩクワドラントに対する税優遇措置を増やしたが、ＥとＳのクワドラントの人に対しては増税を行った。

失業者の増加はアメリカだけの問題ではない。今や世界的な問題だ。中国すら例外ではない。長引く失業は社会不安、政治革命へとつながり、政府転覆を引き起こしかねない。外国から仕事を奪おうと多くの政府がやっきになるのはそのためだ。

●お金でゲームをする

雇用を維持し、失業をなくすために各国政府はお金を使ったゲームをしている。為替レートの調整や、ただ単純にどんどん紙幣を刷り続けることで自国の通貨を弱く保てば、その国の輸出品は安くなる。国の通貨が強くなり他国と比較して高くなれば、輸出品の値段が上がり、輸出量が減り雇用が失われる。

一九六六年、私が学生として貨物船に乗って日本をはじめて訪れた時、アメリカドルは一ドル三百六十円だったから、学生の身分でもかなりの円を買うことができた。アメリカ人にとって日本は安く暮らせる国だった。

二〇一一年の今、一ドルは約九十円だ。これは円が強くなりドルが弱くなったことを意味する。今の日本はアメリカ人にとって高くつく国だ。

日本が自国経済を救いたかったら、円を弱くする必要がある。おそらく一ドル百五十円くらいのレベルに戻さなければいけないだろう。そうすると、アメリカの輸出品が高くなる。アメリカとしては輸出量が減り、雇用が失われる。

各国政府が自国通貨を操作してゲームをしている理由の一つは、国民に雇用を提供し続けるためだ。

●お金の戦争

今、アメリカと中国は「お金の戦争」をしている。アメリカは中国に通貨の価値を上げてほしいと思っている。そうすれば、中国への輸出を増やし、中国からの輸入を減らすことができるからだ。中国は自国の通貨の価値が上がれば、失業が増えることを知っている。

アメリカは中国からの経済的攻撃に対する報復としてドルの平価を切り下げ続け、中国は中国で自国通貨、元の平価を切り下げ続けている。弱い通貨は、国内のインフレを意味する。

二つ目のオキシモロン「お金を貯める」というのが馬鹿らしいことである理由の一つはここにある。各国政府が自国通貨の平価を切り下げ、お金の価値を下げ、安売り店での買い物すらも高くつくものにしている時に、お金を貯めても何の意味もない。

雇用の減少を止めるためにはアメリカはドルを弱くする必要がある。なぜなら、ドルが弱くなれば輸出を増やせるからだ。これはアメリカで製造された製品への需要が増えることを意味し、さらにそれは雇用が増えることを意味する。

「雇用の保障」がオキシモロンである理由はたくさんある。今挙げたのはそのほんの一部だ。

▼ファイナンシャル教育――歴史を学ぶ

現代史上で最悪の独裁者たちは、金融危機の時期に出現した。

ドイツのヒトラー、中国の毛沢東、ロシアのレーニン、セルビアのミロシェビッチらは、国の経済が危機に陥っている時に出現した。

ヒトラーとアメリカ大統領フランクリン・デラノ・ルーズベルト（ＦＤＲ）は同じ年、一九三三年に政権の座に就いた。ＦＤＲは敬愛されている大統領ではあるが、今日アメリカが直面している経済問題の多くの原因となっている金融組織、金融システムを数多く創設したのも彼だ。たとえば、社会保障制度、ＦＤＩＣ（連邦預金保険公社）、ＦＨＡ（連邦住宅局）などだ。彼はまた、一九三三年にアメリカの金本位制をやめた。

大恐慌からアメリカを救ったのは第二次世界大戦だったと信じている人は多い。確かにあの戦争はアメリカの生産力と黒字を増大させたが、金本位体制を復活させてアメリカドルとアメリカ国家の世界的影響力を増大させたのは、一九四四年に締結されたブレトン・ウッズ協定だった。一九七一年にニクソンが破ったのはこの協定だ。その結果私たちは再び危機に見舞われ、新たな恐慌の時代に突入する可能性までも出てきている。

一九七一年の金本位制の崩壊は「ニクソン・ショック」と呼ばれている。これ以降のアメリカの繁栄は、世界が買いたいと思うような製品を製造・輸出することによってもたらされたのではなく、借金とインフレによって生み出されたものだ。

金本位制を廃止した後、連邦準備銀行は「システマティック・インフレーション」と呼ばれるプロセスに取りかかった。この時期にアメリカが好景気だったのは、「贋金」をどんどん刷り続けたからだ。アメリカの国家債務は借金と不兌換通貨を使ったポンジー・スキーム（金融詐欺）だと言っていい。つまり、国民から税金を徴収し、どんどん価値が下がっていくその税金を使って借金を返済している。

アメリカ以外の国々がこの金融犯罪に目をつぶっているあいだは、今のシステムが機能し続ける。でも、贋金でものを買えるなどという馬鹿げた夢から世界が目を覚ましたら、このおとぎ話は終わりになる。そして、アメリカドルが死ねば、アメリカも同じ道をたどる。

二〇一一年現在、アメリカが置かれている状況はこうだ――アメリカは借金にどっぷり漬かっていて、今後何世代にもわたってそのツケが回ることになるだろう。

●「お金を貯める」はなぜオキシモロンか

各国政府が通貨の購買力をどんどん弱めている時に、お金を貯めることに何の意味があるだろうか？

もうおわかりの通り、一九七一年以降、お金は「お金」であることをやめ、借金になった。

一九七一年以前には、アメリカはドルの兌換に応じられるだけの金《きん》を所有していることを要求されていた。でも、輸出より輸入が多かったために、アメリカから金がどんどん流出した。そして、フランスが金での支払いを求めた時、ニクソンはドルの金本位制をやめた。

アメリカは一九七一年以降、お金が必要になると、ただ単純に通貨を新たに発行するようになった。今では通貨を発行するのに印刷機さえいらなくなった。今、お金は「デジタル」だ。スクリーン上の電子的映像にすぎない。

お金を作り出すためにアメリカ財務省は長期国債（T-bond）、短期国債（T-bill）、中期国債（T-note）を発行する。これらはアメリカの納税者からの借金の借用書（ＩＯＵ）にすぎない。

財務省が一千万ドルの短期国債を発行したとしよう。

すると、個人投資家、銀行、中国や日本、イギリスといった国々がこの短期国債——実際は借金、ＩＯＵ——を買う。アメリカの借金を喜んで引き受けようという人は大勢いる。なぜなら、アメリカの借金はどの国の借金よりも安全だと考えられているからだ。借金の支払のためにアメリカはいくらでもお金を印刷することができるのだからなおさらだ。

問題は、世界が突然アメリカの借金を引き受けたいと思わなくなったら、政府はさらに多くの贋金を印刷するようになることだ。これはインフレ、もしかするとハイパーインフレを招く。

●量的緩和政策

アメリカ財務省の借金を誰も買わなくなったら、連邦準備銀行が介入し、小切手を発行して（たとえ口座残高がゼロでも）国債を買う。このようにして連邦準備銀行が小切手を発行するのは、手品のように空中からお金を取り出すようなものだ。これが「量的緩和政策」と呼ばれるのはこのためだ。「お金の印刷」と言わずに「量的緩和」と呼ぶのは、そのほうが知的に聞こえるからだが、実際はこれはお金の世界での自殺行為に等しい。

普通の人が銀行口座にお金がないのに小切手を発行したら刑務所に送られる。「お金を貯める」というのがオキシモロンなのは以上のような理由からだ。

▼ファイナンシャル教育——定義を学ぶ

アメリカの短期・中期・長期国債は財務省によって発行される借金だ。三つの違いは満期までの期間の長さにある。

・短期国債は満期までの期間が一年以内
・中期国債は満期までの期間が二年、三年、五年、十年
・長期国債は満期までの期間が十年以上

▼ファイナンシャル教育——定義を学ぶ

インフレーションとハイパーインフレーションを比べてみよう。インフレーションは単に「より少ない量の商品やサービスを、より多くのお金が追い求めている状態」を意味する。

ハイパーインフレーション（超インフレーション）はお金の供給量の増加によって引き起こされると思っている人が多いが、実際はそれとはまったく関係がない。ハイパーインフレはお金が過剰にあっても、ある

いは不足していても起こり得る。ハイパーインフレで問題なのは、世の中に出回っているお金の量が多かろうが少なかろうが、誰もそれをほしがらないことだ。ハイパーインフレ状態ではお金は使用済みのトイレットペーパーほどの価値もなく、誰もそれをほしがらない。笑い話の種にしかならない。

アメリカでは独立戦争の際、戦費を賄うために大陸紙幣と呼ばれる紙幣が発行された。問題は、戦争が長引く中、兵士に給料を払ったり、軍需資材を購入するためにこの紙幣を印刷し続けたことだ。大陸紙幣の価値がゼロになった時、兵士や軍需資材の供給者たちの手元には何も残らなかった。

南北戦争が起こった時、南軍は南部同盟通貨を発行したが結末は同じだった。

ドイツも第一次大戦後同じことをした。ドイツ国民はライヒスマルク（一九二四年から一九四八年まで使用された）を壁紙や焚き付けに使い始めた。おそらくトイレットペーパー代わりにも使われただろう。ドイツの経済が崩壊した時、アドルフ・ヒトラーが政権の座についた。同じ年、ルーズベルト大統領がアメリカドルの金本位制をやめた。

私は財布の中にジンバブエの百兆ドル札を入れている。算用数字で書くとゼロが十四個付く。一時期、これで卵が三つ買えた。今買えるものはもっと少ない。

二〇一一年の今、アメリカでは、バーナンキ議長率いる連邦準備理事会のもとで何兆ドルものお金が発行され、オバマ大統領は何兆ドルものお金を使っている。

贋金は、本当のお金（金や銀、食糧、石油など本来的な価値を持っているもの）と、ただインクの乗っかった紙との間の「戦争」を引き起こすのみならず、国家間の戦争をも引き起こす。

●「安全な投資」はなぜオキシモロンか

「安全な投資」などというものはこの世に存在しない。存在するのは「賢い投資家」だけだ。

この章のはじめに言ったように、「不動産はいい投資ですか？」「株式はいい投資ですか？」などと質問されると、私はいつも同じように答える――それはあなたがいい投資家かどうかによる。あなたが賢くなかったら、どんな投資も安全ではない。対象が金であっても同じだ。金や銀などの「本当のお金」に投資したとしても損をする可能性はある。

二〇一一年現在、金の値段は史上最高値を記録している。なぜなら、愚か者たちが「愚か者の金」、つまり本当は価値のない金を求めて殺到しているからだ。ゴールド・フィーバーは、金の値段が上がる一方でそれを買いあさる愚か者たちを増やし続けている。株式や不動産がバブル状態になった時と同じだ。私が本書を書いている今、金の値段は一オンス千三百ドル以上になっている。史上最高値と言われるが、一オンスの金の値段が八百五十ドル、銀の値段が五十ドルだった一九八〇年のドルの価値で比較すると、必ずしもそうとは言い切れない。金の値段が本当に史上最高値になるためには、今のドルに換算して一オンス二千四百ドル以上にならなければいけない。

今、金市場は過熱している。どこへ出かけても「金買い取ります」という看板を見かける。みんな知っての通り、現金がどうしても必要で、母親の形見の貴金属を売るところまで追い込まれた売り手に対し、買い手が払うのは一オンス千三百ドルではなく三百ドルだ。

金に投資すると言っても、今新たに投資を始める人たちの多くは「愚か者の金」にだまされている。つまり、「希少価値のある金貨」――古銭コイン――を買う人が多い。私の友人の友人は先の恐慌時代の希少価値のある金貨を一枚買ったと大喜びしていた。この人は実際には千二百ドルの価値のコインに三千ドル近くを支払った。

数年後に金が一オンス三千ドルになる可能性は大いにあると思う。七千ドルになる可能性もないとは言い切れない。では、今、金を買うべきか？　この問いに対する私の答えは「ノー」だ。たとえ値上がりの可能性があっても、それを買うには金市場に関する教育を受ける必要がある。特に価格がこのように高水準で推移する場合は注意が必要だ。

ごく単純に、そして理論の上からだけ言えば、金の価格はお金の供給と連動する。つまり、政府がお金を発行し供給量を増やせば増やすほど金の価格は上がる。ドルの購買力が下がれば金の価値は上がる。連邦準備理事会議長バーナンキは二〇一〇年六月九日に「金の価格の動きは私の理解を越えている」といった内容の話をしたが、これは実におかしな話だ。

バーナンキこそがお金を発行している張本人だ。彼はMIT（マサチューセッツ工科大学）を卒業し、スタンフォードとハーバードでも教鞭をとったことがあり、先の恐慌のエキスパートで、今や世界で最も影響力を持つ銀行の最高責任者だ。それなのに、金の価格の動きが理解できないというのはまことにもっておかしな話だ。

これは憂うべきことだが、金に投資する人間にとって、そんなバーナンキは「ありがたい友人」だ。バーナンキ議長が「わからない」と頭をひねればひねるほど、私は金、銀、石油を買う量を増やす。

バーナンキ議長は私に貧乏父さんを思い出させる。大学で教鞭をとり、博士号も持っていた父は、Eクワドラントの考え方で世界を見ていた。もしバーナンキがIクワドラントから物事を見ていたら、自分がドルを発行するたびに――量的緩和政策をとるたびに――なぜ金の値段が上昇するか理解できるかもしれない。

一九九七年に私が金鉱を買ったのは、グリーンスパンやバーナンキのような連邦準備銀行のリーダーたちがいたからだ。私は彼らがドルを破綻に導いていることを知っていた。

キムと私はまた、二〇〇〇年以前、金が一オンス三百ドル、銀が三ドル以下の時に、できるだけ多くの金を買った。

お金を貯めるのではなく貴金属を貯めることを考えている人がいたら、「私だったら銀から始める」と伝えたい。二〇一一年現在、投資対象として考えた場合、銀は金よりずっといい。その理由は、今、地球上には銀より金のほうがたくさんあるからだ。金はまた「貯め込まれる」傾向が強い。だから世の中には金がたくさんある。一方、銀は石油同様、「使われる」。存在する量が金より銀のほうがずっと少ないのはそのためだ。

いつか、そう遠くない将来、銀の値段が金より高くなる可能性は大いにある。でも、私の言葉をうのみにして銀を買いに走るのはやめてほしい。まず自分できちんと調べることが必要だ。

各国中央銀行は長年、金を投げ売りし、ドルを買い続けていた。今、彼らはドルを投げ売りし、金を買い、金の価格を上げる一方で自国通貨の価値を下げ、国民の生活をどんどん困難なものにしている。これでは、最高の教育を受けているはずの人たちが愚かなことをしていると言わざるを得ない。

私がここで言いたいのは、金を買っても損をする可能性があるということだ。一九八〇年に金を買っていたとしても、金が一オンス千三百ドルになっている今も損をしている可能性は大いにある。なぜなら、一九八〇年に八百五十ドルで買ったものの元をとろうと思ったら、金の価格は二千四百ドルになっていなければいけないからだ。金を買っても損をする可能性があるとしたら、何を買っても損をする可能性がある。「安全な投資」という言葉がオキシモロンなのは以上のような理由からだ。

●「公平な取り分《シェア》」はなぜオキシモロンか

お金に関して言うなら、公平なことは何もない。言うならば神様だって公平ではない。もし神様が公平ならば、私だってジョニー・デップのように格好よくていいはずだ。

株式市場ではすべてが不公平だ。一部の人は公平な取り分以上のものを手に入れる。平均的な、ごく普通の投資家は株式を買うことで株式市場に投資する。でも、株式に三つの異なる株式――これらは公平ではない――があることを知っている人はほとんどいない。たとえば、ごく普通の投資家向けに普通株がある。賢い投資家たちは普通株よりも優先株のほうをほしがる。その理由を簡単に言うとこうだ――優先株を所有する投資家は、普通株を所有する一般の投資家よりも有利な待遇を受ける。投資信託の大部分は普通株を組み合わせたものだ。

さらに、優先株よりもずっと有利な取り分《シェア》がある。これは『キャッシュフロー101』のゲーム盤を見るとわかる。

ラットレース上の人の大部分は普通株か優先株に投資する（図⑳）。

ファーストトラックに達した投資家は、「シェア（取り分、株式）」には投資しない。「パーセンテージ（割合）」に投資する（図㉑）。

株式を公開している会社を調査する時、目論見書を見てみると、そこに「売り手株主」というカテゴリーがあるのがわかる。彼らはその会社が発行する株式のうち大きな割合を所有する、たとえば百万株、一千万株といった多量の株式を所有する。

彼らが「売り手株主」と呼ばれるのは、自分たちの会社のほんの一部の株式を売り、残りの大きな部分を手にしているからだ。ビジネスを起こし、その会社をＩＰＯ（新規株式公開）によって公開することは、「お金を印刷する」もう一つのやり方だ。この場合、印刷するのは株式、つまり株券だ。

金鉱会社を公開した時、キムと私は「買い手株主」ではなく「売り手株主」だった。

売り手株主と優先株主、普通株主の間にはさまざまな違いがある。

「公平な取り分」という言葉がオキシモロンなのは以上のような理由からだ。

●「投資信託《ミューチュアル・ファンド》」はなぜオキシモロンか

投資信託には相互的《ミューチュアル》なところなどまったくない。正確を期すとしたら、「一方的ファンド」と呼んだほうがいいくらいだ。

だからといって、私が投資信託をきらっているわけではない。個人的には大好きだ。なぜなら、投資信託は私が投資するためのお金を供給してくれるからだ。ＩＰＯを通して金鉱会社を公開した時、私たちが売り出した株式の大部分を買ってくれたのは投資信託会社だった。

投資信託は、投資について何も知らず、自分に代わってファンドマネジャーが普通株の銘柄を選んでくれたほうが楽だと思っている人たちのために作られている。

問題は、投資信託の場合、投資家が百パーセントお金を出し、リスクを百パーセント引き受け、その結果得るのは（利益が出ればの話だが）総利益のたった二十パーセントだということだ。残りの八十パーセントは管理費、諸経費といった名目で投資信託会社が取る。私に言わせればこれは「一方的ファンド」で「相互的ファンド」などではない。

さらに悪いことに、税金も投資信託に有利に活用することはできない。

●トム・ホイールライトによる説明

投資信託でお金を運用した場合、二度に分けて税金がかかる。まず最初に、投資信託を通して株式が取引された（売買された）時、キャピタルゲインに対して税金がかかる。次に、あなたが投資信託自体を売り買

⑳ラットレースではシェアに投資する

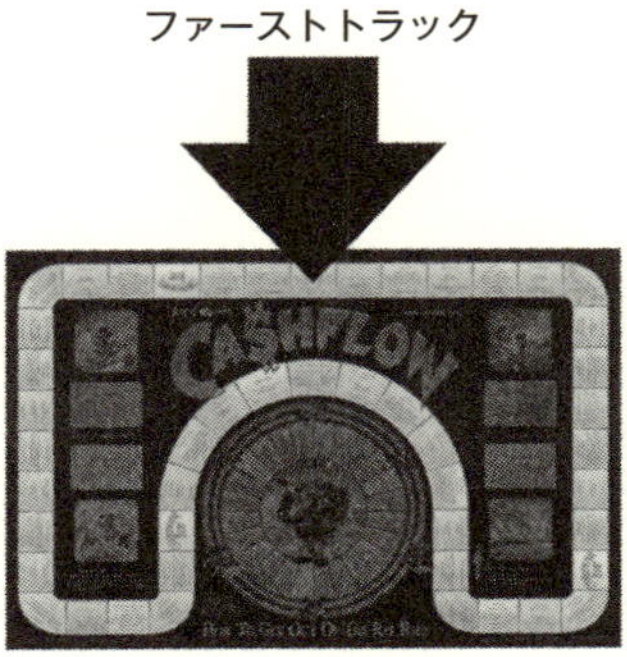

㉑ファーストトラックではパーセンテージに投資する

いする時に税金がかかる。この課税システムの結果、次のようなことも起こり得る。つまり、投資信託の価値が減った年に、その中で取引された株式からのキャピタルゲインに対して税金を払わなければならないこともある。損をしているのに税金を払うのは納得がいかないだろう。でも、投資信託を所有している人の多くに起こっているのはまさにそういう状況だ。

投資信託にもいくつか利点がある。投資信託に関する賛否両論は私が話すより、リッチダッド・アドバイザーのアンディ・タナーに説明してもらったほうがいいだろう。

●アンディ・タナーによる説明——投資信託の利点と欠点

投資信託に関する賛否両論、利点と欠点を論じようとすると、利点の大部分は、投資信託を売る側の金融機関、そして投資家から手数料を徴収するファンドマネジャーの側にあると言わざるを得ない。投資家はお金を出し、リスクを取る。そして、投資信託会社とファンドマネジャーは、ファンドの運用がうまくいこうがいくまいが支払いを受ける。このことと、「ドルコスト平均法」と呼ばれる投資手法（長期間にわたり一定金額を定期的に購入し続ける手法）を組み合わせて考えてみると、常にファンドの側にお金が流れ込むことがわかる。ロバートがよく言うように、どんなコインにも二つの面がある。投資信託の場合、より多くの利益を得られるほうの面に投資信託会社がいることは確かだ。

普通の投資信託やユニット型投資信託、年金プラン——401（k）、RRSP（登録型退職金貯蓄プラン）など——が人々に魅力的に思えるのは、表面的には、それほど多くのファイナンシャル教育を持っていなくても投資できる方法を提供しているように見えるからだと思う。さらに加えて、これらの方法は、投資家にある種の安心感を与える。なぜなら、これらは投資対象が分散され、異なる複数のセクターにお金が投じられているからだ。

問題は単純だ。見かけは見かけに過ぎず、実際とは異なる場合がある。投資信託を組み合わせた401

（k）に投資することがファイナンシャル教育の代わりになるとは、私にはどうしても思えない。投資信託で行われているような「分散投資」は、私がとても危険だと考える「偽りの安心感」を与えるように思えてならない。実際には、投資信託に投資しても、投資家に与えられたコントロールの力は、個々の銘柄に投資している場合と変わらない。コントロールできなければそれだけリスクが大きくなることを意味する。「値上がりを期待すること」がいい投資戦略ではないのはそのためだ。

投資信託を中心とした401（k）のようなシステムに関しては、ファイナンシャル・アドバイザーと相談した方がいい大きな問題点が少なくとも四つある。

一つ目の問題は、このシステムが採用している「分散投資」という方法だ。この種の分散投資は、株式市場の大暴落、長期にわたる停滞、さらにはたとえ上向きでも長期的に見てインフレに勝つことのできない株式動向などから投資家を守ることはほとんどできない。

一つの会社の株式を多量に買った場合（たとえばウォーレン・バフェットがコカコーラの株を何百万株も買ったように）、最大の心配は株価が下がることだが、当然ながらこれは投資家のコントロールの及ばないことだ。同様に、株式市場の中で分散投資した場合でも、市場全体が落ち込む可能性（たとえ大きな可能性ではないにしても）はあるし、これもまったく投資家のコントロールの及ばないことだ。現在の世界の市場がこれまでのどんな時代にも増して不安定で、ちょっとしたことで崩れやすくなっていることは、たいていの人が感じていることだろう。

二〇〇〇年から二〇一〇年まで、私たちは「失われた十年間」を見てきた。成長——利子の複利計算に基づく指数関数的な急激な成長——を見込んだプランがうまく機能することが必要とされていた時期に、ゼロに逆戻りしたのでは何の気休めにもならない。今、投資家たちは引退時期を迎えている。それに、今後また「失われた十年間」が続く可能性も大いにある。あるいは、さらに厳しい市場の落ち込みだってあるかもしれない（これを裏付けるファンダメンタル・データはいくらでもある）。金融の語彙を増やそうと思ったら、ファイナンシャル・アドバイザーに次に会った時に、「システミック・リスク（連鎖的に起こる市場リスク）」とは何か、説明してくれるよう頼んでみよう。投資信託と年金プランのほとんどは、「長期的に見ると市場は常に上がる」という危険な仮定に基づいて作られている。でも、今の時代の投資家には、実際にそうなるという保証はまったくない。

二つ目の問題は一貫性の欠如だ。投資情報会社スタンダード・アンド・プアーズ社は、ある年によい業績を上げた投資信託が、その後五年から十年といった期間にわたって同じ業績を上げるのはほぼ不可能だということを示すデータを発表している。言い換えれば、過去の業績は将来の業績を保証するものではまったくないということだ。

三つ目の問題は手数料だ。金融システムに転がり込む手数料の大部分は、小さな文字で書かれていることの多い契約書の注意事項の中に明記されてはいるが、私が知っている投資家の多くは、それらの手数料が何なのか、あるいはそれらが自分たちの投資の成果にどのような影響を与えるか、まったく理解していない。現在のような、投資信託を中心に組み立てられた401（k）プランを強く支持する人が、その利点を並べるのを耳にしたら、現在の状況でどれほど彼らが儲けているか考えてみてほしい。

四つ目の問題は市場を出し抜けるかということだ。今は、個人投資家が少なくとも市場をフォローするための商品を見つけることはそれほどむずかしくない。ETF（指標連動型投資信託）のような商品を使えば、投資家は株価指数をフォローするという点では、たいていの投資信託ができることのほとんどすべてができる。いずれにしても、ただ市場の動向と同じことをするポートフォリオのために大きな手数料を払うのは馬鹿げている。401（k）のような年金プランがただ市場をフォローするだけだったら、プロのファンドマネジャーは一体どれほど私たちの役に立っているというのだろう？　みなさんも自分の401（k）や個人年金口座の動きをよく見てみれば、それらが、市場が上向きの時は上向きになり、下向きの時には下向きになっていることに気が付くだろう。悲しいことに、多くの人々は市場が下がった時に損をするのは自分の力不足のせいだと思っている。

投資信託に関しては、今挙げた賛否両論のほかにも議論すべきことがたくさんある。多くの人の場合、それらを議論することは将来の経済状態に大きな影響を与えると思うので、ファイナンシャル・アドバイザーに率直に疑問をぶつけて話し合うこと、そしてしっかりしたファイナンシャル教育の計画を立てることをお勧めする。

アンディの説明からもわかる通り、投資信託、銀行、年金運用会社は重要な役目を担っている。なぜなら、彼らはBとIのクワドラントの人間が投資のために使うお金を供給してくれるからだ。

ファイナンシャル教育を充分に受けていない投資家にとっては、投資信託《ミューチュアル・ファンド》はオキシモロンだ。その理由は、実際にはそれは「一方的な」ファンドで、「相互的な《ミューチュアル》」利益をもたらすものではないからだ。

●「分散投資されたポートフォリオ」はなぜオキシモロンか

たいていの人がしているのは分散投資（diversified）ではなく、悪化させないようにすること（de-worsified）だけだ。

投資の世界の基本的な資産は、図㉒の財務諸表の資産の欄に挙げた四つだ。

自分はポートフォリオを分散させていると信じているたいていの人は、本当には分散投資していない。なぜなら、ただ一種類、紙の資産の中で分散投資しているだけであることが多いからだ。

紙の資産とは、株式、債券、投資信託、ＥＴＦ、保険、年金、それに貯金などだ。

もう一度言う。紙の資産の中で分散投資をしても、それは本当の分散投資ではなく、悪化を抑制しているに過ぎない。投資信託は分散投資されていると一般に考えられているが、そこに含まれているのは異なる種類の株式、債券などの紙の資産だけだ。投資信託という名の「分散投資されたポートフォリオ」を所有している人は、実際は分散投資とは無縁の戦略をとっている。

二〇〇七年のように株式市場が暴落すると、どの種類の紙の資産も一斉に暴落する。だから、市場暴落時にはウォーレン・バフェットの投資信託、バークシャー・ハサウェイさえもが暴落した。バフェット自身が言っているように「分散投資は無知から人を守るためのものだ。自分が何をやっているかよくわかっている人にとってはほとんど意味がない」。

暴落の程度が一九二九年や二〇〇七年と同じように深刻だったら、株式市場はその後何年ものあいだ回復しないかもしれない。そして、キャピタルゲインを目的とした投資家向けのポートフォリオの価値はまた失われてしまうだろう。

今、投資信託会社の数は上場会社の数を上回ると言われる。「分散投資」がいかに異常なレベルまで進行しているかよくわかる。

二〇〇七年、株式市場が暴落を始めた時、あらゆるものが暴落した。その中には不動産も入っていた。分散投資はファイナンシャル教育の不足から多くの人々を救うことはできなかった。

たいていの人にとって、「分散投資されたポートフォリオ」という言葉はオキシモロンだ。それらは「悪化が抑制された」ポートフォリオに過ぎない。悪化は抑制されているかもしれないが、リスクが少なくなっているわけではない。

●投資家はなぜ損をしているのか?

[よくある質問] ファイナンシャル教育を受けていない投資家たちがこれほど多くのお金を損しているのはなぜか?

[短い答え] 保険をかけないで投資しているから。

[解説]

保険をかけずに車を運転する人はいない。家を買った時も保険をかけるのが普通だ。それなのに、大部分の投資家は保険をかけずに投資する。株式市場が暴落した時、彼らが損をしたのは保険をかけていなかったからだ。

不動産に投資する時、私は保険をかける。建物が火事で焼けたら、その損失は保険金でカバーされる。失われた収入さえも保険でカバーできる。

先の暴落で一番打撃を受けたのは、保険なしでお金を投資していた人たちだ。たとえば、４０１（ｋ）のような年金プランに投資していたような場合だ。これはリスクが高いなどというレベルを超えている。馬鹿げているとしか言いようがない。

私たちはみんな、市場がいつかまた暴落することを知っている。それなのに、多くの投資家は保険なしで投資をしている。

［よくある質問］　大恐慌は何年続いたか？

［短い答え］　二十五年続いた。

㉒基本的な四つの資産

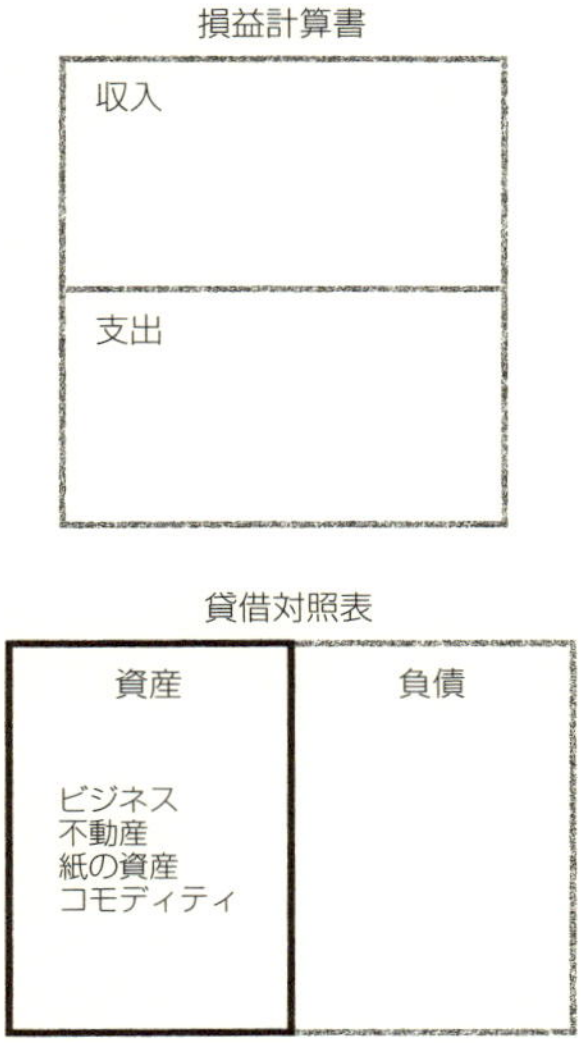

［解説］

一九二九年、ダウ平均株価は史上最高値の三百八十一ドルを記録した。再びそこまで回復したのは一九五四年、二十五年後のことだった。

これこそが、キャピタルゲインを目的に投資する人々にとっての問題だ。一九八〇年末に一オンス八百五十ドルで金を買おうと殺到した投資家たちが、今も回復し切っていない理由はこれだ。また、紙の資産の中でだけ分散投資されたポートフォリオで構成された年金プランと、持ち家の値上がり（キャピタルゲイン）をあてにして引退後の生活を計画していたベビーブーマーたちが今、困った状況になっている理由もこれだ。

二〇〇七年十月七日、ダウ平均株価は史上最高値の一万四千百六十四ドルを記録した。二〇〇九年三月九日、それは六千五百四十七ドルまで下落し、何百万人もの投資家が何兆ドルものお金を失った。キャピタルゲインを目的とする投資家たちが自分のお金を取り戻すのに、一体どれくらいの時間がかかるのだろう？

今、多くの人々が、ダウ平均株価が上昇し続けることを祈っている。これは投資ではない。ギャンブルだ。投資対象がどんな種類のものであれ、市場の上がり下がりに自分の未来を賭けるのは危険だ。とても危険だ。

私は、これまでにお話ししてきたやり方とは違う方法で分散投資するように教えられてきた。私は紙の資産だけでなく種類の違う複数の資産を所有している。たとえば石油にも投資しているが、石油会社の株式に投資しているわけではない。不動産に投資しているのもリート（不動産投資信託）に投資しているわけではない。私はキャッシュフローと無限大のリターン、税の優遇措置が大好きだ。普通は紙の資産に手を出さないのはそれだからだ。

債券は紙の資産だ。私は債券には投資しない。むしろ、債券が作り出したお金を借りて、アパートの一棟買いをする。特に、金利が低い時にはそうする。

連邦準備銀行や中央銀行がお金を印刷し続けている今は、私はお金ではなく金や銀を貯める。銀行がお金の印刷をやめたら、金や銀を売って、またお金に焦点を合わせるだろう。

簡単に言えばこうだ――私は種類の異なる資産を所有することで分散投資する。紙の資産（株式、債券、投資信託、ＥＴＦなど）の中で種類の違うものに分散することはしない。

ウォーレン・バフェットが言っているように、「分散投資は無知から人を守るためのものだ」。

ここで問題なのは、「だれの無知から人を守るのか」ということだ。あなたの無知だろうか、それとも株式ブローカーのだろうか、あるいは悪化抑制策をほどこしたポートフォリオをあなたに売ろうとするファイナンシャル・プランナーの無知からだろうか？

それとも、あなたの持ち家は資産だとか、不動産の価値は常に上がる（キャピタルゲインがあてにできる）などと言ってあなたに家を売りつける不動産ブローカーの無知からだろうか？

> **▼ファイナンシャル教育――定義を学ぶ**
> 投資信託はすでに分散投資されている。

一般的に言って、投資信託は分散投資された各種株式、債券、そのほかのいわゆる紙の資産から構成されている。いくつかの投資信託を組み合わせた「分散投資された」ポートフォリオを持っている人は、多くの場合、異なる投資信託を通して、結局は同じ株式を買っている。これは分散投資ではない。集中だ。

●「借金ゼロ」はなぜオキシモロンか

「私は借金ゼロだ。家も車も支払いは終わっているし、クレジットカードの支払いも溜めていない」などと言う人に会うと、いつも私は心の中で苦笑いする。

でも、私には他人の夢をこわす気はないから、そんな時はただ「それはよかったですね」と言ってやりすごす。たとえ「オキシモロンの世界」でも本人がそれでよければ、そこに住み続ければいい。

私が言いたいのはこういうことだ——あなたは国家債務の大きさを考えたことがあるだろうか？　実際のところ、私たちは七百五十兆ドル近い借金の元本と利息を払い続けている。そんな状態で「私は借金ゼロだ」などと言えるだろうか？　それほど無知なままでいいのだろうか？

二〇一〇年、アメリカ国民一人あたりの国家債務は十七万四千ドル、世帯あたりにすると六十六万五千ドルだった。

・個人レベルの破綻

二〇〇七年のサブプライムローンの破綻は、ローンを借りた人々が返済できなくなった借金がふくれあがったことによって引き起こされた。

・国家レベルの破綻

次の破綻は、「サブプライム国家」が返済できない借金がふくれあがることによって引き起こされる。今のところ、世界は破綻の危機にある比較的小さな国々——ＰＩＩＧＳ諸国（ポルトガル、アイルランド、イタリア、ギリシャ、スペイン）など——をサポートしてきている。ドイツがギリシャに援助を与えなかったら、この破綻はさらに広がっていたことだろう。一方、主要国で最初に破綻に追い込まれるのはおそらく日本だろう。

なぜ日本はそんな窮状にあるのか？　日本のＧＤＰ（国内総生産）に対する国家債務の割合は、世界の主要大国の中で最大だ。ここで皮肉なのは、日本は国民が高い教育を受け、勤勉で、民族的にも単一国家と言える国で、世界で有数の貯金大国だということだ。このような国民一人一人の努力、節約の精神があるにもかかわらず、日本政府は誤った経済政策をとり続けている。

アメリカの指導者たちが国民に信じ込ませようとしている幻想は、国民が一生懸命働けば、増加し続ける巨大な借金から抜け出す道を切り開くことができる——だから国民はもっと一生懸命働き、より多くのお金を貯める必要がある——という幻想だ。オバマ大統領が「アメリカの労働者は世界で最も生産的な労働者だ」と言うのはこのためだ。問題の本当の原因は政治や金融を動かすリーダーたちの無能さにあるというのに、大統領はアメリカの労働者に国家経済を救ってほしいと思っているようだ。実際のところ、ファイナンシャル教育が一番必要なのは、アメリカのリーダーたちだ。

国民が一生懸命に働き節約することがアメリカ経済を救うという考え方は、一時間に十ドル稼ぐ労働者が、二百万ドルの持ち家と、ベンツ、ポルシェのローンを返済し、子供を私立学校に入れる費用を支払い、早期に安心して引退できるだけのお金を貯めることができると考えるのと同じだ。

アメリカや日本、イギリス、そのほかのヨーロッパの国々の何百万という人々とその政府指導者たちが今生きているのも、今言ったのと同じような幻想の世界だ。もし日本が巨額の債務に押しつぶされて破綻すれば、世界もそれに続く。

・狂気の沙汰

日本はアメリカがやっているのと同じことをしている。つまり、経済を回復させるのに借金を使っている。これは労働者がクレジットカードの利息を支払うのにクレジットカードを使うのと大して変わりはない。不動産市場がにわか景気にわいていた時、多くの人々が持ち家を使って再融資を受けてクレジットカードの支払いをし、カードを使い続けた。このシステムが根底から崩れた時、人々は持ち家を失い始めた。

狂気の沙汰としか思えないのは、西洋諸国のリーダーたちもこれと同じことを今やっていることだ。つまり、借金によって引き起こされた危機を解決するのに借金を使っている。

日本が崩壊するとしたら、それは二〇一五年以前に起こるかもしれない。もしそうなったら、イギリス、ヨーロッパ大陸諸国、アメリカ、中国がそれに続くだろう。そうならないことを願うのみだ。

・ベビーブーマーの破綻

アメリカではおよそ七千五百万人のベビーブーマーが社会保障とメディケアの恩恵を受ける時期を迎えようとしている。日本、イギリス、フランス、ドイツも同じ問題を抱えている――国がした守れない約束からの恩恵を受けようとベビーブーマーたちが待ち構えている。

七千五百万人のアメリカ人が社会保障とメディケアから月千ドルの給付金を受け取ろうとしたら、政府からの月々の支払い額が七十五億ドル増えることになる。当然、お金の印刷機は回り続ける。銀行口座にお金がないのに小切手が発行され続ける。

これが、たとえあなた自身が借金ゼロでも、その言葉がオキシモロンである理由だ。

［よくある質問］ 破綻まで残された時間はどのくらいか？

［短い答え］ 私も破綻が永遠に訪れないよう願っている。でも、大国が巨額の負債によって破綻に追い込まれたとしたら、残された国には世界を救うことはできない。日本が破綻すれば危機は世界中に広がるだろう。

［解説］

二〇一〇年、日本の債務はGDPの二倍だった。アメリカはGDPの五十八・九パーセントで、その割合はどんどん増えている。イギリスは七十一パーセントで、この割合も増え続けている。

▼ファイナンシャル教育――定義を学ぶ

GDPに対する債務の割合は、国内総生産量に対する借金の比率で、その国の借金返済能力を示す。

たとえば日本の場合はGDPはおよそ五兆ドル、世界で第四位だ。一方、債務はおよそ十兆ドルに上る。

これは国民一人あたりにするとおよそ七万五千ドルになる。

日本のGDPに対する債務の割合は、年に五万ドル稼ぐ労働者が十万ドルのクレジットカードの負債を抱えているのと同じことを意味する。さらに厄介なことに、この労働者は十万ドルの借金の利息を払うのにクレジットカードを使っている。これでは借金が増えるだけだ。

ごく単純に言うなら、GDPに対する債務の割合はその国の信用度を表す。

[よくある質問] なぜ債務が増え続けているのか？
[短い答え] 国も多くの人と同じことをしている。生み出すより多くを費やし、金銭的に無理な約束をする。
[解説]
アメリカの場合、増え続ける債務のうち最大のものは、社会保障とメディケア――二つとも金銭的に無理な約束――だ。

[よくある質問] そのような約束をしたのは民主党か共和党か？

[短い答え] 両方。

[解説]

社会保障は先の大恐慌の時期に、民主党のルーズベルト大統領によって始められた。

メディケアは民主党のジョンソン大統領のもとで始められた。

メディケアはA、B、Cの三つの部分からなる。メディケアのパートCは最も負債が増え続けている部分で、共和党のジョージ・W・ブッシュ大統領のもとで始められた。これは薬品業界への巨額のプレゼントだった。

［よくある質問］　悪いのは政治家か？
［短い答え］　そうではない。責められるべきは国民だ。
［解説］
　政治家は票を集めるためなら何でも言うし、どんな約束でもする。政治家をやめても、彼らは一生支払いを受け、医療給付金をもらう。一方、選挙民たちはずっと、政治家たちがした金銭的に無理な約束のために支払いを続ける。

［よくある質問］　あとどのくらい現状を維持できるか？
［短い答え］　そう長くは維持できない。
［解説］
　不換通貨が生き残ったことはこれまでに一度もない。アメリカドルはこの四十年のあいだに購買力を九十パーセント失った。残りの十パーセントが失われるのにそう長くはかからないだろう。今のシステムが耐えられる債務には限度がある。

●行動の時

［よくある質問］　私にできることは何か？
［短い答え］　リスクを低く抑えること。

［よくある質問］　どうしたらリスクを抑えられるか？
［短い答え］　自分でコントロールする。
［解説］

リスクの対極にあるのはコントロールだ。たとえば、車のブレーキが壊れたら、あなたはコントロールを失いリスクが増す。

【よくある質問】　何をコントロールしたらよいのか？

【短い答え】　自分に与える教育。

【解説】

学校で学ぶ教科や教えてくれる先生に関して、私たちはほとんどコントロールする力を持っていない。たとえば、私が通っていたニューヨークの軍事学校では、三年間、微積分学を学ばなければならなかった。「なぜ微積分学を学ぶんですか？」と私が聞くたびに先生はこう答えた。「卒業のための必須科目だからだ」「三年間学んだ微積分学を実社会でどんなふうに使うんですか？」と聞くと、「そんなことは知らない」という答えが返ってきた。

卒業してから四十年のあいだ、この時学んだ微積分学を使ったことはまだ一度もない。私が資産を築き、それをコントロールするために必要なのはごく単純な数学――足し算、引き算、掛け算、割り算――だけだ。もしロケット工学の学者になるつもりなら、微積分学が必要だ。ただ金持ちになりたいだけだったら、必要なのは小学校の算数だけだ。

本書の前のほうで、金持ち父さんが私に、もし自分と同じ道を歩みたかったら三つのことを学ぶ必要があると言ったという話をした。その三つとは次の通りだ。

1. 売り方を学ぶ（収入のコントロール）
2. 不動産に投資する方法を学ぶ（借金のコントロール）
3. テクニカル投資の方法を学ぶ（市場のコントロール）

この三つはBクワドラントに属したいと思っている人たちにとって重要な意味を持っている。この三つを学ぶことで、私はBとIのクワドラントにおけるコントロール力を強め、リスクを抑えた。

[よくある質問] 起業家になりたかったら売ることが必要だという理由はよくわかる。不動産に投資したかったら、長期にわたるキャッシュフローを達成するために借金を利用することが大事だという理由もわかる。でも、テクニカル投資を学ばなければいけないというのはなぜか?

[短い答え] 過去、現在、そして未来を見るため。

[解説]

テクニカル投資をする投資家は事実に基づいた「チャート(グラフ、罫線表)」を使う。それによって、過去、現在を知り、できれば未来を見通すのが目的だ。

図㉓は二〇〇〇年から十年間の金の価格の推移を表したチャートだ。

これを見るとわかるように、この十年間、金の値段は右肩上がりだ。

図㉔は二〇一〇年四月からの金の価格の動きだ。

これを見る限り、私には金の値段はまだしばらく値上がりするように思える。頂上に近づきつつある登山家を思い浮かべてみてほしい。最後の上り坂はこれからやってくる。私はこのチャートからそのようなシナリオを読み取っている。同じチャートを見ても、金が嫌いな人は、バブルはすでにはじけ、金の価格は暴落するだろうと言うかもしれない。

私が今、銀のほうがいいと思うのはそれだからだ。銀はまだ眠っていて、誰にとっても――あまりお金のない人にとっても――手の届く値段だ。

この原稿を書いている二〇一一年現在、金の値段は千四百ドルに迫っている。銀は三十ドルを超えたあた

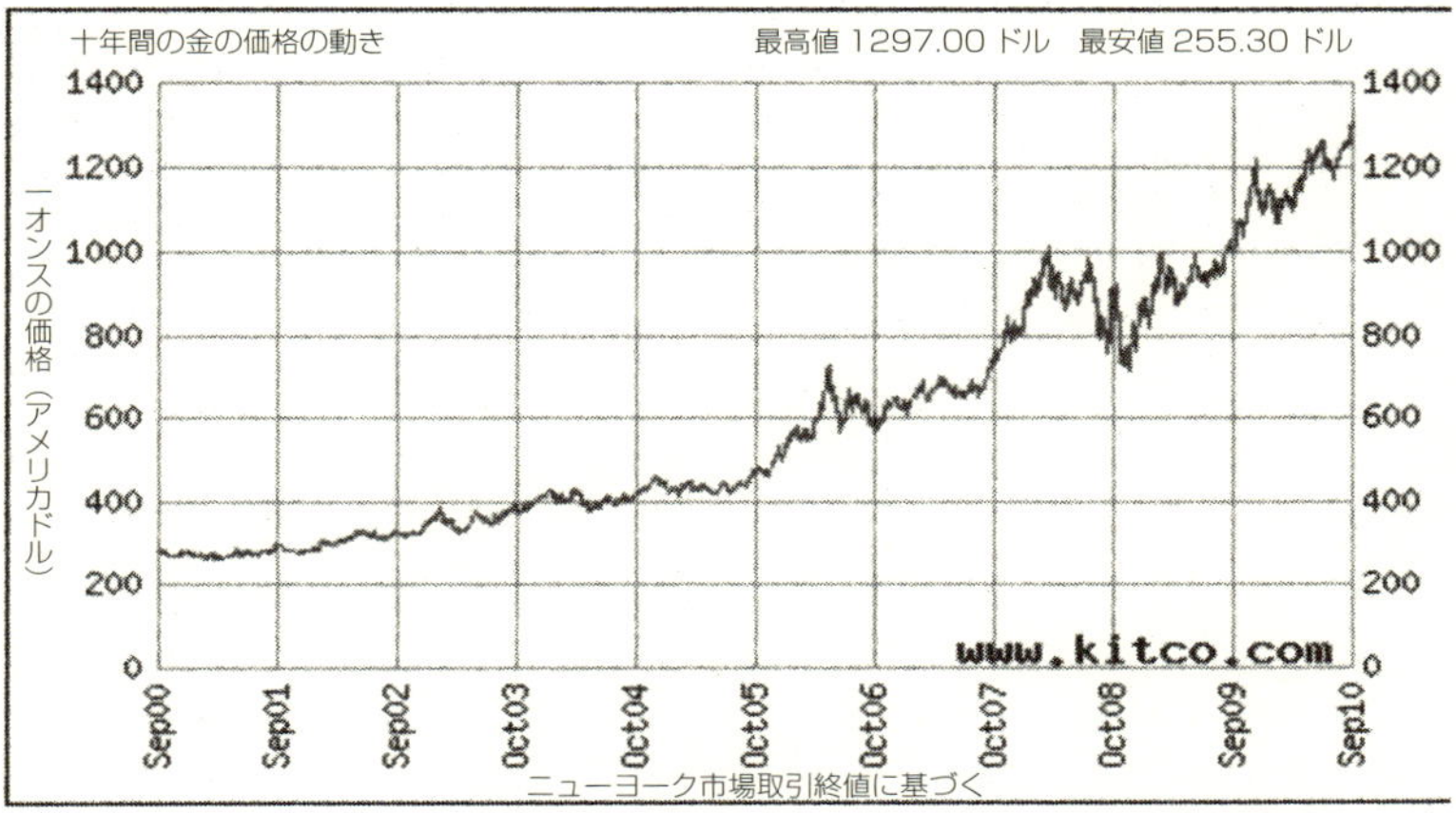

㉓二〇〇〇年からの金の価格の推移

Reprinted with permission

㉔二〇一〇年四月からの金の価格の推移

Reprinted with permission

りだ。前にも言ったように、金は貯め込まれ、銀は使われている。銀は眠れる巨人だ。でも、私がそう思っているだけだから、あなたが行動を起こす時には自分で調査をし、自分で結論を出さなければいけない。

未来には何が待っているのだろう？　それに備えて私がしているのは、アメリカドルの最新のトレンド（図㉕）に注目し、金と銀を買い、持ち続けることだけだ。

当然ながらチャートは景気の変化と共に常に変化している。テクニカル分析を学ぶことが大事な理由はそこにある。

チャートは過去と現在をあなたに見せてくれる。そして、未来を正確に予測する可能性を増やしてくれる。チャートはリスクを減らし、利益を増やすのに役立つ。金持ち父さんがチャートを使ったテクニカル分析の講座を取るように私に勧めた理由はここにある。チャートは「意見」ではなく「事実」に基づいたものだからだ。

●フォーカスする対象の違い

金持ち父さんは私に、セールスと不動産投資とテクニカル分析を学ぶことを勧めた。なぜなら、私はBとIのクワドラントのための準備をしていたからだ。

図㉖の財務諸表を見ると、EとSのクワドラントと、BとIのクワドラントとの違いがよくわかる。つまり、財務諸表の上でフォーカスする場所が違う。だから、必要な教育も違ってくる。

●何が危険か？

EとSのクワドラントの人は、投資は危険だ、リスクが大きいと信じている。なぜなら、資産欄に含まれる各種の資産についてのファイナンシャル教育を受けていないか、受けていたとしてもごく限られた教育しか受けていないからだ。投資は危険ではない。危険なのはファイナンシャル教育の不足そのものだ。

Reprinted with permission

㉕二〇一〇年四月からのアメリカドルの推移

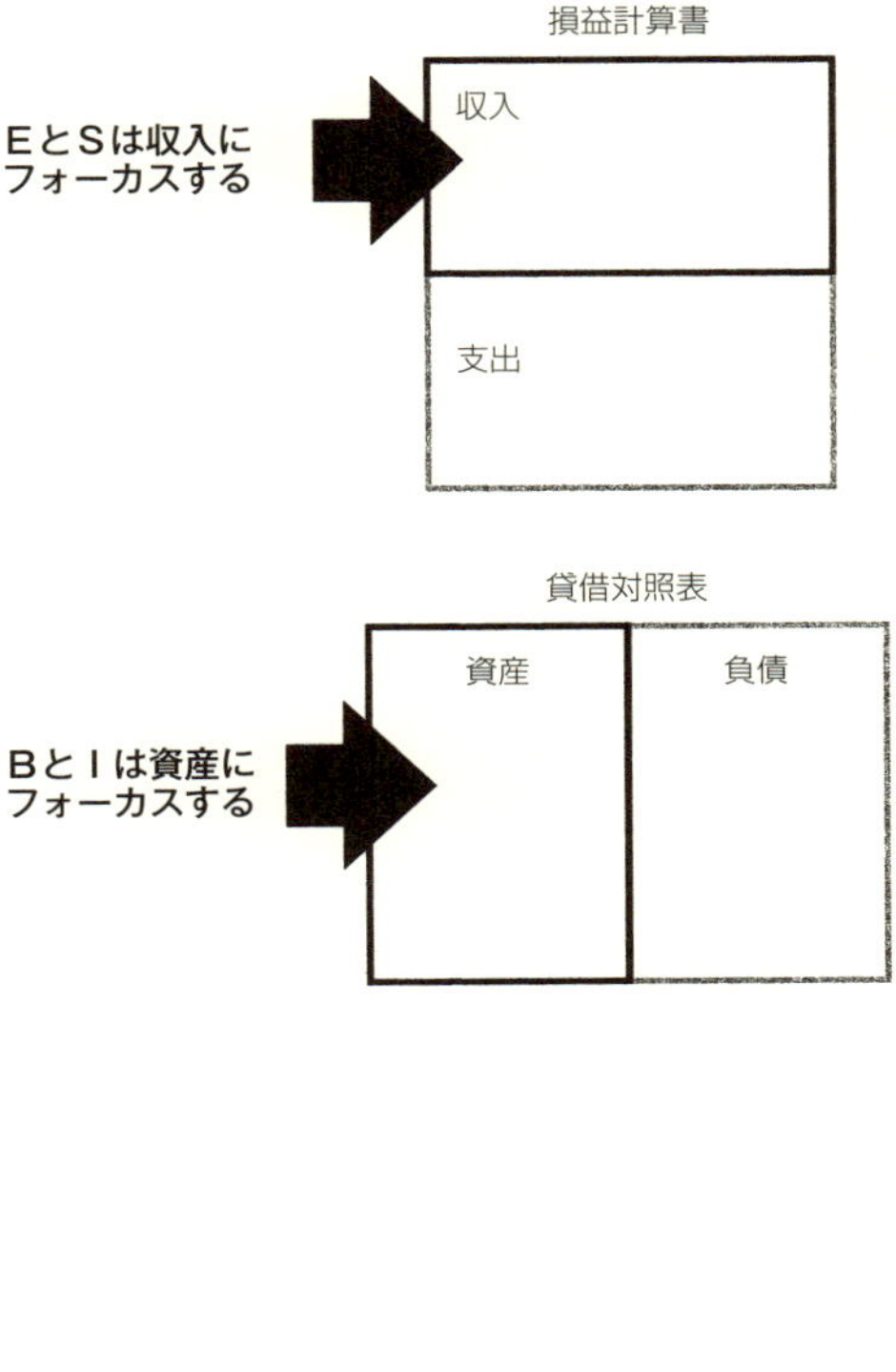

㉖財務諸表で見るEとS、BとIの違い

ＢとＩのクワドラントの人は各種の資産にフォーカスする。そのことが彼らに資産の管理の仕方を教え、リスクを減らしてくれる。

●四つの異なる種類の資産

私が子供の頃、金持ち父さんは資産欄に含まれる四つの異なる資産について教えてくれた。彼はこう言った。「異なる種類の資産について深く知れば知るほど、コントロールする力が増え、リスクが減る」

図㉗は資産欄に含まれる基本的な四つの資産だ。

売る能力、借金を管理する能力、市場のトレンドを分析する能力は、これらの四つのすべての資産に欠かせない。

●資産その一：ビジネス

マイクロソフトのビル・ゲイツ、アップルのスティーブ・ジョブズ、ヴァージン・グループのリチャード・ブランソン、グーグルのセルゲイ・ブリンなど、世界の超大金持ちたちは起業家だ。

セールスの能力は起業家に欠かせない。多くのビジネスが失敗する理由は、適切なセールスのスキルが起業家に欠けているからだ。一九七四年、ＩＢＭとゼロックスは社員にすばらしいセールストレーニングを提供していた。ゼロックスに採用された私はヴァージニア州リーズバーグに送られセールスの集中トレーニングを受けた。私がセールスの業績をビリからトップに上げるのには、四年間のトレーニングが必要だった。

私は作文が苦手だったので、学校の英語の成績はいつも悪かった。今も文章を書くのは苦手だ。でも、『金持ち父さん　貧乏父さん』にも書いた通り、私は「文章がうまい」作家ではないが、「ベストセラー」作家だ。

金持ち父さんはよくこう言っていた。「セールス ＝《イコール》 収入だ」。収入をもっと増やしたかったらセールスを学ぼう。

●資産その二：不動産

不動産は借金の管理と、物件管理、賃貸管理をコントロールする能力を必要とする資産だ。一九七三年、私ははじめて不動産講座を取った。今現在、キムと私には何千万ドルもの借金があるが、これは何百万ドルという収入を生んでくれる――しかもその大部分は税金ゼロで――借金だ。先年、銀行が利息を下げたので、私たちのローン返済額は減り、利益が増えた。不動産がすばらしいのは借金と税金が投資家を金持ちにしてくれるからだ。

●資産その三：紙の資産

キムと私が紙の資産に投資することがまれなのは、自分たちに与えられるコントロール力が最も少ないからだ。株式や債券、投資信託について考えてみればわかるが、投資家はそれらに関わる収入、支出、資産、負債をコントロールする力をまったく持てない（図㉘）。

㉗基本的な四つの資産

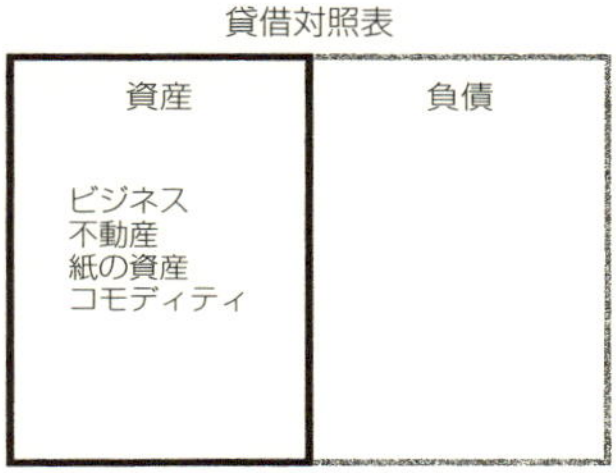

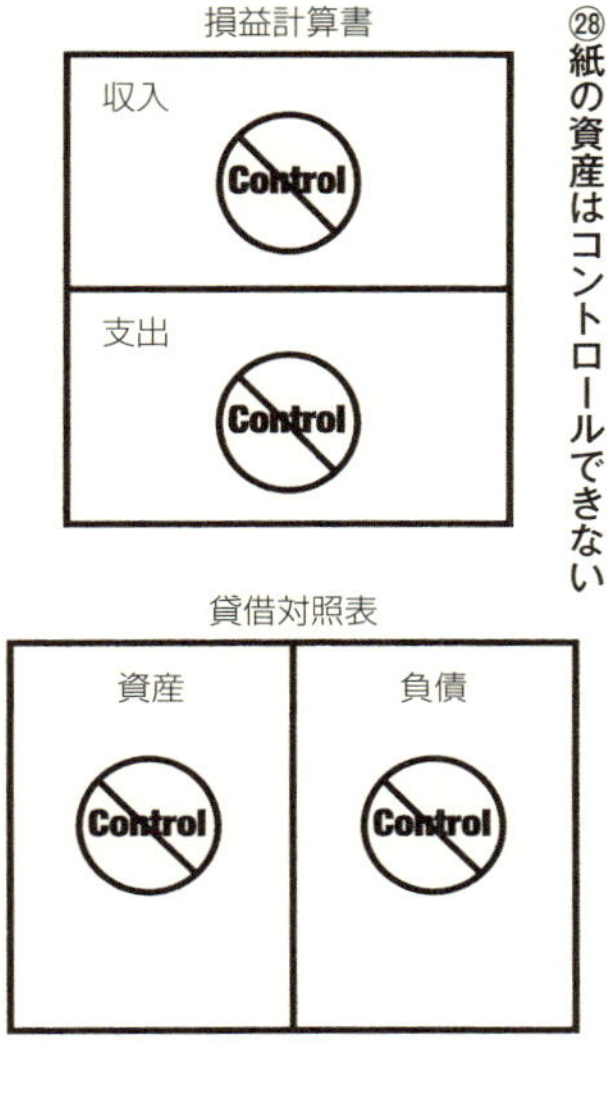

㉘紙の資産はコントロールできない

●資産その四：コモディティ

金貨や銀貨を買うには最低限のファイナンシャル教育があればいい。でも、それでも、コモディティについてある程度知っていることが必要だ。金と銀の価格も上がったり下がったりする。それに、金や銀を取引する世界にはたくさんのペテン師がいる。特に、今のように値上がりしている時はペテン師が横行する。

●どの種類の資産が一番適しているか？

［**よくある質問**］　私に一番適している資産はどれか？

［**短い答え**］　自分が興味を持てる資産。

［**解説**］

覚えておいてほしい。本当に裕福な人たちの大部分はビジネスによって財を築いた人だ。でも、ビジネスには一番多くのファイナンシャル教育が必要だ。次にファイナンシャル教育が必要なのは不動産。紙の資産に手を出すのは簡単だがリスクが一番大きい。金や銀などのコモディティは必要なファイナンシャル教育が一番少ないがリスクがゼロというわけではない。

［**よくある質問**］　一番多くの人が投資しているのはどの資産か？

［**短い答え**］　紙の資産。

［**解説**］

紙の資産は最も流動性がある。つまり、そこに入るのも出るのも簡単だ。紙の資産への投資を始めるのに必要なファイナンシャル教育は少ないし、セールススキルや管理スキルはまったく必要ない。ただインターネットに接続するか、ブローカーに電話をして「この株を百株買いたい」「この株を百株売りたい」などと指示すればいい。サルを訓練して紙の資産を売買させることだって可能だ。

［よくある質問］　あなたはなぜもっと紙の資産に投資しないのか？

［短い答え］　コントロールする力を充分に持てないから。

［解説］

私は起業家だから、財務諸表の収入、支出、資産、負債すべての欄を自分でコントロールしたい。たとえばマイクロソフトの株に投資したとしても、ビル・ゲイツは私の電話に出てくれるわけではない。マイクロソフトの支出が多すぎるとか少なすぎると私が思っていても、ビル・ゲイツは何も気にしない。でも、私にとってはそれが肝心だ。

石油への投資の場合は、私が社長に電話すれば、彼は電話に出てくれる。不動産への投資の場合は、ケン・マクロイか私の不動産を管理する担当者に電話して話ができる。自分でやっているビジネスの場合は、世界中のオフィスにいる誰にでも電話して話をすることができる。これが私が言う「コントロール」の意味だ。

だからといって、紙の資産が悪い投資だというわけではない。数は少ないが、紙の資産で大金持ちになる人もいる。でもそれと同時に、紙の資産は、政府の法律——アメリカの４０１（ｋ）のような年金プランに関する法律——によって株式市場に無理矢理参入させられた人たちに何兆ドルもの損をさせたことも事実だ。

▼ファイナンシャル教育——歴史を学ぶ

一九七四年、アメリカ政府はエリサ法（従業員退職所得保障法）を議会で可決した。

この法律はのちに「４０１（ｋ）法」として知られるようになる。この法律の意味を簡単に言うとこうだ

――企業は従業員に一生給料を払い続けるのが嫌になった。それはあまりに高くつきすぎ、アメリカは低賃金の国々と競争することができなくなったからだ。

これに似た法律によって、世界中の労働者は、ファイナンシャル教育を持たないまま投資家になることを余儀なくされた。それとともに、ファイナンシャル・プランナーの数が爆発的に増えた。そうなるとライオンの群れの中に羊を投げ込むのも同然だった。

学校の教師、看護師、レジ係、保険の外交員など、多くの人が商売替えをしてファイナンシャル・プランナーになった。ここにも前に挙げたのと同じ問題がある。つまり、ほとんどのファイナンシャル・プランナーが受けた教育は、IクワドラントではなくSクワドラントでセールスをすることだ。

公平を期するために言うと、私が出会ったファイナンシャル・プランナーの中にも、確かに優秀で頭が切れ、献身的に仕事をする人たちはいた。問題はそういう人たちの数がごく少ないことだ。たいていのファイナンシャル・プランナーは自分が稼ぐためにその仕事をしている。彼らが知っているのは自分が扱う商品――普通は紙の資産――を売ることだけだ。実際のところ、大部分のファイナンシャル・プランナーは自分が雇われている会社の商品を売ることしかできない。そのほかの資産を売ったのでは自分の稼ぎにならないから、たいていの人は不動産や石油、税金、借金、テクニカル分析について、また金の値段が上がっている理由など、ほとんど知らない。

お金に関するアドバイスを受けた時、それがいいアドバイスか悪いアドバイスかを見極めるためには、いいファイナンシャル教育が不可欠だ。

ファイナンシャル・アドバイザーの意見に従ったおかげで損をしても、私はアドバイザーを責めたりはしない。自分自身を振り返り、ファイナンシャル教育をもっと受ける――あなたが今しているように――ことでリスクを減らす努力をする気持ちがあるかどうか、自分に問いかける。

確かに世の中には、ひどいファイナンシャル・アドバイザーや、愚かとしか言いようのないファイナンシャル・アドバイザーもいる。でも、アドバイスがいいアドバイスか悪いアドバイスかあなたに区別がつかなかったら、どんなアドバイスでもまともに受け取るしかない。

［よくある質問］　紙の資産でお金を儲け、リスクを減らすにはどうしたらいいか？

［短い答え］　プールの浅いほうから泳ぎ始める。株式講座をとり、模擬練習をする。

［解説］

投資の世界には常にプロとアマチュアがいる。株式市場はプロの投資家にはうってつけの場所だ。なぜなら、そこには、サメが待ち受けるプールの深いほうの側に無理矢理飛び込まされたアマチュアたちがたくさんいるからだ。

私は紙の資産が得意ではない。だから、ここでまたアンディにバトンを渡して、彼にこの世界のことを説明してもらうのがいいと思う。アンディは紙の資産への投資に関してすばらしい腕を持っていて、すばらしい教師でもある。

●アンディ・タナーの解説

紙の資産に投資する場合、アマチュア投資家とプロの投資家の大きな違いは二つある。一つ目はどのようにして収入を生み出そうとするかで、二つ目はどのようにリスクを管理するかだ。二つのうち説明するのが簡単なのはリスク管理のほうなので、まずその説明をしよう。

不動産で最も大事なこととしてよく引き合いに出されるのは「立地」だ。紙の資産の場合、これにあたるのは「分散投資」だが、私に言わせてもらうならば、不動産でも紙の資産でも大事なのは「キャッシュフロー」だ。

あまり洗練されていない投資家は、「分散投資されている」として売られている商品を買うことで、リスクを管理しようとする傾向が強いようだ。これは、金銭的目標を予定通りに達成でき、しかもインフレにも負けず税法の変化にも影響を受けないようなペースで、値上がりする銘柄の数が値下がりする銘柄の数を上回るのを望むことに等しい。一方、洗練されたプロの投資家は、「契約を買うこと」によってリスクを管理しようとすることが多い。このような契約にはお金がかかるが、それを買えば、投資家はいくらかコントロール力を取り戻すことができる。「カトリーナ」のようなハリケーンを回避したり、コントロールしたりすることは私にはできないが、洪水に対する災害保険を買っておけば、いざという時にそれに関連するリスクをコントロールすることができる。

紙の資産への投資の世界には、たとえば、いくつもの銘柄に分けてお金をつぎ込み、長期的に見て、値上がりする銘柄が値下がりする銘柄の数を上回るように祈るタイプの投資家もいるし、一方、株価がどんなに下がっても、ある一定の値段で株を売る権利を与える「契約」を買う投資家もいる。そのような契約として比較的単純な例がプット・オプションだ。

紙の資産から収入を生み出す方法についての話はもう少し複雑だ。ゲーム『キャッシュフロー202』をプレーする場合、投資家としてそこで学ぶべき一つの大切な教えは、キャッシュフローを得ることを目的とした投資と、キャピタルゲインを得ることを目的とした投資の違いだ。私の見たところ、アマチュアの投資家はキャピタルゲインに頼りたがり、プロの投資家はキャッシュフローを求める傾向がある。

つまりこういうことだ――アマチュアは多くの場合、紙の資産でキャピタルゲインから利益を得て、分散投資によってリスクを管理しようとする。一方、プロは多くの場合、キャッシュフロー戦略によって利益を得て、契約を使ってリスクを管理しようとする。

●紙の資産のための保険

アンディはとてもうまく説明してくれたと思う。二〇〇七年、何百万人もの投資家――長期的に見れば株式市場はいつも右肩上がりで、分散投資が損失に対する保険となってくれると信じていた投資家――にどんな影響がもたらされるか知りながら、市場が崩壊していくのをながめているのは私にとってとてもつらいことだった。

実際のところ状況はさらに悪くなった。二〇一〇年には、「保険」を持たない投資家たちが、株価がもう一度上がるだろう（キャピタルゲインが得られるだろう）と希望を持って、市場に再び戻ってきた。

プロの投資家は保険をかけて投資する。株式市場で投資する場合でもそうだ。

ここでまたアンディにバトンを渡して、彼がどのようにして保険を使って紙の資産を守っているか、その方法を説明してもらおう。

●アンディ・タナーの解説

私には定期的に買うものがいくつかあるが、その一つは借家人保険だ。不動産を貸している相手が建物を損傷した場合――たとえば、うっかり火事を出したような場合――に備えるためだ。株式の「分散投資」の手法で不動産に保険をかけたらどうなるか、想像してみてほしい。何軒か家を買って、そのうちいくつかは火事で焼けてしまうかもしれないが、大部分はそうなりませんようにとひたすら祈る……そんなやり方は当然ながらまったく理にかなっていない。

私は、高額の資産を守るために、比較的少額を払って「契約」を買うという考え方が好きだ。このようなタイプの契約が、一般に「保険」と呼ばれるものだ。自動車事故に遭った時、たいてい最初に聞かれる質問は保険に入っているかどうかだ。

株式市場ではふつう保険という言葉は使わない。その代りに「ヘッジ」という言葉を使う。

不動産や車の保険と同じように、紙の資産の世界でも、比較的少ない額のお金で契約を買うこと――たとえば先ほど取り上げたプット・オプションを買うといったこと――で、それより大きな額のお金を保護することができる。多くのプロの投資家は、不確実性に満ちた時期や、自分でコントロールできない事態に直面した時——たとえば連邦準備銀行が何か発表した時など——に、プット・オプションを買うためにお金を使う。予想される状況のリスクが大きければ大きいほど、この「保険」契約の値段も高くなる。実際のところ、このような種類の契約は、投資家に、状況のリスクの大きさを考え直すチャンスを与えてくれる。

この一例が、ギリシャ、ポルトガル、アイルランド、スペインなどの国々を対象としたクレジット・デフォルト・スワップ（債権自体を移転することなく信用リスクのみを移転する取引）だ。貸し手はこのような国々にお金を貸して、「いくらかは返ってこなくても、いくらか返ってくればいい……」などと祈るのはいやだから、債務不履行から自分たちを守る契約をほしがる。最近、こういった契約の値段がどんどん上がっている。つまり、状況がどんどん不安定になっている。

ヘッジを利用するのに超大金持ちである必要はない。適切な教育を少し受ければ、誰でもオプション契約を使って損失から自分を守る方法を学ぶことができる。

この考え方に関して皮肉なことは、オプション市場が「危険すぎる」と思い込んでいる人がたくさんいることだ。実際のところ、オプションを買う人の多くはリスクを減らすためにそうしている。彼らはオプションをヘッジとして使っている。投機の対象として買うのではない。私は多くのオプションを買うが、そのために使ったお金は全部なくなることを覚悟して買っている。私にとってオプションを買うことは、賃貸物件のための保険を買うのと変わりない。賃貸物件の場合、家賃が保険代を払ってくれる。オプションの場合も、オプションが保険として守ってくれている紙の資産からの収入がその代金を払ってくれる。

●紙の資産を使ってお金を「印刷する」

［よくある質問］　紙の資産を使って、自分のお金を印刷することができるか？　投資からの無限大のリターンを得ることができるか？

［短い答え］　できる。

これもアンディの専門なので、彼に説明してもらおう。

●アンディ・タナーの解説

ある会社の株価が理論上「無限大」に達することはあり得ない。このことはみんな知っている。でも、株式市場では、無限大の損失をこうむる危険に自分をさらすような取引をすることが可能だ。その一例が株の空売りだ。株を空売りした場合、株価が上がると損をする。株価は天井知らずに上がることがあるから、株の空売りは無限大のリスクを抱える取引だと言える。つまり、株価は実際には無限大にまで上昇することはないが、「無限大」というのは利益と損失の両方に関して私たちが理解しなければならないコンセプトだ。

「無限大」に対するもう一つの見方はこうだ——ある投資につぎ込んだ自分のお金の額がゼロに近づけば近づくほど、その投資から得るリターンは無限大に近づく。たとえば、自己資金をまったく必要としない不動産投資を見つけることができれば、無限大のリターンのコンセプトを応用していることになる。不動産の世界で借金によって人が金持ちになれる理由の一つがこれだ。

紙の資産の場合、借金をまったく使わずに同じことができる。そうだ、借金ゼロでだ。紙の資産の特徴の一つは、投資の大きさを調整できる点だから、このタイプの投資は、必要なファイナンシャル教育を受ける気持ちのある人なら、ほとんど誰にでもできる。ここでも先ほどと同じだ。このタイプの投資について学ぶためには超大金持ちである必要はない。

ロバートからこの章を書くのに協力してほしい、「お金を印刷する」方法について説明してほしいと頼まれた時、私はごく小さな取引（たとえば千株の取引）をして、五百ドルから六百ドルを得るといった例を取り上げるのが一番わかりやすいかもしれないと思った。つまり、ヘッジ・ファンドを扱う私の友人たちが何百万ドルという規模で利用しているのと同じプロセスを規模を縮小して、給料とは別に数百ドルの利益を上げたいと思っている人にも当てはめることができる。

これから先、少し図を使って説明する。また、先ほど取り上げた「ヘッジする」というコンセプトを単純化した考え方も使うつもりだ。

紙の資産の世界で投資家に与えられているのは、契約の買い手になってお金を使うか、売り手になってお金を受け取るかという二つの選択肢だ。実際のところこれはとても単純なコンセプトだ。買い手はお金を使い、売り手はお金を受け取る。

ロバートはよく、テクニカル分析を学ぶための講座やセミナーに参加することの重要性について話す。テクニカル分析とは、市場の動きを見ることを意味する。『キャッシュフロー202』をやることを通してわかってくることの一つがこのテクニカル分析だ。

図㉙はアメリカの代表的株価指数であるS&P（スタンダード・アンド・プアーズ）500の動きを示したものだ。

ここで投資家がどうするか考えてみよう。この図では下値支持線が千ドルを少し超えたところにあるので、投資家はそこまでは下がらないだろうと見込んで、たとえば九百四十五ドルあたりを権利行使価格として「プット・オプションを売る」かもしれない。私たちは実際にはこれを「お金を印刷する」とは言わないで、「オプションを売る」と言う。

簡単に言うと、この契約を買った人は、契約が期限切れになる前にS&P500が九百四十五以下になった場合に備えた「保険」を手に入れたことになる。

この取引を財務諸表で見ると図㉚のようになって、「ポケットにお金が入ってくる」ことがわかる。

ロバートが、ポケットにお金を入れてくれないから「持ち家は資産ではない」と言った時、多くの人が彼を批判した。ここでそれを思い出すとおもしろいことになる。つまり、私が株の空売り、あるいはオプション売りを資産の欄に入れたことに対して、同じような批判が出てくるだろうということだ。それは当然だ。

Reprinted with permission

㉙S&P500の動き

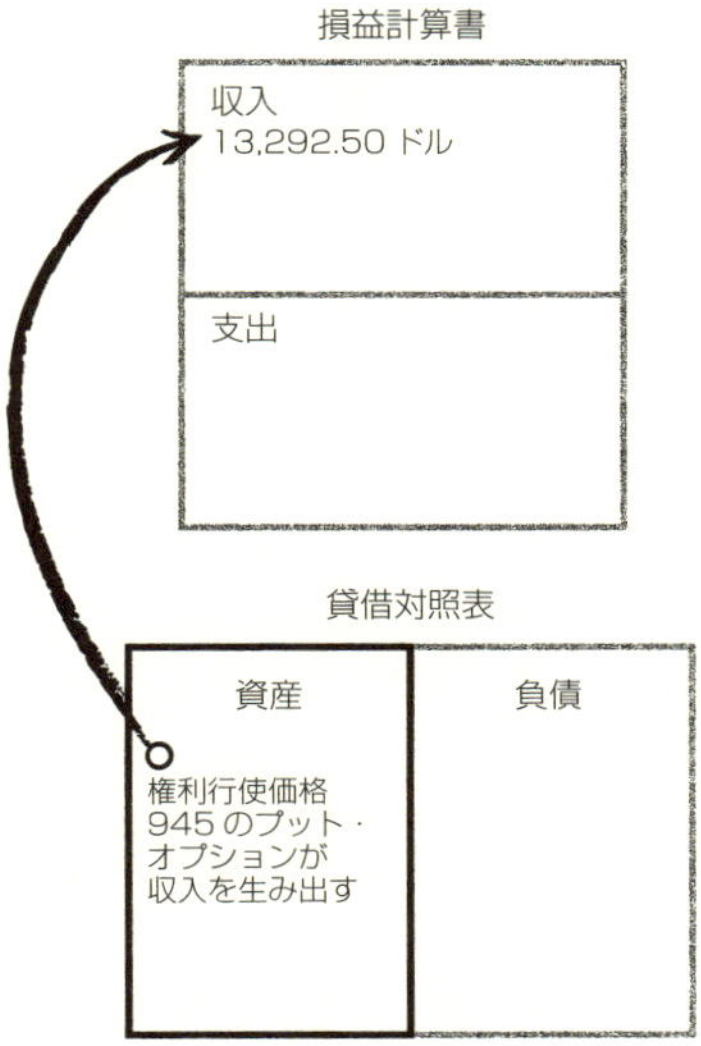

㉚プット・オプションを売ってお金を得る

でも事実、これは収入を生み出す。この取引は明細書の上ではたとえば図㉛のようになる。この表でADJコスト（修正取得価格）がゼロであることに注意してほしい。つまり、オプションの行使期限が来た時のADJリターンは無限大（あるいは不確定）だ。

市場がどのような方向に動くか予想することはむずかしいかもしれないが、私が思うに、株価が短期間とどまると思われる一定の範囲——その中で上下する、あるいは横ばい状態でいる範囲——を見つけるのは、もっと簡単にできる。

このオプションの行使期限までに、市場は実際には図㉜のように変化した。

もちろん、保険を買う時は、それは支出だ。家が火事で焼けてしまわない限り、保険の買い手にはお金はまったく入らない。このプット・オプションの例の場合も同じだ。だから、洗練された投資家がお金を儲けるためによくやるのは、オプションの売り手になる方法だ。実際のところ、ウォーレン・バフェットが長い間、株式市場でお金を儲けてきた方法の一つは、これにとてもよく似たやり方だ。彼がデリバティブ（金融派生商品）を売って利益をあげていることはウォール・ストリート・ジャーナル誌に取り上げられたこともある（図㉝）。

ウォーレン・バフェットはこのような契約のうちある種のものを「大量破壊のための金融兵器」と呼んだことがあるので、一部の人は、彼がこのような契約を使うことに反対していると誤解している。適切なファイナンシャル教育を受けていない人にとっては、確かにその通りかもしれない。でも、実際のところ、バフェット自身はそのような契約を売ることで巨額の利益を得ている。私たちには紙の資産をコントロールする力はほとんどないから、リスクもそれだけ大きい。だからこそ、投資家たちはヘッジする（損失から自分を守る）ために多くのお金を払おうとする。

投資家はプット・オプションを売ることによって得たお金を使ってプット・オプションを買って、リスクをコントロールするヘッジとして使い、それでも結果としてプラスのキャッシュフローを得ることもできる。

㉛コストはゼロ

SECURITY	TRANS TYPE	QTY	OPEN	ADJ COST PER SHARE	ADJ COST	CLOSE	ADJ PROCEEDS PER SHARE	ADJ PROCEEDS	ADJ GAIN ($)	ADJ GAIN (%)
SPX Oct 16 2010 945 Put	Exp Short	1,000	8/25/10	$0.00	$0.00	10/18/10	$13.29	$13,292.50	$13,292.50	-

Reprinted with permission

㉜実際の市場の動きは

Reprinted with permission

㉝バフェットはデリバティブを売っている

ウォール・ストリート・ジャーナル　マーケット

バフェット、デリバティブで利益を上げる

by カレン・リチャードソン

億万長者で保険のセールスマン、ウォーレン・バフェットは最近、これまで以上にデリバティブを売っている。

今年、バフェット氏が率いる持株会社で、ネブラスカ州オマハにあるバークシャー・ハサウェイ社は、株価指数と債券を対象とする保険の販売により約25億ドルの保険料を手にした。これはデリバティブ契約の形をとって売られた保険で、補償対象に特定の損失が生じた場合に、契約の買い手への支払いを保証するものだ。

Reprinted with permission

この場合、財務諸表は図㉞のようになる。

証券会社からの明細書（図㉟）を見ると、オプション売りから無限大のリターンを得ていること、そしてプット・オプション買いによって百パーセントの損をしていることがわかる。これは家に損害保険をかけるのとよく似ている。

このようなタイプの取引になじみのない人には、学ぶことがたくさんあるように思えるかもしれない。確かにその通りだ。でも、常にファイナンシャル教育を自分に施そうという姿勢があれば、誰でも学ぶことができると私は信じている。

ここでまたロバートにバトンを戻そう。

●ロビン・フッドから自分を守る

子供の頃、私はロビン・フッドの話が大好きだったが、成長するにつれ、彼が泥棒だったことに気が付いた。ロビン・フッドは国王をはじめとする支配者たちを非難し、「私は金持ちから盗んで貧乏な人たちに与えている」と言って自分の行為を正当化した。今の世の中には、金持ちから盗んで自分のものにしてもかまわないと信じている人がたくさんいる。

経済が悪化し貧困層に転落する人が増える一方、ロビン・フッドに変身する人も増えている。中には、犯罪者になる人もいる——空き巣狙いや自動車泥棒、誘拐犯、銀行強盗など。また、法廷であなたからお金をとろうとする人たちもいる。

［よくある質問］　ロビン・フッドから身を守るにはどうしたらいいか？

［短い答え］　金持ちのための法律を使う。

［解説］

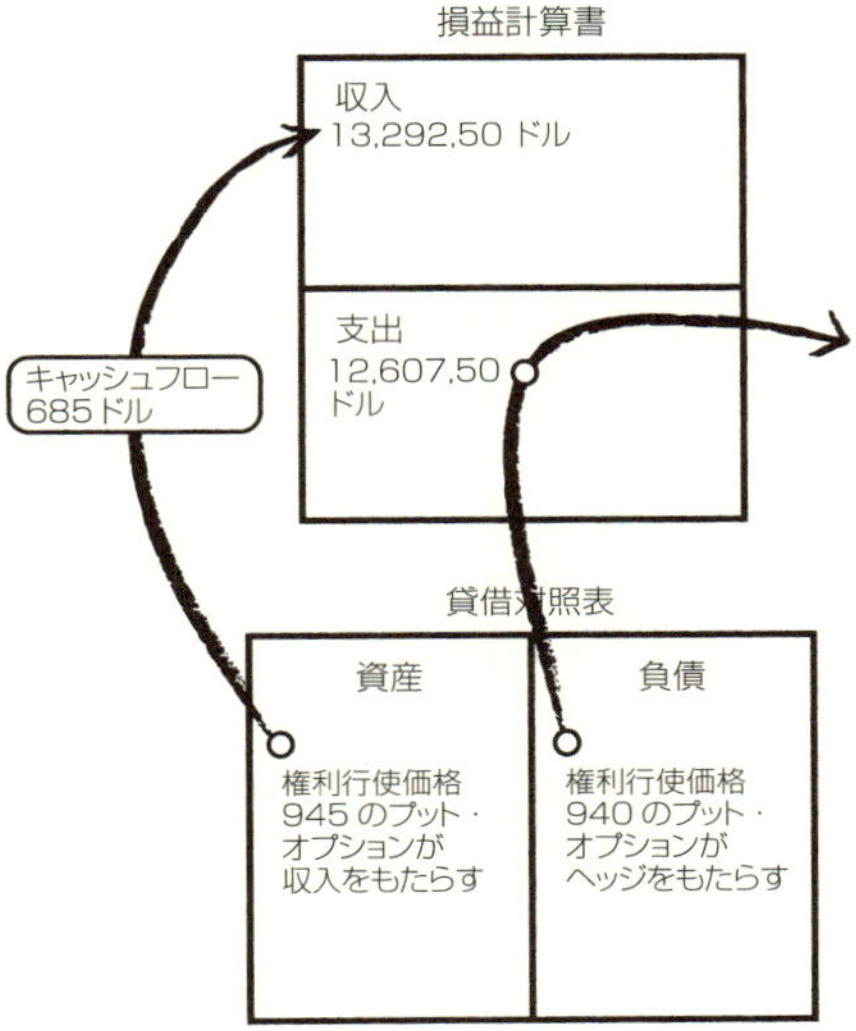

㉞プット・オプションを売ったお金でリスクヘッジする

SECURITY	TRANS TYPE	QTY	OPEN	ADJ COST PER SHARE	ADJ COST	CLOSE	ADJ PROCEEDS PER SHARE	ADJ PROCEEDS	ADJ GAIN ($)	ADJ GAIN (%)
SPX Oct 16 2010 945 Put	Exp Short	1,000	8/25/10	$0.00	$0.00	10/18/10	$13.29	$13,292.50	$13,292.50	-
SPX Oct 16 2010 940 Put	Exp Long	1,000	8/25/10	$12.61	$12,607.50	10/18/10	$0.00	$0.00	-$12,607.50	-100.00

Reprinted with permission

㉟明細書が示すこと

財産を守るためにはいろいろな方法がある。たとえば、警報装置、保険、銃、番犬などだ。

金持ちたちは何世紀にもわたり、会社などの「法人」を利用して自分の財産を守ってきた。その仕組みをもっとよく説明してもらうために、私の法律アドバイザー、ガレット・サットンに登場してもらおう。

●ガレット・サットンの解説

投資にリスクが伴うことを知るために、複雑な法律の知識は必要ない。投資に無制限のリスクが伴う場合、つまりある日突然、自分が持っているものをすべて失う可能性がある場合には、投資する人は少なくなる。でも、ヘッジをすることで損失を防いだり、資産の一部を守ることができる場合には、お金に働かせるために投資する人は多くなる。

法人を利用した資産保護は、一五〇〇年代にイギリスで会社設立許可状が与えられるようになった時に始まった。このおかげで、裕福で強力なコネを持った人々は、普通の人がとれないようなリスクをとれるようになり、イギリスの経済が潤った。その後、各国政府は有限責任会社（LLC）組織を利用した場合も同様の保護の機会が得られるようにするべきだと気が付いた。もちろん、このような権利の拡大によって税収入が増える見通しがあったことも、政府が「正しい」決定を下すのに役立った。

現在、アメリカのネバダ、ワイオミング、デラウェアなどの州には、法人に有利で、リスクから法人を守ってくれる法律があって、費用の点からもそれが利用しやすくなっている。このような法律は、州政府の財政を潤すのに大いに役立っている。これはどちらも得をする「ウィン・ウィン」の状況だ。これが特にいいのは、政府が認可を与えた有限責任会社によって、投資家は自分の「賭け金」に合法的にヘッジを効かせることができる一方、それによって景気がよくなり、政府により多くの税金が入るという点だ。当事者たちにどんな得があるか考えると、いろいろなことがよくわかる。

皮肉な話だが、政府は「いい法人形態」――得をする法人形態――を用意すると同時に「悪い法人形態」

――損をする法人形態――も用意していて、どれを使ったらいいかは教えてくれない。政府の「うるさいほどの面倒見のよさ」に文句を言う人は多いが、法人形態の選択に関してはその面倒見のよさが発揮されていないのは明らかだ。政府は選択肢について教えることも、注意を与えることもせず、私たちが悪い選択をするのを黙って見ている。

「悪い選択」、つまり顧客からのクレームに対する保護がなくて、リスクを小さくすることができない法人形態は、個人事業とゼネラル・パートナーシップ（無限責任組合）だ。この二つの法人形態を選んだのでは自分の財産を守ることはできないから、ビジネスを始める意味がない。金持ちはずっと前にこのことを学んでいて、よく知っている。もしあなたのアドバイザーが個人事業やゼネラル・パートナーシップを利用することを勧めるようだったら、金持ちと同じことをしよう。つまり、もう一つ上の段階に進んで、あなたを守ってくれるやり方を知っている新しいアドバイザーを探そう。

「そんなことをしたら政府やＩＲＳ（国税庁）にあやしまれないか？」顧客のために資産保護プランを立てる時、私は時々そんな質問をされる。

この質問に対する答えは、先ほど取り上げた、会社に関する法律の歴史の中にある。政府は私たちが資産保護プランを立て、それを実行することを奨励している。会社設立の認可やさまざまな法律、税金などを使って、そのチャンスを私たちに与えてくれている。政府は金持ちをはじめ、すべての人に投資をし、リスクをとってほしいと思っている。その見返りとして、彼らは大きな税収を得る。だから、政府が私たちにやってほしいことをしよう――自分たちの資産を保護しよう。

●**最後に**

ありがとう、ガレット。

この章はとても長くなったが、それはリスクが非常に大きなテーマだからだ。

リスクを抑えるための最良の方法は、それを避けようとして、前にオキシモロンとして取り上げた言葉に込められているようなコンセプトを利用することではない。実際のところ、それではリスクを増やすだけだ。リスクを減らす最良の方法は、コントロールすることだ。そして、その第一歩はファイナンシャル教育から始まる。知っていることが多ければ多いほど、自分の人生や経済状態をコントロールする力が大きくなる。

リスクは確かに存在する。事故や間違い、犯罪は毎日起こる。金持ちがどんどん金持ちになる理由の一つは、彼らがリスクを避けて、雇用の保障、お金を貯める、安心な投資、公平な取り分、投資信託、分散投資されたポートフォリオ、借金ゼロといった、実際はリスクを増すようなオキシモロンを信じたりせずに、自分のファイナンシャル教育を自分でコントロールしているからだ。

確かにリスクは増えている。リスクは今の世界の「不確実性」に深く結びついている。テロリズム、不安定な経済、中国の台頭、西洋諸国の衰退……そういった要因を抱える今、不確実性は高まりつつある。そして、そのためにリスクも増えていくだろう。

真のファイナンシャル教育はリスクをコントロールする力を強めてくれる。リスクをコントロールするその力こそがアンフェア・アドバンテージだ。

第五章

補償のアンフェア・アドバンテージ

●金持ちはお金のために働かない

『金持ち父さん　貧乏父さん』で紹介した「第一の教え」は「金持ちはお金のために働かない」だ。一九九七年、『金持ち父さん　貧乏父さん』が出版されると、この言葉を聞いて多くの人が気分を悪くした。それは今でもそうだ。特に、「金持ちは金《かね》の亡者だ」と信じている人たちが不快に思っている。彼らがそう思うことにも一理ある。確かに少数だがそういう金持ちもいる。

それでもあえて言わせてもらう。金の亡者になるのはお金のために働く人たちだ――特に金融危機の時代においてはそういう人が多くなる。

[よくある質問]　なぜお金のために働くのではだめなのか?

[短い答え]　お金がもはやお金ではないから。

[解説]

「古い経済」においては、一生懸命働いて、いい生活を楽しむのに充分なお金を貯めることが可能だった。そして定年後は、それまでに貯めてきたものの利子で快適な生活を送ることができるはずだった。

金融危機後の今の「新しい経済」においては、金利が記録的に低くなっているばかりでなく、政府は何兆ドルもの「贋金」を刷り続けている。政府によるこの行為は、私たちの労働と貯金の持つ購買力を破壊する。新しい経済における最大の懸念は、何兆ドルもの借金に対する利子がどんどん増え続けていることだ。こんな状態をいつまでも続けられるわけがない。もし一九八〇年代のように金利が上昇したら、アメリカの納税者たちが「申し訳ないが、今月の国家債務のローン返済はできない」と言い始め、世界は破産に追い込まれる。そうなった時には、真の経済危機が訪れるだろう。

借金が経済に及ぼす影響は、すでに日本、ラテンアメリカ諸国、メキシコ、ロシア、アイスランド、ギリシャ、スペイン、イタリア、ポルトガル、アイルランドなどの国々で現れている。そして、アメリカ、イギリス、そのほかのヨーロッパ諸国がそれに続くと思われる。それが私たちがおかれている新しい経済の現状だ。

●三本脚のスツール

古い経済の時代には、ファイナンシャル・アドバイザーたちはよく、引退後の生活を支える「三本の脚」について話をした。三本の脚とは、個人の貯金、会社の年金プラン、社会保障制度の三つを意味する。この三本脚のスツールは、第二次世界大戦の世代を支えるのには役立った。でも、何百万人ものアメリカのベビーブーマーたちが引退する時には、スツールの三本の脚は姿を消しているだろう。

［よくある質問］　お金のために働いていたらどんなことが起こるか？

［短い答え］　お金を稼げば稼ぐほど、失うお金が増える。

［解説］

お金のために働いていると、次の二つのようなことが起こる。

1．せっせと働き、税金をより多く払い、借金とインフレに苦しみ、さらにせっせと働く……という悪循環につかまる。まるでペットショップのネズミだ。どこへも行きつかないのに、車輪の中で必死に走り続ける。

2. 働くのをやめる。多くの人が単純にこう考える――「なぜせっせと働き続けるのか? 稼げば稼ぐほど、政府の取り分が増えるだけなのに。前に進めないのなら、働いてもしかたない」。

だから金持ちはお金のために働かない。新しい経済のもとでは、自分が持っている贋金をできるだけ早く、できるだけ安全な方法で本当のお金に換えるにはどうしたらいいか学ぶ必要がある。

そのためにはファイナンシャル教育が必要だ。この教育は、政府が誰かにやってほしいと思っていることをできるように準備するためのものだ。政府がやってほしいと思っていることの例をいくつか挙げてみよう――従業員になるのではなく従業員を雇うことのできるビジネスを所有する、自分の家を買うのではなくほかの人に住宅を提供する、石油を燃やすのではなく製造する、食べ物を食べるのではなく生産・製造するなどだ。世界中どこの国でも、政府は「生産者」に褒美を与え、お金のために働く「消費者」に罰を与える。

●収入が増えても金持ちにはなれない

今でもよく覚えているが、一九五〇年代、貧乏父さんは月に三百ドル、年に三千六百ドル稼いでいた。この収入では六人家族の生活費をまかなうのがやっとだった。父は一生懸命働いたが、いつも家にはお金がなかった。収入より支出のほうが多く、いつもお金に困っていた。このままではどうにもならないと思った父は、学校へ戻ってさらに高い学位をとり、もっと多く稼ごうとした。

一九六〇年代、父は仕事の上で成功を収め始めた。どんどん昇進して、ハワイの教育システムのハシゴを上へ上へと登った。一九六八年までには、州の教育長となり、年に六万五千ドルを稼ぐようになっていた。これは当時としてはかなりの金額だ。問題は、収入が増えても父はお金のない状態のままだったことだ。高級住宅街に新しい家を買ったり、新しい車を買ったりしたからだ。そのほかに、子供たちを大学に進ませるお金も必要だった。収入は確かに増えたが生活費も増えた。わずかな貯金のほかに、父には資産と呼べるものがなかった。

一九七〇年代はじめ、父は副知事選に立候補して敗れた。そして五十代半ばで職を失い、それまでよりさらにお金に困るようになった。社会保障と、少ないながら年金がなかったら、父は衣食に事欠く状態になっていただろう。

一九七一年にアメリカドルの金本位制が廃止され、史上最大の好景気が訪れたが、父の経済状態は変わらなかった。最高学位である博士号は持っていたが、父の受けた教育は、現実のお金の世界で成功するための準備をさせるものではなかった。父は世界をEとSのクワドラントからながめていた。BとIのクワドラントについては何も知らなかった。

友人たちが裕福になっていく一方で、父は怒りと苦々しい想いを募らせていった。そして、怒りが増すと共に、金持ちは強欲だという父の考えも強まっていった。

今、大勢の人が貧乏父さんと同じ運命にある。その多くは高い教育を受け、真面目にせっせと働いている人たちだ。それなのに、この危機の中で先に進むことができず取り残されている。彼らが取り残されているのは、お金のために働き、お金を貯めているからだ。

●一兆ドルを手に入れる方法

私たちは世界がお金を刷り続けているのを知っている。景気がよかろうが悪かろうが、世界はお金を刷る。問題は、どれくらいのお金が刷られているかだ。

アメリカ一国で何兆ドルものお金を刷っているとしたら、世界全体では一体どれくらいのお金が刷られているのだろう？　そう聞くより、こう聞いたほうがいいかもしれない——何兆ドルものお金が刷られていることは、あなたとどう関係があるのか？　何兆ドルものお金を持っていたら、あなたは金持ちなのか、貧乏なのか？

この数年の間の経済の混乱が、世界をハイパーインフレに導いていったとしたら、世の中には百万長者《ミリオネア》、億万長者《ビリオネア》、そして「兆万長者《トリリオネア》」がどんどん出てくるだろう。あなたもその一人になれるかもしれない。

皮肉なことに今のこの「すばらしい新世界」には、すでに多くの兆万長者がいるが、彼らは文無しに等しい。たとえば、あなたが今ジンバブエに引っ越し、持っているお金をジンバブエドルに換算すればあなたはたちまち兆万長者になれる。

実際のところ、もし今すぐ兆万長者になりたかったら、オンラインでジンバブエの一兆ドルの紙幣を買いさえすればいい。それで、「私は兆万長者だ」とみんなに言って回ることができる。

でも、たとえ一兆ドル持っていても、あなたは文無しに等しい。これが新しい経済の厄介なところだ。前にもお話ししたが、私は財布の中に、ジンバブエの百兆ドル札を持っている。算用数字で書くとゼロが十四個つく。私がそれを持ち歩いているのは、ジンバブエの百兆ドルで買えるのは卵一個だけ——卵が売れていればの話だが——だということを常に自分に思い出させるためだ。

お金がありすぎることこそが、新しい経済の「罠」だ。アメリカ経済は何兆ドルものお金を抱えているにもかかわらず、多くのアメリカ国民が破産状態にあるか、まもなく破産に追い込まれる状態にある。

［よくある質問］　お金のために働かないとしたら、金持ちは何のために働くのか？

［短い答え］　景気のよし悪しにかかわらずプラスのキャッシュフローを生み出す資産のために働く。

［解説］

銀行を利用したり、紙の資産で構成された年金プランを利用してお金を貯める代わりに、そのお金を本当の資産——価値が変わらず、キャッシュフローを生み出し、税金面で有利に働く資産——に換えることが重要だ。

［よくある質問］　あなたが自分の資産は「安全な資産」だと確信している理由は何か？
［短い答え］　景気がよくても悪くてもキャッシュフローを生み出し、税の優遇措置を利用させてくれるから。

［解説］
歴史的に見て、紙のお金は盛衰を繰り返している。アメリカでは独立戦争の時には大陸紙幣が、南北戦争の時には南部同盟通貨が発行された。

どちらの貨幣システムも崩壊し貨幣は価値を失ったが、経済は崩壊せず、人々は働き、物やサービスを売り買いし、取引を続けていた。つまり、お金は価値を失ったが、経済は存続した。

金融危機の時期に大金持ちになった人はたくさんいる。すばらしい資産がわずかなお金で手に入るようになるからだ。問題は、貧乏父さんのように職を探すための訓練しか受けていない人々には、資産と負債の区別ができないことだ。

私は経済に欠かせない資産に投資する。たとえば、賃貸アパートに投資をするのは、人間には雨露をしのぐ家が必要だからだ。たいていの人は橋の下に住むよりも、家賃を払うほうがいいと思っている。政府もお金がない人に家賃補助などの対策をとる。経済が崩壊したら、おそらく政府はより多くのお金を刷り、アパートのオーナーにそれを（その価値はどんどん減ってはいくが）与えるだろう。そうなったら、オーナーである私は、政府から余分に与えられたお金――贋金――を使って、何百万ドルという借金を返すことになる。経済が崩壊した時、資産を得るために私が借りたお金を返すのを政府が助けてくれるのは、大勢の人を路頭に迷わせたくないからだ。

また、私が石油に投資するのは、石油が世界を機能させ、食べ物を供給し、家を暖かく保ってくれるからだ。一方、金《きん》と銀に投資するのは、政府がお金を印刷しても、金と銀はその真の価値を維持し続けるからだ。

経済にとって欠かせない資産にはいろいろなものがある。あなたも自分が興味を持てるものを見つけてほしい。

［よくある質問］　経済にとって何が重要か、どうしたらわかるか？

［短い答え］　財務諸表をながめるとわかる。特に損益計算書の支出の部分を見るといい。

［解説］

それをきちんとつけていればの話だが、財務諸表（損益計算書と貸借対照表）を見ると、その人自身と家計にとって何が大事かわかる。家計にとって大事なものというのは、その人が何にお金を払わなければならないか、どうしても必要な支出は何かということだ。その例をいくつか見てみよう（図㊱）。

［よくある質問］　財務諸表を見たら、その人が金持ちか貧乏かわかるか？

［短い答え］　わかる。

［解説］

㊱どうしても必要な支出は何か

損益計算書

損益計算書
収入
支出 税金（刑務所に入れられないため） 住居費（雨露をしのぐため） 食費（食料がなかったら共食いするしかない） 燃料費（移動するため、家を暖かく保つため） 衣料費（たいていの人は服を着ていたほうが見た目がいい） 通信費（携帯電話） 交通費（仕事に行くため） 娯楽費（レクリエーション、映画、テレビ） 教育費（将来お金に困らないため）

㊲私の資産の欄にあるもの

貸借対照表

資産	負債
教育会社 賃貸アパート 5つのゴルフコース付リゾート 商業用ビル 石油 知的財産 金・銀 太陽エネルギー会社	

銀行が学校の成績表ではなく財務諸表を見たがるのはそのためだ。財務諸表を見れば、何がその人にとって大事かわかる。また、その人の未来を予測することもできる。

私の貸借対照表の資産欄は図㊲のようになっている。

・貧乏な人は支出の欄に焦点を合わせている。

彼らは雨露をしのぐ屋根の下で一日一日を何とか生き延び、食卓に食べ物を乗せ、車にガソリンを入れ、身体に服をまとうのに最低限必要なだけのお金を稼ぐ。彼らがいくら稼ぐかは重要ではない。重要なのは何を大事だと考えているかだ。たくさんお金を稼いでいるのに、それをすべて支出の欄につぎ込んでしまう人は大勢いる。そういう人はどんなにたくさん稼いでいても、給料日をあてにして暮らしている。今日のためだけに生きている彼らに未来はない（図㊳）。

・中流の人は負債の欄に焦点を合わせている。

彼らは快適なライフスタイルを維持するための負債を手に入れたがる。中流の人のライフスタイルで大事なのは「金持ちである」ことではなく、「金持ちに見える」ことだ。大きな家、高級車、おいしい食べ物、休暇旅行、いい教育、贅沢な生活を送るためのそのほかのさまざまなもの……すべてが借金で支払われる。彼らは稼ぐより多くを使い、借金を増やしていく。投資用に賃貸アパートを手に入れる代わりに、子供をいい学校に通わせることのできる高級住宅街に大きな家を買う。投資をしていたとしても、自分のお金をファイナンシャル・プランナーたちに渡すだけだ。なぜなら、講座やセミナーを取って資産運用の方法を学ぶより、人生を楽しむことに忙しいからだ（図㊳）。

・金持ちは資産欄に焦点を合わせている。

彼らは、まず最初に資産に焦点を合わせれば、支出と負債は何とかなることを知っている（図㊴）。

新しい経済のもとでは、自分のお金を資産欄に入れて、お金をキャッシュフローを生む資産に変えなければ、おそらく一生お金のためにせっせと働くことになるだろう。

●収入に合わせて切り詰めた生活はしない

たいていのファイナンシャル・アドバイザーは収入に見合った生活をするように勧める。これは貧乏な人や中流の人には適切なアドバイスかもしれないが、金持ちになりたいと思っている人にとってはいいアドバイスとは言えない。キムと私は収入に見合った生活はしない。私たちは、収入に合わせて切り詰めた生活をするのは気持ちを減入らせるだけだと信じている。

だから、収入に見合った生活をする代わりに、私たちは教育と資産に投資する。たとえば、リッチダッド

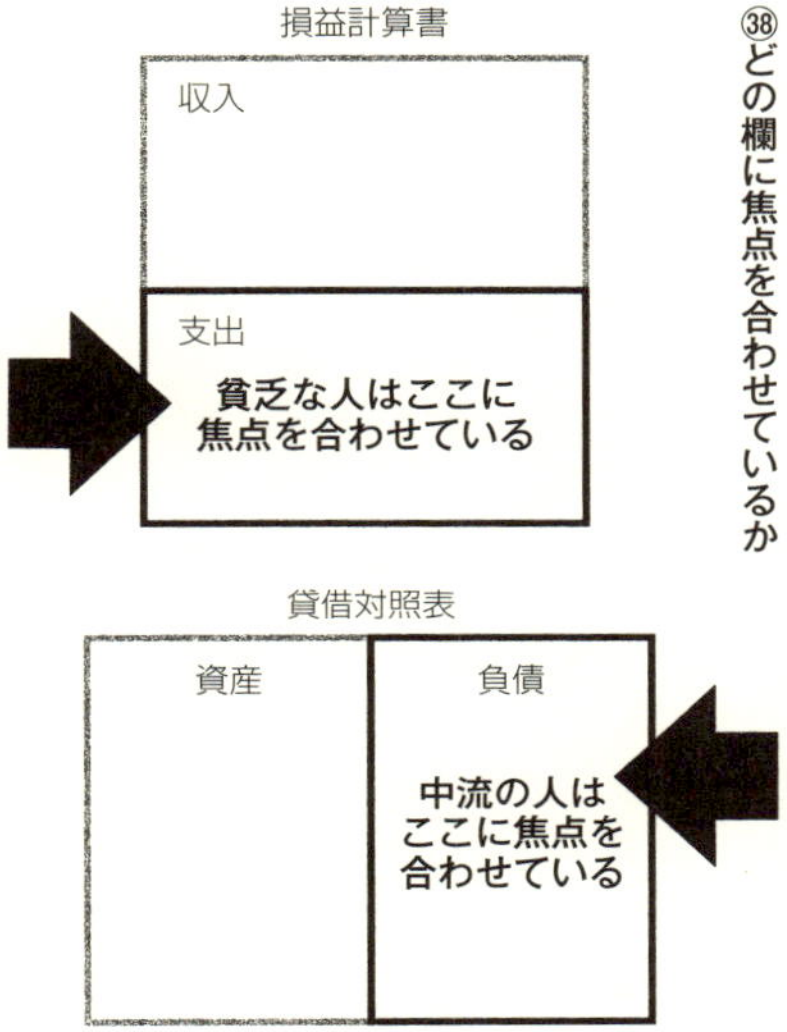

㊳どの欄に焦点を合わせているか

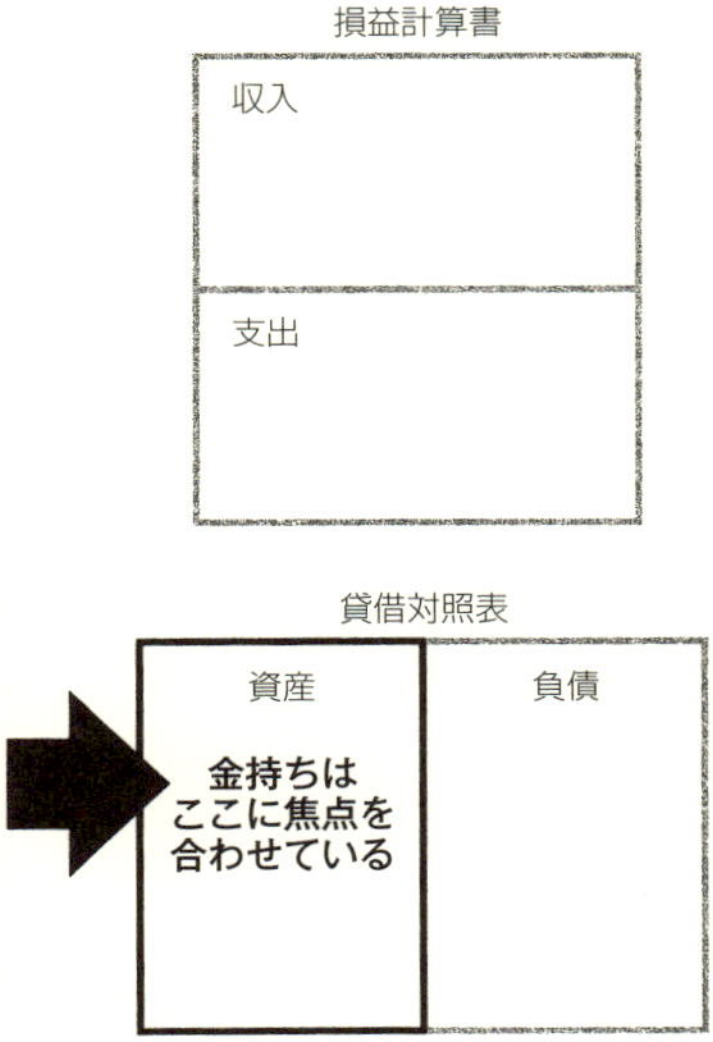

㊴金持ちは資産の欄に焦点を合わせている

社を立ち上げ始めた頃は、ほとんど毎週、ビジネスに関する講座やセミナーを取った。新しい経済の中でビジネスをするにはどうしたらいいか、できる限りのことを学ぶためだ。不動産やテクニカル投資、コモディティに関する講座やセミナーを取ったのも同じ理由からだ。

今、何か新しい負債——たとえば新しい車や別荘など——を手に入れたいと思ったら、私たちがやるべきことはただ一つ、まず資産を獲得するか作り出すことだ。そうすれば、その資産が負債の支払いをしてくれる。

数年前、金融界が混乱の真っ只中にあった時、私は新しいフェラーリがほしくなった。私が何を買うつもりか言っても、キムは「新しいフェラーリなんてだめ。私たちにそんな余裕はない」などとは言わなかった。また、「なぜフェラーリが必要なの？　もうランボルギーニやポルシェ、ベントレー、フォードのトラックがあるじゃない」とも言わなかったし、「どの車を売るつもりなの？」とも聞かなかった。

キムがそのようなことを言わないのは、新しい負債が私たちをより金持ちにしてくれることを知っているからだ。だから、すでに持っている車の数を私に思い出させたりせずに、ただこう言った。「何に投資するつもりなの？」この質問を言い換えるとこうなる。「どんな資産を買って負債の支払いをさせるの？」

私はすでに見つけてあった油井プロジェクトに投資をした。そして油井から石油が出るようになると、そこからの収入でフェラーリの代金を払うようにした。その油井はおよそ二十年は石油を産出すると見積もられているから、それが枯渇するよりもずっと早くフェラーリの支払いは終わるだろう。

キムは新しい資産を持てたことに満足しているし、私は新しいフェラーリを持てたことに満足している。

私たちのルールは単純だ——資産に負債を買ってもらう。収入に見合った生活をする代わりに、私たちは資産欄に焦点を合わせることによって収入を増やす。これまで私は本を書いたり、ミニ倉庫を買ったり、土地を分譲販売したりして負債を手に入れてきた。そのようにして買った負債のうち、車など一部はもう手元にないが、その時手に入れた資産は今もプラスのキャッシュフローを生み続けている。負債が私たちにやる気を起こさせ、金持ちにしてくれる。

私たちはまた「それを買うお金はない」「それを手に入れるのは無理だ」などと言わないように心がけている。まず資産を手に入れれば、ほしいものを買うだけのお金が手に入ることがわかっているからだ。金持ちがお金のために働かないのは、資産を作り出す、あるいは獲得する方法を知っているからだ。

[よくある質問]　でも、キャッシュフローを得るために資産を獲得しているとしたら、それはやはりお金のために働いていることにならないか？

[短い答え]　それはそうだが、そこには違いがある。違いの一つは、景気と関わりなく金持ちがより金持ちになるのはなぜかを考えるとわかる。

[解説]

金持ちはお金のために働く代わりに、奉仕に対して報いがあるという「補償の法則」に従って働く。より多くの補償を得るためには、次のような法則に従う必要がある。

●補償の法則　その一　互恵の法則「与えよ、さらば与えられん」

私はずっと以前に、日曜学校でこの法則を学んだ。これは当然のことなのに、いざお金のこととなると多くの人がこの法則を忘れてしまう。つまり、得たいと思うばかりで与えたいと思わない、あるいは、得てからでなければ与えようとしない。

働く量を少なくして、より多くを払ってもらいたいと思っている人は多い。貧乏父さんもそういう人たちの一人だった。ハワイの教員組合のリーダーとして、教師の仕事の量を減らして給料を増やすために父は尽力した。父がどんな戦いをしていたか、私は今でも覚えている。それは、給料を増やすと同時に、教える生徒の数を少なくし、有給休暇や各種給付金を増やすことを要求する戦いだった。父にとってはそれが理にかなった要求だったのだ。

金持ち父さんから見ると、貧乏父さんのこの考え方は補償の法則に反することだった。金持ち父さんは、より多くを得るためには、より多くを与えることが大事だと信じていた。

多くの人が金持ち父さんはよくばりだと思い、教師の給料を上げ、仕事を減らすために戦っている貧乏父さんは正しいと信じていたが、私はいつもそれを不思議に思っていた。

ニューヨークのキングズ・ポイントにある商船アカデミーを卒業した時、私は組合のないスタンダード・オイル社に就職した。高級船員のための組合MM&Pに入りたくなかったからだ。組合員になればもっとお金を稼げたかもしれないが、貧乏父さんとその友達——教員組合の幹部たち——を間近で見ていた私は、組合の考え方に賛成することはできなかった。給料の多い少ないにかかわらず、働く量を減らして、より多くを払ってもらいたいという考え方は、最終的にはみんなを貧乏にする。私はそう思っていた。

今アメリカの貨物船が以前より減っている理由、また貨物船の上での仕事が減っている理由の一つは、組合が要求する賃金が高すぎるために、船会社がもっと賃金が安い国へ仕事を移しているからだ。また、ゼネラルモーターズ社が苦境に陥っている理由の一つは、組合のリーダーたちが会社のリーダーたちより強いからだ。今、アメリカの自動車業界においては組合が強い力を持っているが、それによって、多くの雇用機会の消滅、工場の海外移転、そして経済の弱体化といった真の損失が生じている。

だからといって、私は組合の存在自体に反対だというわけではない。組合は労働者のためにたくさんいいことをしてきた。冷酷で強欲なビジネスオーナーから組合員を守ってきた。土曜日が休日になったのも組合のおかげだ。私は人が仕事をする上で、どこに所属するか、どんな考え方を信じるか、それを選択する権利を尊重している。商船アカデミーを卒業した時、私は組合のない会社に勤める道を選んだ。私がその選択をしたのは、より少なく働いてより多くを稼ぐよりも、より多くを与えてより多くを得ることに焦点を合わせたいと思ったからだ。

キムは毎年、より多くを「生産している」からどんどん金持ちになっている。一九八九年に一軒の賃貸住宅から始めたキムは、今では三千戸を越える賃貸住宅を所有している。今彼女が以前より多く稼いでいるのは、より多くの人のためにより多くの住宅を提供しているからだ。あと十年もしたら、その戸数は二万戸になるかもしれない。そして、さらにたくさん稼ぐようになるに違いない。それもこれも、彼女が補償の法則に従っているからだ。キムのことをよくばりだと思う人もいるかもしれない。それはわかっている。もし貧乏父さんが生きていたら、きっとそう思っただろう。

金持ち父さんの目から見ると、キムはただ「気前よくしている」だけだ。なぜなら、彼女は一つ目の補償の法則、「与えよ、さらば与えられん」を忠実に実行しているからだ。

補償の法則は逆にも働く。人をだませば、人はあなたが与えたものを返してくる。つまり悪い報いがある。バーニー・マードフに与えられた報いはまさにそれだった。彼は人のお金を取った。だから刑務所に入ることになった。当然の報いを受けたのだ。

残念なことに、最大の悪事の立役者たちの多くはつかまらない。その一部は今も経済を動かし続けている。

●補償の法則　その二　より多く与えることを学ぶ

たいていの人はお金を稼ぐ方法を学ぶために学校に通う。でも、そういう人がお金を稼ぐ目的は、ただ自分自身と自分の家族のためだけだ。より多くを生産する方法を学ぶために学校に通い、より多くの人のためにより多くを生産し、与えようとする人は少ししかいない。

たいていの人はEとIのクワドラントの住人になるために学校に通う。キャッシュフロー・クワドラントの左側のこの二つのクワドラントが抱える問題は、物やサービスを届けられる相手の数が限られていることだ。たとえば、私の場合、キングズ・ポイントの学校を卒業した時、従業員として一つの会社、スタンダードオイル社のために働くことしかできなかった。また、Sクワドラントの大部分の人、たとえば医者は、一度に一人の患者の診療しかできない。

私が金持ち父さんを見習って、BとIのクワドラントに足を踏み入れようと決めた理由は、そこで成功すればもっと多くの人たちのために働くことができるからだ。より多くの人のために働くことができれば、より多くを学ぶことができる。

より多くの人のためにうまく働けるようになると、税金や借金も有利な方向に働き始める。BやIのクワドラントの人々が税金や借金のおかげで金持ちになるのはそれだからだ。

反対に自分のためだけ、つまり、自分と自分の家族の生活を向上させるためだけにお金を稼ぐことにフォーカスしている人の場合は、税金や借金はマイナスの方向に働く。

これほど多くの人が金銭的に切り詰めた生活を強いられているのは、BやIのクワドラントでより多くの人々の役に立つ方法を学ぶのではなく、EやSのクワドラントでお金のために働くことを学校で学んできたからだ。

●補償の法則　その三　ファイナンシャル教育を複利で増やしてレバレッジを効かせる

キャッシュフロー・クワドラントのBとIの側でより多くを学べば、稼ぐ金額もより多くなる。そして、長年のあいだには、その教育が積み重なり、収入もそれにつれて増えていく。つまり、より少ない努力でより多くを得られるようになる。

これこそがファイナンシャル教育の真の力だ。

「補償の法則　その三」をよりよく理解するためには、教育の真の力は教室やセミナー会場、本の中で見つけられるものでも、成績表、卒業証書に現れるものでもないことを理解する必要がある。

簡単に言うとこうだ――「人に魚を釣る方法を『教える』ことはできるが、人に魚を釣る方法を『学ぶ』ように強いることはできない」。この言葉には次の二つの重要な意味が込められている。

1．学校を卒業する、講座やセミナーをとる、あるいは本を読むなどしたあと、その教育を応用してはじめて、教育の威力が発揮される。

医者を目指す人が大学に四年間、医学校《メディカルスクール》に四年間通い、そのあとさらにインターン、研修医を四年から八年勤めてやっと医者になるのは、そのためだ。このプロセスの中で実体験を積んではじめて本当の医者になる。

私が航海士になれたのは、商船アカデミーを卒業したからだし、パイロットになれたのは、二年間、飛行学校で実際に飛行機を飛ばしたからだ。また、ベトナムでの六カ月を過ごして、はじめて有能な戦闘パイロットになった。無能なパイロットは多くの場合、最初の二カ月で命を落とした。

ファイナンシャル教育を受けたことのない人は、多くの場合失敗する。起業や投資についての講座を取る代わりに、いきなり株取引を始めたり、不動産の転売をしたり、起業したりする。そしてあとから、なぜ自分は失敗したのだろうとか、なぜ自分は人並み外れた成果を上げられなかったのだろうと首をひねる。こういう人は失敗すると、他人や状況のせいにして、たいていはそこでやめてしまう。

前の章にも書いたように、私は一九七三年、パイロットとしての任務を終えた時、不動産投資の講座を取り、ゼロックス社のセールストレーニングを受けた。

最近、「ランチをごちそうさせてください。不動産投資についてちょっと知恵を借りたいんです」などと言われると、ファイナンシャル教育に対するその人のあまりに甘い考えに気分が悪くなる。ファイナンシャル教育とは、ランチを食べながら身につけられるようなものではない。

また、お金に関してまったく無知な人がこんなふうに言うのを耳にすることもある――「個人住宅を買ったり売ったりした経験が何度もある。不動産投資のやり方は知っている」。

個人住宅を買うのと、三百世帯のアパートを買うのとでは大きな違いがある。成功するか失敗するかはファイナンシャル教育の力の大きさで決まる。三日間の不動産セミナーは私に不動産投資家――富を獲得するために借金を使う投資家――になるための基礎知識を与えてくれた。

一世帯用の賃貸住宅も三百世帯の賃貸アパートも基本は同じだが、そこからの収益性を左右するのは教育と長年の経験だ。

貧乏父さんはアイスクリーム店のフランチャイズ権を買い、ビジネスに乗り出した。最初で最後の試みだった。そして失敗した。父は、フランチャイザーがだましたからそうなったのだと思っていた。でも、私に言わせれば、父が二年間という時間と、生涯かけて貯めた貯金を無駄にしたのは、起業家としての教育と経験が不足していたせいだ。

私の父のように学校でいい成績を取っていた人たちに関して不思議に思うのは、そういう人が学校教育は尊重するのに、ファイナンシャル教育は尊重しないことだ。彼らは博士号を持っているから、あるいは弁護士、会計士、医師だからというただそれだけの理由で、自分にはビジネスも投資も簡単にできるはずだと思っているように見える。

私に言わせればこれは学歴ばかりを重んじる傲慢な考え方だ。この傲慢さはまた、とても高くつく。

2．**学習もまた複利で増える。真の金持ちになるための秘訣は、複利で増えるファイナンシャル教育の力の中にある。**

これを言い換えるとこうなる――BとIのクワドラントでお金について学べば学ぶほど、稼ぐお金の量も増える。

●教育が失敗するわけ

図㊵は一九六九年に教育学者エドガー・デールによって開発された学習の法則を表したもので、「学習の

㊵経験の円錐

二週間後に覚えている割合		かかわり方
言ったりやったりしたことの90%	実際に体験する	能動的
	実体験をまねてやってみる	
	体験を劇化してやってみる	
言ったことの70%	そのことについて話をする	
	討論に参加する	
見たり聞いたりしたことの50%	実際の現場を見学する	受動的
	実演を見る	
	展示を見る	
	テレビ・映画を見る	
見たことの30%	写真を見る	
聞いたことの20%	話を聞く	
読んだことの10%	読む	

（資料『経験の円錐』エドガー・デール、1969）

ピラミッド」、「経験の円錐」などと呼ばれている。

経験の円錐は記憶がどれだけ定着したかを測定することによって、さまざまな学習方法の効果を示したものだ。

これを見ると、最も効果が高い方法は円錐の一番上にある実体験と、実体験を模した模擬体験であることがわかる。一方、最も効果が薄い学習方法は円錐の一番下の読書と聴講だ。

飛行学校で、パイロットたちはシミュレーター（模擬訓練装置）を使った訓練を徹底的に受けさせられた。シミュレーターでうまく操縦できるようになると、次は本物の航空機を飛ばした。キムと私はシミュレーターを作るつもりでキャッシュフローゲームを作った。このゲームは、本物のお金ではなくおもちゃのお金を使って、プレーヤーができるだけ多くの間違いを犯すことができるように作られている。

今、世界中にキャッシュフロー・クラブがあって、起業家や投資家になろうとする人々に教育とサポートを与えている。そこで使われている方法は、軍用機のパイロットを訓練するために軍隊がシミュレーターを使うのとまったく同じ方法だ。

ここで一つ注意してほしいことがある。キャッシュフローゲームを一度か二度プレーして、自分は洗練された投資家になったと思い込んでしまう人が多いが、これも先ほどの学校の成績と同じく、傲慢さの表れだ。キャッシュフロー・クラブは四つのタイプの資産――起業・ビジネス、不動産、紙の資産、そしてコモディティ――にあなたがフォーカスするのを助けてくれる。次の段階としては、実際のプロセスを通してあなたを導いてくれるコーチを雇って、教育を受け続けるといい。一生かかって貯めたお金を使って投資をしたりビジネスを起こしたりする前に、よりよい投資家、起業家になるために時間を投資するプロセスは、あなたの成功の確率を高める。

あなたがやろうとしていることに大きな意味があればあるほど、またそれに伴うリスクが大きければ大きいほど、学習プロセスにおけるゲームと模擬体験の重要性が増す。プロのスポーツ選手が、試合をするより長い時間を練習にかけたり、俳優たちが本番よりもリハーサルに時間を多くかけるのはそのためだ。

累積される教育の力は偉大だ。複利の持つ力について聞いたことのある人は多いだろう。累積される手数料などの経費が投資信託からの収益に大きな影響を及ぼすことを知っている人も多い。また、たいていの人はアメリカの国家債務が累積されつつあることにはっきりと気が付いている。

●学習の持つ力

累積される学習の持つ力をもっとよく説明するために、ゴルフを例に挙げよう。ゴルフを始めたばかりの人にとって、その学習プロセスはつらく、苦しく、大きな忍耐を必要とするプロセスになり得る。新米ゴルファーは多くの時間と労力をつぎ込むが、返ってくるリターンはわずかだ。レッスンを一回とっただけでやめてしまう人も多い。

でも、もしあなたがその学習プロセスから逃げ出さず踏み止まれば――レッスンをとり、コーチを雇い、練習し、一週間に三回か四回、十八ホールを回り、週末にはトーナメントに参加するといったことを続ければ――数年後には、自分より素質のあるゴルファーも含めて、たいていのゴルファーよりきっとうまくなる。才能を本当に開花させるためには、学習に対する献身度を高める必要がある。

プロゴルファーの世界では、優勝賞金ランキング二十位までのゴルファーたちと百二十五位までのゴルファーたちとのスコアの差は二ストローク以下だ。トップ二十位までのゴルファーは何百万ドルを稼ぎ、次の百二十五位までのゴルファーたちは快適な生活を送るに足る額を稼ぐ。

お金の世界でも同じことだ。違いは単に素質にあるわけではない。違いは、トップに登りつめるための学習に対する献身度にある。これこそが補償の法則その三、「累積される教育の力」のいい例だ。

もうおわかりと思うが、教育というのは、教室での学習や、セミナーや講座に数回出席することを意味するわけではない。真の教育はプロセスだ。真の教育は時として、とても苦しいプロセスになり得る。一生懸命やってもリターンがほとんどない初めの頃は特にそうだ。

タイガー・ウッズは結婚生活における誠実さを示す例として挙げるには適切ではないが、成功したゴルファーの例として挙げるにはうってつけだ。タイガーは一九九六年、二十歳の時、プロゴルファーになるためにスタンフォード大学を中退した。プロになるとすぐに、ナイキ社とタイトリスト社と、それぞれ四千万ドルと二千万ドルの宣伝広告契約を結んだ。大学を中退した若者としては、なかなかいいスタートだ。

タイガーは天才で、一夜にして成功を手に入れたと言う人もいる。確かに彼には才能があるかもしれない。でも、一夜にして成功を手に入れたわけではない。彼が才能を開花させるには多くの時間、献身、犠牲が必要だった。ここで重要なのは彼がプロになった年齢ではなく、ゴルファーとしてのキャリアを開始した時の年齢だ。

タイガーがまだ赤ん坊だった時、父親はカーペットとネットを使ってガレージに小さなゴルフ練習場を作った。タイガーはまだ歩き始める前から、幼児用のハイチェアに座って、父親がそこで練習用ボールをネットに叩き込むのをながめていた。

タイガーが九カ月になると、父親は木を削ってクラブを作り、タイガーがそのネットに向かってボールを叩けるようにした。そして生後十八カ月には、もう父親と共にゴルフ場に通い始め、練習場でせっせとボールを打つようになっていた。

タイガーは三歳の時、カリフォルニア州にある海軍ゴルフクラブの九ホールのコースを四十八のスコアで回った。息子が四歳になると、父親は彼のためにコーチを雇った。六歳でジュニア選手権でプレイし始め、一九八四年、八歳の時、ジュニア・ワールド・ゴルフ・コンペティションの九歳から十歳までの少年のためのイベントで優勝した。

もう私の言いたいことがわかってもらえたと思う。

成功のためには時間を投資することと献身と犠牲が必要だ。これが真の教育だ。それはプロセスだ。真の成功を収めた人にとって「一夜にして手に入れた成功」などあり得ない。

金持ち父さんは常にこう言っていた――「成功に犠牲はつきものだ」。彼はまた、こうも言っていた――「たいていの人は犠牲を払わずにお金を得たいと思うから金持ちになれない」。

キャッシュフロー・クワドラントのBとIの側への移動に成功する人がこんなにも少ない理由は、EとSのクワドラントで生きる方が簡単だから、あるいは少なくとも初めの頃はそう見えるからだ。今、EとSの側にいる多くの人にとっては、新しい経済の中で生きることが今後どんどんむずかしくなるだろう。年をとっていくのだからなおさらだ。成功を長期的に維持するにはそのほかに、法律的、倫理的、道徳的に高い価値観を持った人間性も必要だ。浮気がばれたタイガーは痛い目を見て――プロゴルファーとしてのキャリアの上でも、また金銭的にも――そのことを学んだ。

●無限大のリターン

無限大のリターンは、「補償の法則その三」に従うことによって得られる結果だ。

一九八九年に寝室二つ浴室一つの家で不動産投資を始めた時、キムはわずか月二十五ドルのキャッシュフローを得るために本当によく働いた。二十年以上経った今、キムの仕事の量は減り、収入は当時よりはるかに多い――**多くの物件は無限大のリターンをもたらしてくれている。つまり、自己資金ゼロからお金を稼ぎ出している。**この経済危機の時代にあっても、キムの資産は増え続け、より少ない労力でより多くのお金を生み出している。これも補償の法則その三から得られた結果だ。

●新しい友人たち

「補償の法則その三」のもう一つの「効用」は、より賢く、より有益な友人が持てるようになることだ。ファイナンシャル・インテリジェンスが上がると、より賢い人たちと出会うチャンスが増える。そして、そのような人たちと付き合うようになると、「インサイダー」投資と呼ばれる投資に誘われるようになる。これは市場には決して出ない取引だ。あまりにいい投資なので、広告をしたり売り手を探す必要がないからだ。誰かが電話一本かけると、その投資案件は市場から姿を消す。

たとえば、キムと私が今持っているゴルフコース付リゾートはインサイダー投資だった。この物件が抵当流れになってすぐに銀行が電話をした相手はわずか四人だった。それでもうこの物件は売約済みになった。

これは累積されるファイナンシャル教育の力を示すもう一つの例だと言える。もしキムと私が不誠実だったり、不道徳だったり、法に反することを平気でやるような人間だったりしたら、共同出資に誘われることは決してなかっただろう。よい評判を維持することもまた一つのアンフェア・アドバンテージだ。

●ファイナンシャル教育の持つ力

補償の法則に従うことで、キムは三十七歳で引退できた。私は四十七歳で引退した。補償の法則に従ったおかげで、私たちは経済的自由を与えられた。新しい経済が機能する「すばらしき新世界」で、この自由を手にする人の数はこれまでと比べてさらに少なくなることだろう。

キムと私は経済的自由を達成してからリッチダッド社を立ち上げた。これは自分たちが獲得した自由について話したり書いたりする前に、その自由に耐久性があるかどうか「圧力試験」を課すためだった。私たちは、自分たちのファイナンシャル教育が現実に即したもので、景気の波にも耐え得るものであるかどうか確かめたいと思っていた。

私たちが獲得した自由がその試験をみごとパスしたのは、補償の法則に従ったおかげだと言っていいだろう。私たちは、より多くの見返りを得るためにはより多くを与えなければいけないということを忘れなかった。だから、BとIのクワドラントからより多くを与える方法を学び続けた。私たちは、さらに学び続けなければいけないこと、実地訓練を繰り返してBとIのクワドラントのスキルを伸ばし続けなければならないことを知っていた。

［よくある質問］　でもあなたの場合は、金持ち父さんのおかげでいいスタートを切れたのではないのか？　それがあなたのアンフェア・アドバンテージではないか？

［短い答え］　そうとも言えるし、そうではないとも言える。

［解説］

金持ち父さんは私に何もくれなかった。ただ、進むべき道を示してくれただけだ。私は九歳の時、モノポリーをすることを通じて、資産と負債の違いを知った。でも、それだけでは足りなかった。たくさんの講座やセミナーを取り、学び、教育を本当の資産に変える必要があった。

私にアンフェア・アドバンテージを与えてくれたのは、実生活への応用を伴ったファイナンシャル教育だった。

キムと私が持っている最大のアンフェア・アドバンテージは、学ぶことを決してやめないことだ。私たちは講座やセミナーを取り、学んだことを応用する。より多くをほしいと思ったら、より多くを与える方法を学ぶ必要があることを私たちは知っている。より多くを与えれば、税金の優遇措置も、低金利のローンもより多く利用できるようになる。私たちは、ほかの人たちかよりよい生活を送れるようにすれば、その見返りとして、自分たちもよい生活ができるようになることを知っている。

［よくある質問］　たいていの人は自分のためだけにお金を稼ごうと思って、お金に関する講座やセミナーを取るのではないのか？

［短い答え］　そうとも言えるし、そうではないとも言える。

［解説］

自分で自分の面倒を見る方法を学ぶことはとても大事だ。この世の中には世界を救いたいと思っているのに、自分を救うことができないでいる人が多すぎる。自分を救うことができなかったら、世界を救うのはむずかしい。

若い時、私は「天は自ら助くる者を助く」と習った。今、学校を卒業する多くの学生たちが、世の中の人々の助けになりたいと思いながら、自分を助けることができないでいる。世界を救いたいと思ったら、まず自分を救う方法を学ぶことが先決だ。それができてはじめて世界を救うことができる。

●仕事の道《キャリア》の方向を再び変える

一九八一年、カリフォルニア州の山中で週末に開かれた会議で、私はバックミンスター・フラー博士のもとで学ぶというすばらしいチャンスを得た。フラー博士の業績についてあまり知らない人のために少し説明すると、彼はよく「地球にやさしい天才」と呼ばれる思想家、建築家で、ジオデシックドームをはじめ数々の発明――どれもが、世界をよりよいものにするための発明――をしている。

この時、フラー博士は何回か講演を行ったが、その中で聞いた言葉が私の人生を変えた。当時私ははじめて起こした大きなビジネス、ナイロンとベルクロを使った財布の製造会社を失い、まったくの文無し状態だった。何をすべきかはわかっていたが、それがうまくできずに苦労していた。何かが間違っていた。会場に座り、世界で最高レベルの天才の言葉に耳を傾けている時、私は自分が何を忘れていたかに気が付いた。彼の言葉は自分が補償の法則に従っていないことを思い出させてくれた。

その朝、フラー博士は集まった人たちに向かってこう言った。「私はお金のためには働かない。私は他人の役に立つために人生を捧げてきた」。そして、世界を動かしている原則について話す中で、こう言った。「より多くの人の役に立てば立つほど、それに応じて私の効率は上がる」

シンプルな彼の言葉を聞いて、私は雷に打たれたような気がした。ビジネスがなかなかうまく行かないのも、私自身が苦労しているのも、自分のためにお金を稼ぐことしか考えていないからだ。そのことがわかり始めたのだ。仕事の道の方向を再転換すべき時が来たことがわかった。

数カ月後、私は教師——フラー博士が教えてくれた原則、つまり補償の法則に従った原則を守ろうとする起業家たちを育てる教師——になるための訓練を始めた。

教師になろうと決心するのは、私にはとてもむずかしいことだった。なぜなら、本当に学校が嫌いだったし、先生たちの大部分も嫌いだったからだ。それに、私が知っている教師はみんな貧乏だった。さんざん迷った末、私は、補償の法則に従うこと、そしてお金を儲けるためだけでなく、より多くの人の役に立つことにフォーカスしようと心に決めて、教師になる決心をした。

たいていの教師にはなくて、私にはあったアンフェア・アドバンテージは、私が起業家だったことだ。私は教育を目指す起業家として、伝統的な学校システムの外で自分がビジネスを起こせることを知っていた。

二年後の一九八四年、教師としてたっぷりと実地訓練を積んだあと——セミナーを開いてもろくに人が来ないことも多かったが——私は財布製造会社を売り、自分を信じて思い切って飛んだ。ちょうどこの大きな決断をした頃、私はキムに出会った。キムに自分が何をしようとしているか話すと、彼女はこの新しい冒険に加わりたいと言った。

二人ともお金はなかったが、私たちは手に手を取り合って思い切って飛んだ。もしキムがいなかったら、私一人ではできなかっただろう。

●ホームレス状態から世界の舞台へ

これまで出版した本の中でもふれているが、キムと私はしばらくのあいだホームレス状態になったことがある。私たちは借り物の車の中や、友人の家の地下室やリビングルームに寝泊まりしながら、教師になる方法を学んだ。

それから五年のあいだ、私たちの信念は試練にさらされた。この五年の間、会社の経費と自分たちの生活費をカバーできるだけの数の生徒を、自分たちが開く講座に集めるのはとても大変だった。五年後、ビジネスは軌道に乗り始め、オーストラリア、カナダ、シンガポール、ニュージーランド、そしてアメリカ各地に進出し、オフィスを構えることができるようになった。

一九九四年、思い切って第一歩を踏み出してからちょうど十年後、キムと私は経済的に自由になった。

一九九六年、補償の法則に従って、私とキムはボードゲーム、『キャッシュフロー』を開発した。私たちがこのゲームを作ったのは、もっと多くの人の役に立つため、金持ち父さんが私に教えてくれたお金に関する教えを人々に伝えるためだった。

一九九七年、『金持ち父さん　貧乏父さん』が出版された（邦訳は二〇〇〇年）。これは物を書くことが大嫌いだった私にとっては記念すべき出来事だった。書くことが苦手だったためにハイスクールで二度も落第点を取った。それでもあの本を書いたのは、単にお金を儲けることではなく、より多くの人の役に立つことにフォーカスして、補償の法則に従っていたからだ。

二〇〇〇年、『金持ち父さん　貧乏父さん』はニューヨークタイムズ紙のベストセラーリストに入った。リストにある本の中で自費出版はこの本だけだった。

同じ二〇〇〇年、オプラ・ウィンフリーのトーク番組に出演する話が舞い込んできた。そして、世界中で尊敬され、大きな信頼を置かれているこの女性と一時間を過ごしたあと、私はほぼ無名の状態から世界の舞台に躍り出た。

当時私とキムがやっていたのは、補償の法則に従うこと、そしてより多くの人の役に立つことにフォーカスすることだけだった。今、私たちは充分すぎるほどのお金を持っている。でも、それにもかかわらず、私たちは働き続けていて、資産からの収入も増え続けている。補償の法則に従うことで、自分たちに与えられたアンフェア・アドバンテージにレバレッジを効かせているからそうなっているのだ。私たちはそのことをよく知っている。

●最後に

私が本書を書いている理由は単純だ。世界にあまりに強欲さが蔓延しているからだ。この金融危機を終わらせるためには、世の中に、もっと多くの気前のいい人たちが必要だ。

私はあなたのような善良な人たちにファイナンシャル教育の生徒となってもらい、経済的に自分の面倒を自分で見て、天から自分に与えられた贈り物を気前よく人々に与えることにフォーカスしてもらいたいと思っている。

一九八一年にフラー博士が私に気付かせてくれた通りだ——私たちは気前よくすることによって、天から与えられた贈り物、天から授かった才能を見つける。

資本主義擁護論

この金融危機の嵐が吹き荒れる中、資本主義は厳しい攻撃の的になった。多くの人が資本家は強欲で、腐敗していて、悪の権化だと信じている。もっともな話だ。確かにそういう資本家もたくさんいる。でも、もし「真の」資本家がしていることに目を向ければ、彼らが利益を得ているのが、人々の生活をよりよいものにした時——多くの場合、人々が時間やお金を節約する役に立った時——だけであることがわかるだろう。たとえば、ライト兄弟は飛行機を発明したが、航空機産業を起こし、飛行機の旅を安全で大衆にも利用できる値段のものにするためには、資本家たちの力が必要だった。今、私は飛行機のチケットを手に入れるために喜んでお金を払う。なぜなら、飛行機を利用すれば楽だし、速く目的地に着けるし、歩くよりもずっと手間がかからないからだ。もし資本家がいなければ、私たちはみんな今も歩いて旅をしていたかもしれない。

携帯電話にも同じことが言える。今私は世界中どこからでもビジネスができる——たとえ休暇中でも。私は携帯電話の使用料も喜んで払う。なぜなら、携帯電話は私の生活を楽にしてくれるし、より金持ちにしてくれるからだ。

トーマス・エジソンが創業したゼネラル・エレクトリック（GE）社は、電力によって私たちの生活を楽にしてくれるだけでなく、医療テクノロジーによって寿命を延ばしてくれる。だから私はGEの医療製品が私の生活にもたらしてくれる利益に対して喜んで支払いをする。

アップル社のコンピューターもそうだ。これがなかったら、私は一体どうしていただろう？　スティーブ・ジョブズが、テクノロジーに弱い私のような人間でも使えるほどにコンピューターをシンプルにしてくれなかったら、『金持ち父さん　貧乏父さん』を書くことはなかったかもしれない。コンピューターのために使うわずかなお金が、毎年私に何百万ドルものお金を稼がせてくれる。

それから、私が持っているフェラーリ、ベントレー、フォード、ポルシェといった車は、もし政府が車の所有者から税金をとって道路を建設したり修理したりしなければ無用の長物だ。

私が言いたいことはわかってもらえたと思う。資本主義システムを悪用する強欲で嘘つきの怠け者たちがいるのは確かだが、彼らは真の資本家ではない。単に強欲で嘘つきの怠け者たちだ。

今の金融危機は、政界とビジネス界のトップレベルにはびこる腐敗によって引き起こされた。いわば「合法化された」この腐敗は、人体に巣食う癌と同じように世界の道義心を食い荒らしている。権力の座にある人間はさらに大きな力を求め、自分のエゴを満足させるために魂を売り、本来彼らが奉仕すべき相手である人々の生活を破壊し、そこから富を吸い取っている。

世界各国の政界には「プロの政治家」が多すぎる。多くの「公僕」が、実生活におけるビジネス経験を持たないままに、世界で最大のビジネス――政府というビジネス――を経営している。これでは政府が腐敗して当然だ。

無能で腐敗したビジネス界と政界のリーダーたちが経済にダメージを与えたことは確かだが、この金融危機の大きな原因の一つは、時代遅れの教育システムにあると私は信じている。アメリカでは教育にお金を使えば使うほど、そのシステムは悪くなっていく。

学校システムが抱える問題の一つは、真の資本主義にフォーカスすることができないでいる点だ。だから、腐敗した資本主義と腐敗した政府が世界を牛耳っている。学校には、社会主義的な考え方がどことなく漂っている。表立ってはいないが「金持ちは強欲だ」と匂わせる考え方だ。

マルクス主義の理論でプロレタリア階級とは、資本主義社会にあって、生産手段を持たない無産階級を意味する。彼らは賃金、給料と引き換えに自分の労働力を売るしかない。パブロフの犬のように、お金のために働くように条件付けられた賃金労働者だ。

私たちの学校システムは資本主義社会のこの階級、つまりプロレタリア階級、賃金労働者、職を求めつつ学校を卒業する人間たちを生産する。そのうち多くは、価値のある資産は何も所有することなく、何も持たないまま一生を終える。それは単に、学校が金持ちを嫌う一方で、学校の主張によれば金持ちが搾取する対象である労働者を製造しているからにほかならない。

賃金、給料をもらってする仕事《ジョブ》は資産ではない。仕事は所有することもできないし、子供たちに継がせることもできない。

お金は資産ではない。今、お金は借金で、国家債務の増大と共に急速に価値を失いつつある。

持ち家は資産ではない。あなた自身こそが資産だ。毎月、家の所有者であるあなたは、銀行、税務署、保険会社、電力・水道・ガス会社などに支払いのために小切手を切る。

年金プランは資産ではない。積立額が不足している「未積立債務」だ。年金プランに貯められたお金は金持ちのところに流れる。金持ちはそのお金を使って自分の資産——真の資産——を手に入れる。

学校を卒業し、高給のとれる仕事を探し求める学生たちは、まもなく資本主義の蜘蛛の巣に捕まる。それは必ずしも資本主義が諸悪の根源だからではない。教育システムが実社会のための準備を学生にさせていないからだ。ファイナンシャル教育を与えられない学生たちは、資本主義の餌食になるように訓練されているのと同じだ。学校システムは「金持ちは強欲だ」と信じているが、その言葉は自己実現的予言となって実現する。

私がよく言っているように、真の資本主義者は気前がいい。彼らは多くを生産し多くを受け取る。本当に強欲なのは学校システムではないだろうか？

マルクスはプロレタリア階級とブルジョア階級、つまり資本家階級とのあいだの戦いを想定していた。労働者は当然ながらできるだけ多い賃金をもらおうとするし、ブルジョア、資本家はできるだけ賃金を少なくしようとするからだ。

新しい経済が機能するすばらしき新世界で続いている高賃金と低賃金の戦いでは、資本家のほうが優勢だ。資本家が優勢なのは、生産の場を低賃金の国々へ移すのが簡単だからだ。テクノロジーもまた、ビジネスを機能させるのに必要な人員を減らす役に立っている。生産量が上がり、労働コストが下がれば資本家たちが勝利を収める。

●学校はプロレタリア階級を育成する

世界は急速に変化している。一方、学校システムは変化していない。学校は今も、人々をプロレタリア階級の人間にするための教育を与え続けている。つまり、卒業したら高給の取れる仕事を探すように学生に教えている。これは経済的観点から言って、自殺行為としか言いようがない。

いつも頭に入れておいてほしい。仕事《ジョブ》は資産ではない。お金も、持ち家も資産ではない。労働者が年金プランに貯めたお金は、真の投資家の資金源にすぎない。市場が暴落すれば――暴落は常に起こる――労働者が損をして、資本家が得をする。

思い出してほしい。プロレタリア階級とは、資本主義社会にあって、生産手段を持たない無産階級を意味する。お金がもはや真のお金ではない新しい経済の中では、労働者は価値のないもののために働いている。彼らは何の資産も持っていない。

私は雇用主として求職者たちを面接することがある。悲しいことに、多くの人がフォーカスしているのは、賃金と各種の給付金がどうなっているかだ。「給料はいくらか?」「年金などの給付金システムはどうなっているか?」「労働時間はどうなっているか?」「有給休暇はどれくらいとれるか?」「どれくらい速く昇進できるか?」彼らはそんな質問をする。

一方、次のような質問をする人は一人もいない。「この会社の使命は何か?」「会社が解決しようとしている問題はどんな問題か?」「ここで働くことによって私が学べるのは何か?」

つまり、彼らは社会的な責任を果たすための質問はせずに、お金と労働条件に関する質問ばかりする。それらはプロレタリア階級の観点からの質問だ。

労働者階級を生み出すための「プログラミング」は、両親が子供に、「学校へ行き、高給のとれる仕事に就くように」、あるいは、「専門技術を身につければいざという時に困らないから、弁護士や医者、ウェブデザイナーなどになるように」と言って聞かせるところから始まる。

「金持ちはお金のために働かない」。金持ち父さんのこの一つ目の教えを忘れないようにしよう。

家庭はプロレタリア階級を生み出すプログラミングが始まる場所だ。労働者階級に属する両親は子供に、自分より高い教育を受けた労働者階級の人間になること、最終的には超大金持ちのために働く人間になることを望む。

子供が学校に入ると、先生たち(彼ら自身、資本主義の中のプロレタリア階級、無産階級に属する)が「私の言うことを聞いていい成績を取れば、ほかのクラスメートを負かして高給のとれる職に就ける」と言って、両親がそれまでやってきたプログラミングを続行する。

子供がクラスメートの多くを負かして大学に入ると、今度は大学の教師たちが次のように言って、自分たちの労働者階級意識を学生に植え付ける――「修士号や博士号をとれば履歴書の見栄えがよくなる。高い学位をとれば、それだけ高給のとれる職に就けるチャンスが増える」。

パブロフはベルの音を聞いたら唾液が出るように犬を条件付けた。現在の教育システムは学校のベルを鳴らして学生を条件付ける。いい成績をとれば高給の取れる仕事に就けると生徒に言って聞かせる。条件付けられた人々は、「高給の取れる仕事」という言葉を聞くと、そこに並び始める。

ほかの候補者を負かして仕事を手に入れた人は、自分の給料から税金が差し引かれる――自分たちよりも前に政府が支払いを受ける――ことに何の文句もつけず、大喜びでその取り決めに同意する。

政府にきちんと支払いを済ませたあと、この新米従業員は、年金プランに投資するという名目で自分の給料の一部を投資信託会社に手渡すことに同意する。つまり、政府の次に金持ちが支払いを受ける。

アメリカでは、会社が後押しする年金プラン、つまり投資信託からなる投資プランに投資することを拒否した場合、労働者は拠出金と同額を会社から受け取る権利を失う。つまり会社の言い分はこうだ。「あなたがウォール街の銀行に支払わなければ、私たちはあなたに支払う必要はない」

多くの従業員は何も知らず、自分の拠出金に見合った支払いを会社がしてくれていると信じている。彼らはそれが本当は自分のお金であることに気付かないでいる。実際のところ、給料から差し引かれる方式で年金プランに投資することを従業員が拒否した場合、雇用主は本来従業員に支払うべきお金を節約できることになる。

このことは、ウォール街が政府と労働法にどれほど大きな力を持っているかをよく示している。この労働法は組合も認めている法律だ。腐敗が起きないわけがない。

新米労働者の話に戻ろう。仕事の場を確かに手に入れたとわかると、次に彼らはわずかな給料からお金を貯めて、自分の理想の家を買おうとする。なぜなら「持ち家は資産で最大の投資だ」と信じているからだ。住宅ローンこそが、そしてそのローンを返す家の持ち主こそが真の資産（銀行にとっての）だということに気が付いている人はほとんどいない。

労働者階級に新たに仲間入りした新米労働者は、こうして、銀行員や不動産エージェント、株式ブローカー、ファイナンシャル・プランナー、政治家といった人たちを通して、ブルジョア階級のポケットに自分のお金を移動させる。

ブルジョアたちは教育システムを通して、自分たちの世界を労働者階級の世界から切り離している。言い換えるとこうだ――教育システムは、教師たちが軽蔑する「強欲な金持ち」たちのための最大のエージェントとして利用されている。
学校に真のファイナンシャル教育がないのはそのためだ。

●プランテーション(大規模農園)から抜け出す

私の実の父、貧乏父さんが教師になったのは、自分自身がハワイのプランテーション・システムの産物だったからだ。父の父、つまり私の祖父はハワイのサトウキビ畑やパイナップル畑で働くために日本から船に乗ってやってきた。

祖父が結婚した相手は、それより一世代前、一八〇〇年代にハワイに渡ってきた日本人家庭の出身だった。祖父母が結婚した時、祖母の家族はまだプランテーションで働いていた。

祖父はプランテーションに少しでも関わりのある人生は送りたくなかった。ハワイに到着するとすぐに、写真関係のビジネスを始めた。彼は起業家だった。

祖父はとても成功した。仲間の移民たちの多くは一日一ドルの賃金で働き、プランテーションが所有する住宅に住んでいたが、祖父はその頃すでに自分の家や車を持っていた。その後まもなく株式投資を始め、マウイ島の海岸に面した不動産を買った。私の父の家族が住んでいたのはこのマウイ島だ。

一九二九年、株式市場が暴落し大恐慌が始まった。ビジネスが行き詰まり、間もなく祖父は家族で住んでいた家も、車も、海岸沿いの家も失った。

大恐慌が始まった時、父は十歳だった。当時の状況は父の人生観に大きな影響を与えた。

父は日本やそのほかの国から来た移民たちのことを、金持ちの所有するプランテーションで働く「賃金で雇われた奴隷」だと思っていた。父はまた、プランテーションに関わらなかった自分の父が市場の暴落と不景気によってすべてを失うのを見てきた。

父は、プランテーションに関わらないでいられる唯一の安全な道は教育を通して得られると信じていた。

医学校に進む選択肢もあったが、そうはせずに教師になる道を選んだ。いい教育が与えられれば移民の子供たちもプランテーション以外で生きられるようになると希望を持っていたのだ。父は、教育こそが金持ちの奴隷でいる状態から抜け出る道を与えてくれる、その足かせから解放してくれると信じていた。

父は生涯を教育に捧げた。ハワイ大学を卒業すると間もなく、ある学校の校長に抜擢された。当時最年少の校長だった。その後もフルタイムの仕事をしながら、より高い学位を取るために大学に通い続けた。そして、スタンフォード大学、ノースウェスタン大学、シカゴ大学の上級課程で学ぶ資格を与えられた。父は必死に働き、学んだ。そして、公立学校教育システムの中の昇進のハシゴを着実に登り、結局ハワイ州の教育長にまでなった。

父は私たち子供によくこんなことを言っていた。「金持ちがハワイに移民を呼び寄せたのは自分のプランテーションで働かせるためだ。移民労働者たちはハワイに到着するとすぐに、プランテーションが用意した住宅に入れられ、会社が経営する店でツケで買い物をする口座を持たされた。給料日が来ると、移民たちは給料から家賃と会社の店で買ったツケの支払いが差し引かれているのに気が付いた。月末には、たいていの労働者の手元には何も残らなかった。中には買い物をし過ぎて、借金ができている労働者もいた。つまり、多くの移民は自分の給料を一度も手にすることはなかった。ただ働きをしていたのだ」

父は話の最後によくこう言った。「だからお前たちは一生懸命勉強しなくてはいけない。そうすればプランテーション以外のところで働くことができるのだから」

父が育った家庭では教育が重んじられていた。私の親戚の多くは高い学位を持っている。修士号を持っている人も多いし、博士号を持っている人も何人かいる。大学卒業資格しか持っていない私は、親戚の中では少数派だ。

問題は、そんな親戚の多くが、一番大きなプランテーション、つまり政府のために働いていることだ。そして、高い教育を受けたその子供たちの中には、コカコーラ、ユナイテッド航空、バンク・オブ・アメリカ、

ＩＢＭといった現代版プランテーションで働いている人が少なからずいる。

つまり、私の親戚の大部分は高学歴だが、プランテーションから離れられなかったということだ。

●プランテーション・システムは健在

カール・マルクスはプロレタリア階級を、「資本主義社会で、生産手段の所有権を持たない階級」と定義した。この階層の人が売ることができるのは自分の労働力だけだ。

現在の学校システムが何をしているか、考えてみよう。学校は資本主義社会のプロレタリア階級を生産している。学校は資本家になることは教えない。

今、労働者たちは高給のとれる仕事をほしがっている。でも、真の投資家たちは生産の場、つまり仕事を低賃金の国々へ移動している。これこそが最大の危機だ。仕事がほとんどなく、賃金が低かったら、好景気が戻ってくるわけがない。

ファイナンシャル教育の欠如のせいで、高学歴の労働者さえもが、銀行システムや投資システム、税金システムを通して、自分のお金や年金資金、労力を吸い取られ、さらにインフレによってその残りを吸い取られている。投資をしていてどこかの会社の株式を持っていたとしてもそれは普通株——普通の人向けの普通の株——だ。

つまり、情報時代にあってもプランテーション・システムは健在だ。


二〇一一年現在、子供たちは今もお金のことは何も学ばないまま学校に通っている。

二〇一一年現在、子供たちは今も学校を卒業し、仕事を見つけ、結婚し、家を買い、家庭を築くことを夢見ている。

二〇一一年現在、国家債務は手を付けられない状態にまで膨れ上がり、抵当流れになる個人住宅は何百万軒にも上っている。

二〇一一年現在、この国家債務――金持ちのところに流れ込む債務――を支払うために税金が引き上げられ、私たちの財産が吸い取られている。

二〇一一年現在、仕事を見つけた子供たちは、自分が支払いを受ける前に給料から税金が差し引かれても大喜びでいる。

二〇一一年現在、子供たちは引退後の生活のために投資しているのだという幻想に踊らされて、給料からそのためのお金が差し引かれても大喜びでいる。

二〇一一年現在、相続に際して、政府の取り分を多くする法律が議会を通過しようとしている。

こういったことこそが、EとSのクワドラントの住人によって牛耳られている学校システムを支持することに伴う問題、つまりEとSになるために若者を訓練する教育を支持することに伴う問題だ。これはまた、BとIの住人がコントロールする資本主義システムを、EやSの住人である政府の指導者たちに動かさせていることに伴う問題でもある。

EやSの住人が資産と負債の違いを知らないでいると、こういうことが起きる。彼らは負債を資産だと信じ、それをどんどん増やすために一生を費やす。「仕事」が資産ではないことを知らずに、それを見つけるために学校へ通う。お金がもはやお金ではないことを知らずに、そのために働く。持ち家が資産でないことを知らずに、それを買う。株式や投資信託が本当の資産でないことを知らずに、年金プランにお金をつぎ込む。自分の仕事が海外に移されると、新しい勤め口を探すために学校に戻って新たな訓練を受ける。

そして、彼らは子供たちに自分と同じことをするようにアドバイスする。

●資本家を育てる学校システムの創設を

この金融危機を本当に終わらせるためには、学校システムが変わらなければならない。

教員組合が依然として教育界を牛耳っていることを考えると、古いシステムを変えるよりも、それと並行して新しい教育システムを始める方が簡単だ。

私は、若者たちに資本家になる方法を教える新しい学校システムを始めることを提案する。そうすれば、子供たちに従業員ではなく起業家になってほしいと思っている親たちが、資本家のための学校に子供を通わせることができるようになる。

さらに、この新しい学校システムの中で、最も優秀で頭のよい学生たちのために、アカデミーを創設する。これは陸軍や海軍、空軍、沿岸警備隊の隊員、商船の船員を訓練するアカデミーと同じようなものだ。ただし、このアカデミーは軍事的なことを教えるのではなく、起業家精神を教えることにフォーカスする。「起業家アカデミー」とでも呼ぶといいかもしれない。

真の雇用を作り出すことができるのは起業家だけだから、このようなアカデミーがあれば、どんどん大きくなる失業の問題をきっと解決することができるだろう。

この新しいアカデミーで教えるインストラクターは真の起業家で、人に教えるための訓練をきちんと受け、自ら進んで無償で教えようという気持ちのある人でなければいけない。真の起業家ならば、その時間はあるはずだし、お金など必要としないはずだ。

真の自由企業経済が機能する環境であれば、革新的なテクノロジーを中心としたまったく新しい産業が生まれてもいいはずだ。投資家たちはもっと積極的に、知的分野で開発されたプロジェクトに伴うリスクを取るようになるだろう。

真の自由企業経済が機能する環境であれば、地球温暖化、公害、森林の消滅、飢餓といった、私たちが抱える最緊急課題を解決することも可能なはずだ。問題を解決するのに政府のお金を使うのではなく、起業家たちが問題を利益に変えることが可能なはずだからだ。それに、問題を利益に変えることはいずれにしても真の起業家たちの本来の仕事だ。

今の世の中には、弁護士のためには法学校が、医者のためには医学校がある。それなら、起業家と資本家のための学校システムがあってもいいのではないだろうか？

そのような学校があったらどうなるだろうか？　この学校を卒業する学生たちは、今のように、高給のとれる職を探すのではなく、高給のとれる職を作り出すチャンスを探す。仕事量を減らして給料をより多くもらおうとするのではなく、より多く生産してより多く稼ぐチャンスを探す。雇用保障や終身保障を求めるのではなく、持続可能な収入源を作り出せるようになりたいと考える。金持ちは強欲だと信じるのではなく、気前のいい金持ちになりたいと思ってこの学校を卒業する。

●不公平《アンフェア》なROI（投資収益率）

たいていのファイナンシャル・プランナー、保険外交員、株式ブローカー、そして一部の不動産エージェントは、「年に八パーセントから十二パーセントの投資収益率が見込める」といった話をする。

彼らの売り込み口上は過去の業績をもとにしている。未来を見つめた上での見通しではない。二〇〇〇年から二〇一〇年にかけての時期は「失われた十年」と呼ばれる。多くのアマチュア株式投資家が手にした投資収益率は二パーセントに満たなかった。中にはインフレ率を計算に入れたらゼロパーセントだったという人もいる。

不動産市場では、何百万という人がすべてを失った。中には、それ以上を失った人たちもいる。そもそも本当には自分のものではなかった家を守ろうと、借金にどっぷりと漬かってしまった人たちだ。それに、プロの投資家の中にもすべてを失った人が少なからずいた。

それにもかかわらず、株式市場においても不動産市場においても、一部のプロの投資家にとっては、この「失われた十年」は「最良の十年」だった。

ファイナンシャル教育が私たちに与えてくれるアンフェア・アドバンテージの一つは、より低いリスクで、そして（多くの場合、優秀な会計士の知恵を借りた結果）税金を払わずに、より高い投資収益率を生む可能性が得られることだ。

たとえば、本書では、金持ちたちがファイナンシャル教育を使うことによって、アメリカ政府からの保証付きで、初年度から最低二十八パーセントのキャッシュ・オン・キャッシュ（自己資金に対する収益率）をどうやって稼ぎ出すか、その方法を取り上げた。

つまり、自己資本を十万ドル投資したとすると、政府から二万八千ドルのキャッシュバックがある。このお金はあなたが自由に使ったり、投資したりできるお金だ。私の場合はたいてい、この税金節約分は再投資に回す。

さらに、もしうまくいけば、その投資は毎月あなたに配当を支払ってくれる。これは比較的低い税率です む収入だ。

今、投資の売込みの電話がかかってくると、初年度から二十八パーセントのキャッシュ・オン・キャッシュ・リターンが保証されていない限り、私は話を断る。政府からの保証付でそれ以上のリターンが得られるのがわかっていながら、自分のお金を危険にさらす気はない。

私が検討の対象にするのは最低でも二十八パーセントの投資収益率のある投資だけだ。多くの場合、たとえそれが百パーセント、二百五十パーセントでも充分ではない。なぜなら、私は無限大のリターンがほしいからだ。

無限大のリターンがほしいというのは、自己投資資金をすべて取り戻したいということだ。

たとえば、十万ドルを投資したとしたら、私は自己資金全額、十万ドルを三年以内に取り戻したい。さらに、取り戻したあともその資産を持ち続けていたいし、毎月のキャッシュフロー収入がほしい。そして、この十万ドルからの収入とリターンに税金がかからないようしたい。

ここで投資金額の大きさは問題ではない。一万ドルだろうが一千万ドルだろうが同じだ。違いはファイナンシャル教育にある。

簡単に言うとこうだ。無限大のリターンは「自分のお金を刷る」のと同じことだ。毎月あなたは事実上「無から」収入を得る。「ただで」お金を手に入れる。連邦準備銀行がしていることとまったく同じだ。

何年か前にイギリスのロックバンド、ダイアー・ストレイツがヒット・ソング『マネー・フォー・ナッシング』の中で、お金も女の子もただで手に入ると歌っていた。女の子がただで手に入るかどうかは保証できないが、お金をただで手に入れられることは保証できる。しっかりしたファイナンシャル教育を身につけた上で、頭がよくて、法を守り、高い道徳観念を持っている人——同じようにしっかりしたファイナンシャル教育を身につけている人——と一緒に投資をすれば、あなたもきっとただでお金を手に入れることができる。

ただでお金を手に入れること、これこそがファイナンシャル教育に対する真のＲＯＩ、投資に対するリターンだ。お金の世界には絶対の保証というものは決してないが、適切なファイナンシャル教育を受ければ、投資の世界で最高のリターンを手に入れるチャンスが与えられる。最高のリターンのある投資とは、リスクを最小限に抑え、非常に少ない税金（ゼロの場合もある）でできる投資だ。

あなたが最初にすべき投資は、ファイナンシャル教育への投資だ。

●うますぎる話？

たいていのファイナンシャル・プランナー、株式ブローカー、不動産エージェントは「うますぎて本当とは思えない話があったら、たぶんそれは本当ではない」という話を必ずする。

投資を売る側の人間は、自分が売っているものより収益率のいいものは「危険だ」と決めつけたり、過小評価したりして、それに投資させないようにするのが自分の義務だと感じているふしがある。

確かに、たいていの人——ファイナンシャル教育を身につけていない人——にとっては、「うますぎる話」はまさしく「うますぎて本当にはありえない話」だ。

●頭脳こそが最大の資産

多くの人がお金を貯めるのは賢いことだと信じているが、私はずっと、それはおかしな話だと思ってきた。ファイナンシャル・プランナーにお金を渡して、投資信託に投資してもらうのが賢い方法だと信じている人が多いことも、私にはおかしな話に思える。

お金を貯めるのに知性はいらない。ファイナンシャル・プランナーにお金を託すのに、ファイナンシャル教育もファイナンシャル・インテリジェンスも必要ない。

極端な話、調教師が訓練すれば、お金を貯めたり投資信託に投資したりするのはサルにだってできる。それは簡単だ。サルにお金を銀行に持って行かせる。「いい子だ、よくやった」と、調教師がバナナをやる。投資信託に投資するようにサルを訓練するのはもっと簡単だ。サルは、自分の給料から税金、年金拠出金――サルが手にすることすらないお金――と共に投資用のお金が引き出されるのをだまって見ているだけでいい。

今、「お金のない人間」がたくさんいる。彼らはそれでも何も気が付かず、自分が稼いだお金を銀行に預け、年金プランのためのお金が給料から天引きされるのを黙って見ている。

もう一度繰り返す。お金を貯めるのにファイナンシャル教育はいらない。今の時代、お金を貯めることは実際的に見て愚かな行為だ。特に、中央銀行がこぞって何兆ドルものお金を発行し続けている状況では間違いなくそうだ。お金を貯めることは、印刷機で製造される「ピカソの原画」に投資をしているようなものだ。それは本物ではない。複製画だ。

中央銀行に勝つ一番いい方法は、「本物のお金」を自分で印刷することだ。私はもう何年もの間、本物の自分のお金を印刷し続けている。もちろん合法的に、そして倫理的にも問題なく、さらに政府からのお墨付きまでもらってそうしている。

あなたも私と同じことができる。でも、そのためにはまず、ファイナンシャル教育に投資しなければいけない。なぜなら、ファイナンシャル教育は、無限大の投資収益率を獲得するためにあなたが手に入れるべき大事なアンフェア・アドバンテージだからだ。

金持ち父さんは話の終わりによくこう付け加えた。「頭脳こそが最大の資産だ。頭脳はまた最大の負債にもなり得る」

私が本書を書いたのは、頭脳を最大の資産に変えるというアンフェア・アドバンテージをあなたにプレゼントするためだ。

頭脳を資産に変えられなければ、サルのままでいることになる。みんな知っているように、サルにはバナナと本当のお金との違いがわからない。サルにとってはどちらも同じだ。

あとがき
まだ時間はある

私は学校が大嫌いだった——でも、学ぶことは大好きだ。

●ファイナンシャル教育の不足

教育の真の目的は、情報を意味のあるものに変える力をその人に与えることにある。問題は、情報時代にはお金に関する情報があふれているのに、ファイナンシャル教育が欠如していることだ。

ファイナンシャル教育が不足しているために、大勢の人がパブロフの犬と同じ状態に陥っている。つまり、そうするように条件付けられていることをやっている。学校のベルが鳴ると、従業員になるための訓練を受けてきた人たちは仕事を探し、政府や銀行、株式市場に自分のお金を渡す。

●では、どうしたらいいか？

数年前、地元の健康食品の店に行った時のことだ。そこの店員はとても知識が豊富な人だった。この男性は農業の修士号を持ち農業を営んでいたが、不運なことに干ばつが三年も続いたため税金を滞納し、家族で経営していた農園を手放さなければならなくなった。それで、有機食品を専門とする健康食品の店に勤めるようになったのだ。彼は従業員としてよく働き、もう十二年以上もその店を切り盛りしていた。

私が買った物の値段をレジに打ち込みながら、この店員はこう聞いてきた。「連邦準備銀行が連邦政府の一機関ではないことを知っていましたか？」

「ええ」私はうなずきながらそう答えた。

「連邦準備銀行と財務省が、何の裏書もなく何兆ドルものお金を印刷していることを知っていますか?」

私はまたうなずいた。

「政府がインフレはないと言い続けているにもかかわらず、食料品の値段が上がっていることに気付きましたか?」

「ええ」と私は答えた。「物価はじりじりと上がっていますよね」

「では、なぜ政府は『インフレはない』などと言っているんでしょう?」

「私もそれは不思議に思っていました」

商品を紙袋に入れながら、店員はこう続けた。「ちょっと質問してもいいですか?」

「いいですよ」

「私たちは困った状況に陥っているんでしょうか?」

「そうなっている人もいます」

「私は大したものは持っていません。貯金がわずかにあるだけです。住んでいるのはずっと借家です。クレジット審査の結果がよくなくて、ローンが組めないんです。引退にそなえた年金プランは暴落でめちゃくちゃになってしまいました。だから、早めに引き出したら、そのせいでペナルティを支払わなければなりませんでした」

私は黙ったまま首を横に振った。

「私はどうしたらいいのでしょう? やり直すには遅すぎますか? 年をとりすぎていますか?」

「おいくつですか?」私はそう聞いた。

「五十二歳です」

「まだ時間はたっぷりあります。カーネル・サンダースがケンタッキー・フライドチキンの店のフランチャイズ化に本格的に乗り出したのは六十六歳になってからでした」

「六十六歳で仕切り直しをしなければならなかったというんですか？」

「そうです。まだ一軒しか店を持っていなかった頃、新しい高速道路が店から離れたところを通ったため、客が入らなくなりました。社会保障からいくらもらえるか調べてみると、自分が困った状況に陥っていることがわかりました。そこで、荷物をまとめて、自分が考え出したフライドチキンのレシピの権利を売るためにアメリカ全土を回り始めたのです。やっとそれを買ってくれる人を見つけるまでに千回『ノー』と言われたそうです。でも、これが本格的フランチャイズ化につながったのです。彼はその後、株式市場で自分の会社の株を公開し、大金持ちの有名人になりました。今では、ケンタッキー・フライドチキンの店は世界中どこにでもあります。サンダースは多くの人を金持ちにしました」

「有機食品は成長産業です。私も同じようにできると思いますか？」

「可能性はあります」

「学校に戻るべきでしょうか？」

「教育は大事です。でも、あなたが求めているような教育を得るには違うタイプの学校を探したほうがいいかもしれません」

特別付録

投資家の五つのレベル

●時代は変わる

一九九七年に『金持ち父さん　貧乏父さん』がアメリカではじめて出版されて以来、私たちが生きる世界の経済、投資状況には多くの変化があった。十四年前のあの時、私は「持ち家は資産ではない」という大胆な発言で、それまで長く賢明だと信じられてきた考え方に大きな疑問を投げかけた。一般的な考え方に反する私のお金と投資に関するものの見方は、多くの人から批判を受け、反感を買った。二〇〇二年に出版された『金持ち父さんの予言』の中で、私は迫りくる金融市場の暴落に備えるよう読者に呼びかけた。二〇〇六年、私はドナルド・トランプと共に『あなたに金持ちになってほしい』を出版した。この本は、アメリカの中流層が消滅しつつあることを憂える二人の気持ちから生まれたものだった。

私はファイナンシャル教育の重要性とそれが持つ力を心から信じている。サブプライムローン破綻の余波、抵当流れとなる住宅の急増、そして猛威をふるい続ける世界的金融崩壊に見舞われている今、かつて懐疑的だった多くの人々が、私の言葉を信じるようになっている。

二〇一一年、『金持ち父さんのキャッシュフロー・クワドラント』の改訂版を準備する中で、私は二つのことに気が付いた。一つは、自分が伝えようとしたメッセージや教えが時間の流れを耐え抜いたこと。そして二つ目は投資を取り巻く状況――投資家が活動する世界――が大きく変化したことだ。これらの変化はIクワドラントの人々（投資家）に大きな影響を与えた。そして、これからも影響を与え続けるだろう。『キャッシュフロー・クワドラント』の中で特に投資家に向けて書かれた重要な部分を、現状に即したものに書き改めようと決心したのは、そのような変化に触発されたからだ。

本書のスペシャル・セクションでは、改訂版『金持ち父さんのキャッシュフロー・クワドラント』で書き改められた「投資家の五つのレベル」の章を紹介する。私から本書の読者へのプレゼントだ。

●投資は経済的自由を得るための鍵

貧乏父さんはよく「投資は危険だ」と言っていた。

金持ち父さんはよく「危険なのはファイナンシャル教育を受けていないことだ」と言っていた。

いま、たいていの人は投資をすべきであることを知っている。問題は、たいていの人が貧乏父さんと同じように、投資は危険だと信じていることだ。そして、投資は確かに危険だ——もし、あなたにファイナンシャル教育、お金に関する経験、指導が欠けていれば。

投資の方法を学ぶことはとても大事だ。なぜなら、投資こそが経済的自由を得るための鍵だからだ。投資をしていない人、あるいは投資はしていてもうまくやれていない人には、次のような五つのことが起こる。

1. 一生せっせと働き続ける。
2. 一生お金の心配をし続ける。
3. 自分の面倒を見てもらうために、家族や会社の年金、政府といった「他人」に頼る。
4. お金によって自分の人生の限界を決められてしまう。
5. 真の自由がどんなものか知らないままでいる。

金持ち父さんはよくこう言っていた。「経済的自由を手に入れるまで、真の自由がどんなものかわからない」。この言葉に込められた意味は、投資の方法を学ぶことは職業的な技術を手に入れることより大事だということだ。金持ち父さんはこう言った。「一つの職業に就くために学ぶ、たとえば医者になるために学ぶことは、お金のために働く方法を学ぶのと同じだ。投資をする方法を学ぶことは、お金を自分のために働かせる方法を学ぶのと同じだ。お金を自分のために働かせることができるようになった人は、自由への切符を手に入れる」また、こうも言っていた。「自分のために働かせるお金が多ければ多いほど、払う税金は少なくなる――その人が真の投資家ならば」

●投資の方法を学ぶ

私が九歳のとき、金持ち父さんはボードゲーム『モノポリー』を教材として、私にIクワドラントの人間になるための準備をさせ始めた。金持ち父さんは何度も繰り返し私にこう言った。「富を築くための偉大なる方式の一つは、モノポリーのゲームの中にある。四つの緑の家を買い、赤いホテルに換える――この方式をいつも覚えておくんだ」

モノポリーはキャッシュフローのゲームだ。たとえば、自分が所有する土地（ボード上のマス目）に緑の家を一つ持っていたら、ほかのプレーヤーの駒がそこに停まるたびに十ドル受け取れる。これが月に十ドルのキャッシュフローにあたる。緑の家が二つなら二十ドル、三つなら三十ドル、そして赤いホテルを持っていれば五十ドルだ。緑の家と赤のホテルの数が増えることは、キャッシュフローが増え、自分が働く量、税金が減り、より多くの自由が手に入ることを意味する。

単純なゲームだが、とても大事な教えが込められている。

金持ち父さんはモノポリーを現実の世界でやっていた。よく息子のマイクと私を外に連れ出し、自分が所有する緑の家――のちに、ワイキキビーチ沿いの大きな赤いホテルへと変わっていく緑の家――を見せてくれた。

少年から青年へと成長する過程で、現実の世界でモノポリーをプレーする金持ち父さんを見てきた私は、投資に関する貴重な教えをたくさん学んだ。そのいくつかを次に挙げてみよう。

・投資は危険ではない。
・投資は楽しい。
・投資は人を大金持ちにすることができる。
・投資によって人は自由になることができる——生活費を稼ぐために苦労したり、お金のことを心配したりせずにすむようになる（学んだ教えの中で一番大事なのはこの点だ）。

最後の教えを言い換えるとこうなる。もしあなたが賢ければ、一生キャッシュフローを供給してくれるパイプラインを築くことができる。景気がいいときも悪いときも、市場が急騰しようが暴落しようが、常にキャッシュフローを生み出すパイプラインだ。あなたが得るキャッシュフローはインフレと共に自動的に増加し、それと同時に、払う税金を少なくしてくれる。

私は不動産が投資の唯一の方法であると言っているわけではない。モノポリーの話を持ち出したのは、金持ちがより金持ちになる一つの例として挙げたにすぎない。不動産のほかにも、株式の配当、債券の利子、石油、著作権、特許使用料といったものによって収入を得ることが可能だ。経済的自由へと続く道はたくさんある。

●お金の「専門家」たち

残念なことに、学校でのファイナンシャル教育が不足しているせいで、たいていの人は銀行家、ファイナンシャル・プランナー、株式ブローカーなど、お金の専門家だと自分が信じる人々に、何も考えずにただ自分のお金を渡してしまう。そして、さらに残念なことに、これらの「専門家」の大部分は本当はＩクワドラントの投資家ではない。たいていはＥクワドラントの「従業員」で給料のために働いているか、Ｓクワドラントで自営するファイナンシャル・アドバイザーで手数料や歩合のために働いている。このような専門家たちの多くは、働くことをやめることができない。その理由は簡単だ。自分のために働いてくれる投資をしていないからだ。

ウォーレン・バフェットはこう言っている。「ウォール街は、ロールスロイスで乗りつけて来る人が、地下鉄で通って来る人からアドバイスを受ける唯一の場所だ」

適切なファイナンシャル教育を受けていない人は、自分がアドバイスを受けようとしている相手がセールスパーソンなのかペテン師なのか、馬鹿なのか天才なのか判断することができない。覚えておいてほしい――ペテン師はみんな「いい人」だ。もし聞きたいことを聞かせてくれる「いい人」でなければ、あなたはそんな人に耳を傾けることはないだろう。

セールスパーソンであること自体は悪いことではまったくない。私たちはみんな何か売るものを持っている。だが、ウォーレン・バフェットの言葉を忘れてはならない。「保険の外交員に、自分に保険が必要かどうか決して聞いてはいけない」。世の中にはお金を儲けることに必死で、あなたからお金を取るためならばどんなことでも言い、何でも売りつけようとする人がたくさんいる。

おかしな話ではあるが、ほとんどの投資家が、自分からお金を取っていく人と顔を合わせたことがない。西側世界の大部分では、会社に勤める人は給料から自動的にそのお金を手渡している。税務署が税金を徴収するのと同じやり方だ。アメリカの労働者の多くは、雇用主が自分の給料からいくらか差引き、それを４０１（ｋ）などの年金プラン――退職に備えてする投資としてはおそらく最悪の方法――につぎ込むのを許している（４０１（ｋ）は、オーストラリアでは退職年金《スーパーアニュエイション》プラン、日本ではアメリカ同様４０１（ｋ）、カナダではＲＲＳＰなどと呼ばれている）。

４０１（ｋ）が退職に備えた投資方法としておそらく最悪だと私が言う理由は四つある。

1．タイム誌が同じ意見を持っているから

タイム誌は長年にわたり、これほどまでに多くの人々の退職後の生活を危険にさらしている「賢明な方法」に疑問を投げかける記事を何度も掲載している。同誌は、何百万という人が、一生かけて稼いだ自分のお金を「見ず知らずの他人」に託した結果、退職後の生活を維持するのに充分なお金を得られない状況になるだろうと予測している。

典型的な401（k）では、利益の八十パーセントが運用側に入る。運よく利益があったとして、投資家が手に入れるのは二十パーセントだ。投資家は百パーセント出資し、リスクを百パーセント引き受ける。年金プラン側の出資はゼロパーセント、リスクもゼロパーセントだ。たとえあなたが損をしても年金運用会社は儲ける。

2．税金面で不利だから

アメリカでは、保有期間が一年以上の長期キャピタルゲイン（資本利得・売買益）にかかる税金は、比較的低い十五パーセントだ。だが、401（k）の利益には普通の勤労所得の税率、だいたい三十五パーセントほどの税率が適用される。次に挙げる三つの所得の中で最も高い税率だ。

・一般的な勤労所得
・ポートフォリオ所得
・不労所得

それに、401（k）から早めにお金を引き出したいと思ったら、ペナルティとして十パーセント余分に税金を払わなければならない。

3. 株式市場の暴落に対して何の保険もかけられないから

車を運転するためには、事故に備えて保険に入らなければいけない。不動産に投資するとき、私は火事やそのほかの損失に備えて保険をかける。それに対して、401(k)に投資する人たちには、市場の暴落によって生じる損失を防ぐ保険はまったくない。

4. 退職後は収入が減るという仮定に基づくものだから

ファイナンシャル・プランナーが「退職したらかかる税率が低くなる」と言うのはこのためだ。彼らは、退職後は収入が減り、低い税率のカテゴリーにあなたが入ると仮定している。そうではなく、引退したときあなたが金持ちで、401(k)を利用していたとすると、退職後、もっと高い税率で税金を払わなければならなくなることもあり得る。本当に賢い投資家は投資する前に税金がどうなるかよく考える。

ファイナンシャル・アドバイザーや年金ファンドマネジャーについて本当のところをお知らせしよう――残念なことだが、彼らは投資家ではない。彼らはたいていの場合Eクワドラントの従業員だ。これほど多くの政府の年金ファンドや組合の年金ファンドが面倒な状態に陥っている理由の一つは、このような従業員たちが投資家になるための訓練を受けていないことにある。彼らの大部分は実社会でのファイナンシャル教育をまったく受けていない。

さらに悪いことに、たいていのお金の「専門家」たちは、ファイナンシャル教育を受けていない投資家たちに向けて、「株式、債券、投資信託を組み合わせて、分散投資したポートフォリオを組み、長期に投資しなさい」とアドバイスする。

このようなお金の「専門家」たち――Iクワドラントの投資家の顔を装っているが、実はEクワドラントの従業員かSクワドラントのセールスパーソン――が、あなたにそんなアドバイスをするのはなぜだろう？　それは、彼らを通してあなたが儲けたお金の額ではなく、あなたが彼らに託すお金の額に応じて支払いを受ける仕組みになっているからだ。

現実はこうだ。真の投資家はお金を長い間一つのところに置いておいたりしない。彼らはお金を動かす。これが「貨幣の流通速度（お金の回転数）」とよく言われる戦略だ。真の投資家のお金はいつも動いている。新たな資産を獲得し、それからさらに多くの資産を獲得するために動いていく。お金を一つのところにとどめておくのはアマチュアだけだ。

私は個人的には決して利用しようとは思わないが、401（k）型の年金プランが何が何でも「悪い」と言っているわけではない。ただ、私にとってはそれは高くつきすぎるし、リスクが大きすぎ、税金面での効率が悪すぎる。そして、投資家にとってフェアではない。

私がここで言いたいのは、もっとよい投資の方法があるということ、でも、そのためにはファイナンシャル教育が必要だということだ。

●最良の投資とは何か？

ごく普通の平均的投資家は、キャッシュフローを目的とした投資と、キャピタルゲインを目的とした投資の違いを知らない。たいていの投資家は株式や持ち家の値段が上がることを祈りながら、キャピタルゲインを目的として投資している。流れ込んでくるお金の量が流れ出すお金の量より大きければ、どんな投資であれ、それはいい投資だ。

投資対象の資産の種類によって、金持ちになるか貧乏になるかが決まるわけではないことをよく覚えておいてほしい。たとえば「不動産はいい投資ですか？」と聞かれたら、私はこう答える。「私にはわかりません。あなたはいい投資家ですか?」。また「株式はいい投資ですか?」と聞かれたときも答えは同じだ。「私にはわかりません。あなたはいい投資家ですか?」

私が言いたいのは、重要なのは投資の対象、あるいは資産の種類では決してないということだ。成功するか失敗するか、金持ちになるか貧乏になるかは唯一、その人が賢い投資家であるかどうかにかかっている。賢い投資家は株式市場で何百万ドルも儲けることもできる。一方、アマチュアは何百万ドルものお金を損することがある。

なげかわしいことに、たいていの人は投資の方法を学ぶことが重要だとは考えていない。彼らが投資は危険だと信じて、「専門家」に自分のお金を託すのはそのためだ。だが、その専門家たちは大部分が本当の投資家ではなく、お金を託した投資家が儲けようが損をしようが、手数料を稼ぐセールスパーソンだ。

●投資家レベル1　ファイナンシャル教育ゼロの人

Iクワドラントには五つの種類、つまり五つのレベルの投資家がいる。

悲しいことに、かつて世界で最も裕福な国だったアメリカで、いま、人口の五十パーセント以上がIクワドラントの一番下のこのレベルにいる。簡単に言えば、投資するものを何も持っていないということだ。お金をたくさん稼いでいるのにこのカテゴリーに属している人は多い。そういう人は稼ぎは多いが、それよりも多くを使っている。

友人の一人に、はた目にはとても金持ちに見える人がいる。彼は不動産ブローカーとしてかなり稼ぎ、美人の奥さんがいて、三人の子供は私立の学校へ通っている。家族で住んでいる家はサンディエゴにあって、太平洋を見渡すすばらしい家だ。彼と妻はそれぞれヨーロッパ製の高級車を乗り回している。免許をとれる年齢に達すると、息子や娘たちも高級車を乗り回した。彼らは見た目は金持ちだ。でも、彼らが持っていたのは「悪い借金」だけだ。金持ちそうに見えたかもしれないが、実際には貧乏な人の大部分よりももっと貧乏だった。

いま彼らはホームレス同様だ。不動産市場が急落したとき、彼らも転落した。それまで積み重ねてきた借金の利子を払うこともできなくなった。

私たちがもっと若かった頃、この友人はたくさんのお金を稼いでいた。残念なことに、彼のファイナンシャル・インテリジェンス（お金に関する知性）のレベルがゼロだったせいで、時間が経つとともに彼自身が「ゼロ」になるという結果になってしまった。実際のところ、借金にどっぷり漬かった彼の現状は投資家としてはゼロどころかマイナスだ。

多くの人の場合そうだが、彼が買うものはすべて、価値を失うものか、彼からお金を奪っていくものだ。彼が買うものは何一つとして、彼を金持ちにしてくれない。

●投資家レベル2　お金を貯めて損をする人

貯金することが賢い方法だと信じている人は多い。問題は、いまの「お金」はもはや本当のお金ではないことだ。いま、人々が貯めているのは贋金《にせがね》、ものすごいスピードでどんどん作り出すことのできる実体のないお金だ。

一九七一年、ニクソン大統領はアメリカドルの金本位制を廃止した。このとき、お金は借金に変わった。一九七一年以降、物価が上昇している最大の原因は単純だ。アメリカが請求書の支払のためにお金を印刷する力を持つようになったからだ。

いま、お金を貯める人は一番損をする。一九七一年以降、アメリカドルは金と比較すると九十五パーセントも価値を失った。残りの五パーセントを失うのにあと四十年はかからないだろう。

思い出してほしい。一九七一年、金は一オンス三十五ドルだった。四十年後、それは千四百ドルになった。これはドルが購買力を大幅に失ったことを意味する。アメリカの国家債務が何兆ドルにも膨れ上がり、国が

「贋金」をどんどん刷り続ける一方で、問題は深刻化するばかりだ。

いま、アメリカの連邦準備銀行をはじめとして、各国の中央銀行が超高速で何兆ドルものお金を印刷しているが、それは税金が高くなること、インフレがさらに進むことを意味する。このような事実があるにもかかわらず、多くの人々が貯金は賢いことだと信じ続けている。お金が本当にお金だったときには、確かにそうだった。

世界で最大の市場は債券市場だ。「債券」とは「貯金」を言い換えたものだと言っていい。お金を貯めるにもいろいろな貯め方があるように、債券にも異なるタイプのものがある。たとえば、アメリカの国債、企業の社債、地方債、高利回りだが格付けの低いジャンクボンドなどだ。

長年にわたり、アメリカ政府が発行する国債、地方債は安全だとされてきた。そんな中、二〇〇七年の経済危機が始まった。多くの人が知っての通り、この危機はMBS（モーゲージ担保証券）などのモーゲージ証券――金融派生商品《デリバティブ》の一種――によって引き起こされた。これらのモーゲージ証券の多くはサブプライム・モーゲージから成り立っていた。サブプライム・モーゲージとは返済能力に問題のある、リスクの高い借り手、サブプライム層へ向けてのローンだ。覚えている人もいるかもしれないが、この借り手の中には収入も仕事もない人も含まれていた。それでも彼らは家を買った――決して支払うことのできない家を。

ウォール街の銀行はこれらのサブプライムローンを集めて、債券として商品にした。魔法を使ったとしか言いようがないが、彼らはこのサブプライム債券に「優良」というラベルを貼り、機関投資家、銀行、政府、個人投資家に売った。私に言わせればこれは詐欺だ。でも、こういうことが大手を振ってできるのが銀行システムだ。

その後、サブプライムローンの借り手が利子を払えなくなると、これらのMBS債券は世界中で爆発を起こした。

興味深いことに、これらのサブプライム・モーゲージ債券に最高の格付けであるAAAを与えたのは、ウォーレン・バフェットが所有する債券格付け会社、ムーディーズだった。

いま、この危機の責任がゴールドマン・サックス、J・P・モルガンといった大銀行にあると考える人は多い。だが、責められるべき対象がどこかにあるとしたら、それはウォーレン・バフェットその人であるはずだ。彼は頭のいい人だ。自分が何をしているかよく知っていた。ムーディーズは、犬も食べない腐った肉に最高級の牛肉であるという保証を与えた。これは犯罪だ。

問題は、これらのサブプライム債券がいま、世界中に波及効果を及ぼしていることだ。現在、アイルランドやギリシャといった国々が、自分たちが発行した債券の利息を払うことができず、深刻な問題を抱えるようになっている。同じようにアメリカでは、地方政府、都市や町が債券の利息を払うことができず破産に追い込まれつつある。

二〇一一年、債券がいかに安全でないものになり得るかを債券市場が証明するに至って、何百万人もの人、多くの退職者、年金ファンド、政府、銀行が大きな問題を抱えるようになっている。

こういった状況に加えて、深刻化するインフレが債券をさらに危険な投資に変えている。これこそが、お金を貯めることしか知らない人が敗者だという理由だ。たとえば、債券の利子が三パーセントでインフレが五パーセントで進んだとすると、その債券の価値は大幅に下がり、投資家がそれを持っている価値はなくなる。

敗者の中でも最大の敗者は中国になる可能性がある。中国は何兆ドルにも上るアメリカ国債を持っている。アメリカ政府がどんどんお金を印刷し、国債を発行してドルの価値を下げるたびに、中国がアメリカに対して行っている何兆ドルもの投資の価値が下がる。中国がアメリカ国債を買うのをやめたら、世界経済はストップし崩壊する。

何百万もの退職者たちはまさに中国と同じだ。引退後に安定した収入を必要とする退職者たちは、国債は安全だと信じていた。いま、政府——大きい政府も小さい政府も——の財政が破綻しインフレが進行する中、退職者たちは、債券という形でお金を貯めていた「預金者」たちが敗者であることに気づきつつある。

地方債は州や都市、病院、学校その他の公的団体が発行する「借用書」だ。地方債が有利な点は、多くの場合その利益に税金がかからないことだ。一方、問題は、リスクがないわけではないことだ。

地方債に投資をしている人は大勢いるが、彼らはいま、自分たちが投資した地方債が深刻な問題を抱えていることに気づきつつある。アメリカでは三兆ドル以上が地方債に投資されている。いま、そのうち三分の二が危険な状態にあると考えられている。その理由は、発行した公的団体自体が破産に追い込まれているからだ。どこからかもっと多くのお金が注ぎ込まれない限り、州や都市、病院、学校が債務不履行状態に陥り——サブプライムローンで持ち家を手に入れた人たちが債務不履行状態に陥り、ローン返済をやめたのと同じように——アメリカは中心から内部爆発を起こしかねない。

債券市場は世界最大の市場で、株式市場や不動産市場より大きい。その理由は、たいていの人はお金を貯めようとする人、つまりレベル2の投資家だからだ。残念なことに、一九七一年にお金のルールが変わると同時に、お金を貯めようとする人は最大の敗者になった。たとえ、彼らが債券に投資することでお金を貯めようとしていたとしても、それは同じことだった。

思い出してほしい。お金を貯めようとする人、債券を保有する人、そして年金プランにお金を預けようとする人は、長期の投資をすることで自分のお金を一つのところにとどめておこうとする人だ。一方、プロの投資家たちは自分のお金を動かす。プロの投資家は自分のお金を資産に投資し、その資産を売ることなく自分のお金を取り戻し、そのお金を動かしてさらに多くの資産を買う。お金を一つのところにとどめておく「預金者」たちが最大の敗者だという理由はここにある。

●投資家レベル3 「その暇がない」と言う人

このレベルの投資家は、忙しすぎて投資について学ぶ暇がないと言う。彼らの多くは高い教育を受けていて、自分の仕事や家族、いろいろな趣味や個人的活動、休暇旅行などで忙しくて、何しろ暇がないという人たちだ。だから彼らは、お金に関して無知のままでいて、自分に代わってそれを管理してくれる他人に自分のお金を預けるほうがいいと考える。

401（k）、IRA（個人年金勘定）にお金をつぎ込んでいる人の大部分が属しているのがこのレベルだ。とても金持ちな投資家でもこのレベルの人がいる。そういう人たちは単に「専門家」に自分のお金を渡し、その専門家が本当の専門家であるようにと願い、祈り続けるだけだ。

二〇〇七年、金融危機が始まってすぐ、多くの金持ちたちが、自分が専門家だと信じていた人が本当は専門家などではまったくなく、さらに悪いことに、信用するに値しない人間であったことに気がついた。

あのとき、わずか数カ月のうちに、不動産市場と株式市場が暴落し始め、何兆ドルもの富が姿を消した。あわてた投資家たちは、信じていたアドバイザーに電話をかけ、助けてくれるように頼んだ。

金持ち投資家の中には、信頼していたアドバイザーたちが高度に洗練されたペテン師たちで、手の込んだポンジー・スキームを実行していたことに気がついた人たちもいた。ポンジー・スキームとは新規に参加した投資家のお金を使って、それ以前の投資家にお金を払うという投資「計画《スキーム》」だ。この計画は古い投資家たちに払うだけのお金を出し続ける新しい投資家がいる限りは機能する。アメリカではバーニー・マードフが大がかりなポンジー・スキームによって悪名をとどろかせた。彼は金持ちから何十億ドルものお金をだましとった。

ポンジー・スキームには合法的なものと非合法的なものがある。社会保障制度は合法的なポンジー・スキームだ。株式市場もそうだ。どちらの場合も、新たなお金がスキーム（計画）に注ぎ込まれている限りは機能する。お金が流れ込んでこなくなったら、マードフのスキームであれ、社会保障制度であれ、ウォール街のスキームであれ、それは破綻する。

レベル3の投資家、つまり「その暇がない」投資家で問題なのは、たとえお金を失ってもその人が何も学ばないことだ。そうなっても、悪い経験を一つしただけで、本当に経験を積んだことにはならない。彼らにできることといったら、アドバイザーや市場、あるいは政府のせいにすることだけだ。どんな間違いを犯したのか本人がわかっていなかったら、その間違いから何かを学ぶことはむずかしい。

●投資家レベル4　「私はプロだ」と言う人

このレベルの投資家はSクワドラントに属するＤＩＹタイプの投資家だ。多くの退職者たちは引退後、レベル４の投資家になる。

このレベルの投資家はいくつかの銘柄の株を売ったり買ったりすることがある。多くの場合、手数料の安い株式ブローカーを利用するが、それは自分で調べることも決定を下すこともできるのに高い手数料を払う必要などないと思っているからだ。

不動産に投資する場合は、このタイプの人は自分で物件を探し、修繕し、管理する。金《きん》に投資する人だったら、自分で金や銀を買って貯め込む。

たいていの場合、ＤＩＹタイプの投資家はファイナンシャル教育をほとんど受けていないか、まったく受けていない。自分で何でもできるのだから、学ぶ必要などないというのが彼らの考え方だ。

そういう人はたとえ何かセミナーを取ったとしても、テーマが限定されたものであることが多い。たとえば、株式の売買が好きだったら、それだけにフォーカスするといった具合だ。小規模の不動産投資家も同じだ。不動産のことしか学ぼうとしない。

モノポリーを使って九歳の私にファイナンシャル教育を与え始めたとき、金持ち父さんは私に、投資の世界のもっと大きな構図を見せたいと思っていた。図㊶は金持ち父さんが私に一生学びつづけてほしいと思っていた、大きな構図の中の各種資産の一部を示したものだ。

投資の必要性に気づく人が増えているいま、そういった人の多くは、この四種類の資産すべてにおいてレベル4の「小さな投資家」になっていくだろう。

二〇〇七年の市場暴落のあと、スモールビジネスを始めて起業家になった人もたくさんいるし、価格が下がっているうちに不動産投資を始めた人も多い。でも、たいていの人は、株式のトレードと銘柄選びを始めようと試みている。一方、ドルの代わりに金や銀を貯め始めた人もたくさんいる。

これは当然のことだが、こういった投資をする一方で、投資成績を上げるためにセミナーに定期的に参加したりコーチについたりして、自分のファイナンシャル教育にも投資を続ける人のほうが、いずれは、ただ自分の力だけでやっている人よりも先を行くようになる。

適切なファイナンシャル教育を受けた少数のレベル4の投資家たちは、次のレベル5、資本家レベルの投資家へと階段を登っていく。

●投資家レベル5　資本家レベルの人

これは「世界で最も裕福な金持ち」のレベルだ。レベル5の投資家、つまり資本家はBクワドラントのビジネスオーナーで、Iクワドラントで投資をしている人だ。

一方、レベル4の投資家は、先ほど書いたように、SクワドラントのDIYタイプの人でIクワドラントで投資をしている人だ。

次に挙げるのはレベル4の投資家とレベル5の投資家の違いを示すいくつかの例だ。

1. Sクワドラントの投資家は一般的に言って、自分のお金を使って投資をする。
Bクワドラントの投資家は一般的に言って、OPM（他人のお金）を使って投資をする。
これはレベル4とレベル5の投資家の大きな違いの一つだ。

2. Sクワドラントの投資家はたいてい一人で投資する（SクワドラントのSは一番賢いという意味の

smartestの頭文字でもある）。

Bクワドラントの投資家はチームを組んで投資する。Bクワドラントの投資家は一番賢い人間である必要はない。一番賢いチームを持っていればいい。

たいていの人は一人よりも二人の知恵が集まったほうがいいことを知っている。それがわかっていながら、Sクワドラントの投資家の多くは、自分こそが世界で一番賢い人間だと信じている。

3. Sクワドラントの投資家はBクワドラントの投資家よりも得る利益が少ない。

4. 多くの場合、Sクワドラントの投資家はBクワドラントの投資家より多くの税金を払っている。

5. SクワドラントのSはselfish（利己的）のSでもある。利己的になることでより多くのお金を儲ける。Bクワドラントの投資家は気前のよい人間でなければならない。なぜなら、気前をよくすればするほど、より多くのお金が儲かるからだ。

6. Sクワドラントの投資家が投資用のお金を集めるのはむずかしい。一方、Bクワドラントの投資家にとって資本を集めるのは簡単だ。Bクワドラントでビジネスを起こす方法をマスターすれば、その成功が自然とお金を呼び寄せる。Bクワドラントで成功すれば、Iクワドラントでお金を集めるのは簡単にな

㊶**投資の世界にはさまざまな資産がある**

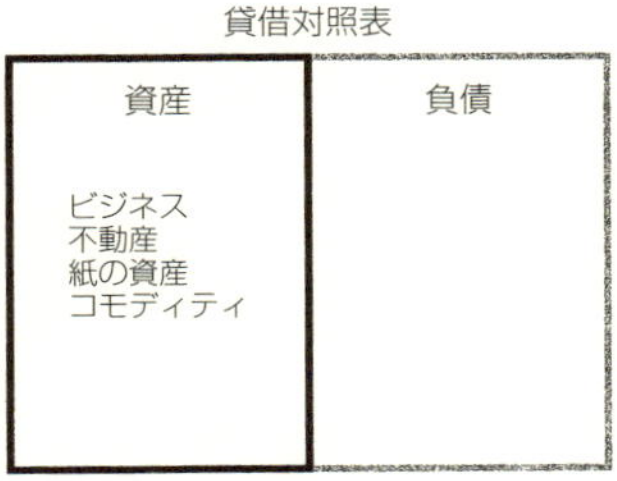

る。成功するかどうかが大きな鍵だ。

資本を集めるのが簡単かどうかは、Sクワドラントでの成功とBクワドラントでの成功とのあいだの最大の違いの一つだ。Bクワドラントで成功すれば、人生は楽になる。ここでの大きな課題は成功するかどうかだ。

Sクワドラントでの成功に伴う問題は、そこで資金を集めるのが常にむずかしいことだ。たとえば、Bクワドラントのビジネスが成功すれば、株式市場で株式を売ることによって会社を公開するのは簡単だ。フェイスブックの上場の例は、Bクワドラントのビジネスのために資金を集めるのがいかに簡単かを示す最近のいい例だ。もしフェイスブックが小さなウェブ・コンサルティング会社のままでいたら、投資家から資金を集めるのはとてもむずかしかったに違いない。

もう一つの例はマクドナルドだ。もしマクドナルドがたった一つの店のままだったら、つまりSクワドラントのビジネスのままでいたら、誰もそれに投資しようとはしなかっただろう。フランチャイズシステムによってマクドナルドがBクワドラントのビジネスへと拡大し、株式市場に上場されるようになると、お金がどんどん流れ込んできた。

あるビジネスが「株式（share）」を売る理由は、みんなに分け与える（share）量が多くなればなるほど、その起業家が金持ちになるからだ。Sクワドラントのビジネスが株式を売るのに苦労するのは、そのビジネスが小さすぎてみんなに分け与えられないからだ。

不動産でも同じことだ。私が一世帯住宅やマンションの一室、四世帯から三十世帯ほどの小規模アパートに投資をしていた頃は、借入をするのがむずかしかった。

キムと私が総戸数百以上のアパートに投資を始めると、銀行は前よりずっと多い金額を喜んで貸してくれるようになった。その理由は何か？　それは、総戸数百戸以上の数百万ドルの物件の場合、銀行は投資家に融資をするわけではないからだ。彼らは投資自体に融資する。つまり、百戸以上の物件の場合、銀行は投資家よりも投資自体により多くの注意を払う。

さらにそれに加えて、銀行としては一万ドル貸すよりも一千万ドル貸す方がいい。なぜなら、金額の大きさにかかわらず貸付手続きにかかる時間、手間は同じだからだ。思い出してほしい。銀行は借金をする人が好きだ。なぜなら彼らが自分たちを金持ちにしてくれるからだ。

大規模なアパートを所有し、適切に管理して利益が出るようにする能力が私たちにあるとわかれば、多くの場合、銀行は大喜びでお金を貸してくれる。たとえ金融危機の時期であってもそれは同じだ。

ここでこんな疑問が出てくる――レベル５の投資家はどこからお金を得るのか？　答えはこうだ――彼らは、銀行や年金プランにお金を預けるレベル２やレベル３の投資家からお金を得る。

●ゼロから始める

キムと私がホームレス状態だったときの話からこの本を書き始めた理由は、お金がないことは、より賢くなり、より大きく考え、より金持ちになることができないことの言い訳にはならないとみなさんに伝えたかったからだ。

生まれてからこのかた、私は充分なお金を持っていたことがほとんどない。お金がないことを言い訳にしていたら、私は決して資本家にはなっていなかっただろう。このことはとても大事だ。なぜなら、真の資本家は決してお金を持っていないからだ。だからこそ、彼らは資本の集め方を知っていなければいけないし、他人のお金を使って多くの人のために多くを稼ぎ出す方法を知っていなければいけないのだ。

●資本家になるためにはどうしたらいいか？

私の父と母は、私にＥクワドラントかＳクワドラントで成功してほしいと思っていた。父は私に、学校に通って自分と同じように博士号を取得し、Eクワドラントの人間になって政府機関で働くか企業の昇進のハシゴを登るように勧めた。正看護師だった母は、私がSクワドラントの医者になることを望んでいた。

一方、金持ち父さんは私に資本家になるように勧めた。それは、BとIのクワドラントで成功するために必要なスキルを学ばなければならないことを意味していた。

父と母は、大学、法学校、医学校といった昔ながらの学校教育が大事だと信じていた。いい成績、高い学位、法学校や医学校の卒業資格などに大きな価値があると信じていた。

金持ち父さんも教育は大切だと思っていたが、彼が大切だと思っていたのは、昔ながらの学校で授けられている教育とは異なるタイプの教育だった。学校に通う代わりに、金持ち父さんは自分のビジネスと投資のスキルを上げてくれるようなセミナーや講座に出席した。また、そのほかに自己啓発のためのコースも取った。金持ち父さんは成績や資格には興味がなかった。自分に力を与えてくれる実社会に即したスキルと、BとIのクワドラントで役立つスキルを手に入れたいと思っていた。

私がハイスクールに通っていた頃、金持ち父さんはよく、起業と投資についてのセミナーに出席するためにホノルルへ飛んでいた。ある日、私は金持ち父さんがセールスについての講座を取りに行くと貧乏父さんに言った。すると父は笑った。父には、セールスを学びたいと思う人の気が知れなかったのだ。特に、その講座を取っても高い学位のための単位にすらならないとなればなおさらだ。貧乏父さんはハイスクールも出ていないからと、金持ち父さんを見下していた。

このように、私には教育に対して異なる考えを持った二人の父がいたため、世の中には一種類の教育ではなくほかの種類の教育もあるということに気づくようになった。従来型の学校はEとSのクワドラントで成功したいと思っている人たちのためのものだ。もう一つの教育はBとIのクワドラントで成功したいと思っている人たちのためのものだ。

一九七三年、ベトナムから戻った私は、どちらの父に従うか決めなければならなかった。貧乏父さんのあとを追って、学校に戻りEやSのクワドラントの住人になるか？　金持ち父さんのあとを追ってBやIのクワドラントの住人になり、最終的には資本家になる道を選ぶか？

一九七三年、金持ち父さんは私に、不動産投資に関する講座を取るように勧めた。彼はこう言った。「資本家として成功したかったら、資本を集める方法、お金を稼ぐために借金を使う方法を知らなければならない」

その年、私は不動産投資に関する三日間のワークショップに参加した。これが、資本家の世界へ入るための私の教育の始まりだった。

数カ月後、百以上の物件を見たあと、私はマウイ島にあった賃貸物件を買った。はじめての不動産投資だった。百パーセント借入金を利用したが、それでも毎月二十五ドルのプラスのキャッシュフローがあった。実社会での私の教育が始まった。私は他人のお金を使ってお金を稼ぐ方法——真の資本家が知っていなければいけないスキル——を学びつつあった。

一九七四年、海兵隊との契約が終わり、私はハワイでゼロックス社に就職した。企業の昇進のハシゴを登りたかったわけではない。ゼロックスが社員にとてもいいセールストレーニング・プログラムを用意していたからだ。このときも前と同じだ。これは私を資本家にするための金持ち父さんの準備教育の一環だった。

一九九四年までに、キムと私は経済的自由を手に入れ、職に就く必要も、企業や政府の年金プランに頼る必要もなくなった。金持ち父さんは正しかった。教育が私を自由にしてくれた。でも、それは昔ながらの学校で与えられている教育とは異なる教育だった。

二〇〇七年、市場が暴落を始めたとき、私たちは景気の落ち込みと共倒れになるのではなく、資産を大幅に増やした。株式市場と不動産市場の暴落と共に、有利な取引が表面に浮かび上がってきた。そして、銀行は自分たちが投資したもののうちでうまくいかなくなったものを私たちが買い、肩代わりするためのお金をどんどん貸してくれた。二〇一〇年だけでも、キムと私は八千七百万ドル以上もの不動産を手に入れた。使ったのは銀行と年金ファンドからの借入金だ。あの年は私たちにとって最良の年だった。

金持ち父さんがよく言っていたように「真の投資家だったら、市場が上がろうが下がろうが関係ない。真の投資家は市場がどんな状態でも儲ける」。

●あなたはいまどのレベルにいるか？

ここでちょっと時間をとって、いま、自分がどこにいるか考えてほしい。

・あなたはレベル1の投資家か？

貸借対照表の資産欄に何も入っていなくて、投資からの収入はゼロ、負債ばかりだという人はおそらく一番下のレベル、初歩の初歩から始めようとしている。

悪い借金にどっぷり漬かっている人の場合は、借金から抜け出すことが最良の投資だ。あなたがそれに対して何の手も打っていないというのでない限り、借金にどっぷり漬かっていたとしても何も悪いことはない。最初に起こしたビジネスを失ったあと、私には百万ドル近い借金ができた。ゼロに戻すまでにほぼ五年かかった。いろいろな点から考えて、私が間違いから学ぼうとしたこと、間違いの責任を自分でとったことは、何にも勝る最良の「教育」だった。間違いから学んでいなかったら、今日の私はなかっただろう。

キムと私は、"How We Got Out of Bad Debt"（私たちはいかにして悪い借金から抜け出したか）というワークブックと簡単な借金返済計画を開発した。その中で私たちは、自分たちが何十万ドルもの悪い借金から抜け出すために使ったプロセスを説明している。それは単純で、ほとんど悩まずにすむプロセスと言っていい。必要なのは自分を律する気持ちと、学ぼうという意欲だけだ。

・あなたはレベル2の投資家か？

もしあなたがお金を貯めるタイプの投資家だったら、よく注意した方がいい。特に、銀行や年金プランにお金を貯めている人は要注意だ。一般的に言って、お金を貯める人は損をする。

お金を貯めることは、何も学ぶ気持ちのない人のための戦略であることが多い。考えればすぐわかるが、お金を貯めるのにファイナンシャル・インテリジェンスは必要ない。サルを訓練してお金を貯めさせることだってできる。

お金を貯めることに伴うリスクは、その人がほとんど何も学ばないことだ。もし市場の下落やお金の価値の下落によって貯めていたお金の価値がなくなってしまったら、あなたはお金も教育もない状態に陥る。

思い出してほしい。一九七一年以降、アメリカドルはその価値を九十五パーセント失った。残った価値が失われるのにそう長くはかからないだろう。

前にも言った通り、たとえ金《きん》を貯めていても、買ったときの値段によっては損をする。

私がお勧めするのは、株式でも不動産でもいいから投資に関する講座をいくつか取って、自分が興味を持てるものを見つけることだ。もし何にも興味が持てなかったら、お金を貯め続ければいい。

債券市場が世界最大の市場であるのは、たいていの人や企業が投資家ではなくお金を貯めるタイプに属するからだ。そのことをよく覚えておこう。これはお金を貯めるタイプの人にはおかしな話に聞こえるかもしれないが、債券市場と銀行が借り手を常に必要としているのは事実だ。

・あなたはレベル3の投資家か？

レベル3はレベル2に似ているが、その違いは、株式、債券、投資信託、保険、ＥＴＦなどのよりリスクの高い商品に投資をする点だ。

この場合もレベル2と同じだ。このレベルの人にとってのリスクは、もしすべてが価値を失えば、投資家はすべてを失い、何も学ばないという点だ。

ファイナンシャル教育に「投資」し、自分のお金を自分で管理することによってレベル3から抜け出したいと思っている人、その覚悟ができている人は、次の段階としてレベル4を目指すといい。

・あなたはレベル4の投資家か？

プロの投資家としてこのレベルにすでに達している人には、「おめでとう」と言いたい。学ぶこと、自分のお金を自分で管理することに時間を投資しようという人はとても少ない。レベル4での成功の鍵は、一生学び続ける姿勢、すばらしい教師やコーチ、同じ志を持つ友人たちにある。

レベル4の投資家は自分の人生の舵を自分でとっている。そして、間違いが学習と成長のためのチャンスであることを知っている。

投資をすることに対する恐怖は彼らを怯えさせたりしない。それはかえって彼らを奮い立たせる。

・あなたはレベル5の投資家か？

私にとっては、レベル5、つまり資本家レベルの投資家になることは世界の頂上に立つのと同じだ。世界は宝を秘めた真珠貝だ。その世界に国境はない。テクノロジーの発達したこのハイスピードの世界には富があふれ、そこで資本家になるのはこれまでのどんな時代よりも簡単だ。

もしあなたがすでにこのレベルの投資家になっていたら、学び続け、与え続けよう。覚えておいてほしい。真の資本家は気前がいい。なぜなら、Bクワドラントの資本家は、より多くを得るためにはより多くを与えなければならないことを知っているからだ。

●どの道を選ぶかはあなた次第

自由はすばらしい。中でもとくにすばらしいのは、自分の好きな生き方を選べる自由だ。

一九七三年、二十六歳のとき、私には、両親が選んだ生き方をしたいと自分が思っていないことがわかっていた。収入の範囲内で質素に暮らす生き方、毎月の給料日をあてにして何とかやりくりする生き方はしたくなかった。そんな生き方では生きていることにならないと感じていた。両親にはその生き方が向いていたかもしれない。でも、自分には合わない。私にはそのことがわかっていた。

私はまた、学校に戻って高い学位をとることが自分に合っていないこともわかっていた。私は高い学位をいくつも持っている人が何人もいる環境で育った。おじやおばの多くは修士号を持っていたし、博士号を持っている人も何人かいた。そのため、私は学校が人を金持ちにするわけではないことを知っていた。

私はＥクワドラントで企業の昇進のハシゴを登るのもいやだったし、Ｓクワドラントで高度に専門化された職業に就くのもいやだった。

だから私は、人があまり通らない道を選び、起業家、そしてプロの投資家になろうと心に決めた。世界を旅し、ビジネスをやり、投資をする自由を手に入れたいと思った。

それが私の選択だった。同じ道をすべての人に勧めるつもりはない。私が勧めるのは、自分で選択するということだ。選択する力。それこそが真の自由だ。

読者のみなさんにはぜひ投資家の五つのレベルをじっくりと検討し、自分の道を選んでいただきたい。どのレベルにもいいところと悪いところがあり、利点と不利な点がある。どのレベルの投資家になるにも、お金以上のものを支払わなければならない。

あなたがレベル１、２、３の投資家になることを選んだ場合は、あなたの投資生活をサポートする資格を持った人間や組織・団体がたくさんある。

レベル４、５の投資家になることを選んだ人は、一九九七年にキムと私が立ち上げたリッチダッド社が提供しているファイナンシャル教育用のゲーム、カリキュラム、コーチングシステムなどを利用することができる。

●無限大のリターンを得る

お金の世界では、よく投資収益率（Return On Investment, ＲＯＩ）という言葉を見たり聞いたりする。投資収益率は、話をしている相手によって変化する。たとえば、銀行の人は「預金利子は三パーセントです」などと言う。三パーセントはなかなかいいと感じる人も多いだろう。あるいは、ファイナンシャル・プランナーと話をしていたら「投資収益率は十パーセントの見込みです」などと聞かされることもある。多くの人にとって十パーセントというのはかなり胸が躍る数字だ。

たいていの人、とくにＥやＳのクワドラントにいる大部分の人にとっては、リターンが大きいことはそれだけリスクが大きいことを意味する。つまり、収益率十パーセントの投資をしようとする人は、三パーセントの利子で銀行に預けるより、大きなリスクがそこにあるだろうとすでに仮定している。

皮肉な話だが、銀行預金から得られる三パーセントのリターンも、株式市場から得られる十パーセントのリターンも、どちらも非常にハイリスクだ。銀行に預けたお金は、銀行がお金を「印刷」し続けているために引き起こされるインフレと増税のせいでリスクを抱えている。十パーセントのリターンの株式市場への投資は、ＨＦＴ（高頻度トレード）のせいで市場が不安定になっていること、そして新米投資家が何も「保険」をかけずに参入すること、この二つが原因でリスクを抱えている。

私の世界では、ＲＯＩはReturn On Information（情報収益率）を意味する。つまり、私が持っている情報が多ければ多いほどリターンは多くなり、リスクは低くなる。

最初に断っておくが、次にお話しすることは狂気の沙汰、うますぎて本当とは思えない話に聞こえるかもしれない。でも、そう聞こえるのは承知の上であえて言わせてもらう。次の話が本当の話であることは請け合ってもいい。

私の世界、つまりレベル４とレベル５の投資家の世界では、無限大のリターンを得ること――そしてリスクを低く抑えること——が可能だし、みんなそれが当然と考えている。無限大のリターンとは「元手なしでお金が入る」ことを意味する。つまり言い換えるとこうだ。真の投資家は自己資本ゼロの状態で利益を得る。

さきほど、一九七三年に私が不動産コースをとった話をした。私は百件以上の物件を見たあと、借入金だけを使って、つまり自分のお金は全く使わずに、マウイ島にあるマンションの一室を購入し、毎月二十五ドルの利益を得るようになった。自己資金はゼロだったから、この二十五ドルは私の投資に対する無限大のリターンだった。すでに書いたように、このとき「実社会での私の教育が始まった。私は他人のお金を使ってお金を稼ぐ方法——真の資本家が知っていなければいけないスキル——を学びつつあった」。

一カ月に二十五ドルというのが大した金額でないことは私も知っている。でも、私にとって重要だったのはお金ではなかった。大事だったのは新しい考え方、つまり情報を消化してそこから結果を得る方法を学びつつあったことだ。

●情報を意味のあるものに変える

いま、私が多くのお金を持っている理由はごく単純だ。別の考え方をするように教育と訓練を受けていたからだ。『金持ち父さん　貧乏父さん』を読んだことのある人は覚えているかもしれないが、あの本にある「第一の教え」は「金持ちはお金のためには働かない」だ。EやSのクワドラントの人がこの言葉に違和感を感じる理由の一つは、彼らの大部分が学校へ通い、お金のために働くことを学んできたからだ。つまり、他人のお金を自分のために働かせる方法を学ぶために学校に通ったわけではなかった。

リッチダッド社を立ち上げたとき、キムと私は投資家から二十五万ドルを借りた。そして会社が軌道に乗り始めると同時に、そのお金を返した。いまこの会社は何百万ドルもの利益を生み出し、私とキムだけでなく、リッチダッド社に関わる企業、個人に還元利益を分け与えている。前にも言ったように、資本家は気前がいい。

私がここで言いたいのは、ゼロからお金を稼ぎ出す方法、つまり他人のお金や銀行のお金を使って利益を得る方法をマスターした瞬間に、その人はこれまでとは違う世界に足を踏み入れるということだ。それは、せっせと働き、高い税金を払い、投資から少しばかりのリターンを得るEやSの世界とは正反対の世界だ。たいていの人がお金を貯めるのは賢いことだと信じ、株式市場からの十パーセントのリターンにはそれだけの価値があると考えているが、そう考える理由は単純だ。ファイナンシャル教育が不足しているからだ。

あなたにとって一番いい「投資収益率」は投資から得られるリターンで測るものではない。情報から得られるリターンで測るものだ。だからこそ、ファイナンシャル教育が大事だ——とくに、これから先に待ちうけている、不確実性に満ちた世界では。

「教育」に関する次のような言葉を覚えておいてほしい。「教育は情報を意味のあるものに変える力を私たちに与える」。情報時代には、お金に関する情報があふれている。でも、ファイナンシャル教育がなければ、その情報を生活に役に立つ意味に変えることはできない。

この章を終えるにあたって私が言いたいのは、Iクワドラントこそあなたの未来にとって一番大事なクワドラントだということだ。生計を立てるためにどんな仕事をしていようと、Iクワドラントでどれくらいうまくやれるかが、あなたの未来を決める。言い換えるとこうだ。たとえEやSのクワドラントでわずかなお金しか稼いでいなくても、Iクワドラントのためのファイナンシャル教育を身につければ、経済的な自由と安定を得るための切符を手にできる。

たとえば、私の妹は仏教の尼僧でSクワドラントに属しているが、収入はほとんどゼロだ。でも、彼女は私たちが主催する投資セミナーに出席し、着実にファイナンシャル教育を身につけてきた。いま、彼女の未来は明るい。なぜなら、妹は銀行にお金を預けたり、投資信託を買ったりするのをやめて、不動産と銀への投資を始めたからだ。二〇〇〇年から二〇一〇年にかけての十年間に、彼女はSクワドラントの尼僧としていくら働いても稼ぎ出すことのできないほどのお金をＩクワドラントで稼いだ。

私は妹のことをとても誇りに思っている。いわば「職業」は尼僧かもしれないが、だからと言って、妹が必ずしも貧しくなければならないということはない。

●次の章を読む前に

先に進む前にあなたに答えてもらいたい大事な質問が二つある。

1．あなたはどのレベルの投資家か？

短期間で富を築きたいと真剣に考えている人は、この投資家の五つのレベルの説明を何度も読み返してほしい。私はこの説明を読むといつも、自分の中にすべてのレベルの投資家の要素が少しずつ備わっていることに気づく。また、自分の長所に気づくと同時に、私の足をひっぱる弱点にも気づかされる。大きな富へと続く道は、自分の強みをさらに強化し、性格的欠点を正していく道でもある。そのためにはまず欠点を認識することが大切だ。欠点などないふりをしていてはいけない。

私たちはみな最高の自分になりたいと思っている。私は若いときからつねに、レベル５の資本家になることを夢見てきた。株で儲けようとする人と競馬で儲けようとする人の類似点について金持ち父さんが話してくれたとき、私は自分のなりたいものが資本家だということをはっきりと知った。その後、この章で紹介した五つの異なるレベルについて学ぶうち、自分の足をひっぱる性格的欠点が見えてきた。

私が見つけた性格的欠点の一つはギャンブラー的性格で、これはレベル４の投資家の要素のひとつだった。私には、プレッシャーが多くなるととくにこの性格が頭をもたげてくる傾向があった。たしかにギャンブラー的性格を持っていることにはいい面もあった。だが、同時に悪い面もあった。だから私は妻や友人の助けを借り、また自分でも学び続けることで、性格的欠点を直し、それを長所へと変える作業にとりかかった。するとレベル5の投資家としての私の効率は目に見えて上がった。

たしかに私はいまレベル5の投資家だが、いまでもこの五つのレベルについての説明をときどき読み返し、自分を成長させるように努力している。

あなたへの二つ目の質問は次のような質問だ。

2. 近い将来、あなたがなりたいと思っているのは、あるいはなる必要があるのはどのレベルの投資家か？

この質問に対する答えが一つ目の質問に対する答えと同じ場合は、すでにもう、あなたは望みのレベルに達していることになる。投資家としての自分を考えたとき、今の状態で満足しているのなら、これ以上この本を読む必要はあまりない。人生の最大の喜びの一つは、自分のいまの状態に満足していることだ。おめでとう！

注意：レベル5の投資家になることを目指す人は誰でも、まずレベル4の投資家としてのスキルを身につけなければいけない。レベル4はレベル5に進むために必ず通らなければいけないレベルだ。このレベルを飛び越えてレベル5に進もうとする人はみんな、まさしくレベル3の投資家、つまりギャンブラーだ。

ボーナスFAQ

最後に、リッチダッド社が提供するファイナンシャル教育と各種プログラムに関する「よくある質問」を八つに分けて取り上げた特別な章を付け加える。

この章では、よくある質問に対する答えと共に、新しい経済が機能する「すばらしき新世界」で成功するために、リッチダッド社のプログラムが重要かつ不可欠だと私が信じる理由、そして自分に対する投資としてそれがどのようにプラスに働くかといった内容も含めるつもりだ。

今、私たちが直面する数々の難問に立ち向かう中で、あなたはその解決の一部となる道を選択できる。

ロバート・キヨサキ

●ボーナスFAQ　その一：リッチダッド社はほかとどう違うか？

［よくある質問］　リッチダッド社のファイナンシャル教育プログラムはほかとどう違うのか？

［短い答え］　私たちはまず、ファイナンシャル教育を楽しく、面白く、簡単にすることから始める。そして次に、学ぶ人自身が自分の進みたい方向、目標レベルを決める。

［解説］

たいていのファイナンシャル教育プログラムは最初の入り口から視野が狭い。テレビやウェブ、出版物で目にする広告には、投資のテクニックに関するものが多い。株取引やFX取引、あるいは不動産の転売、競売物件取引、任意売却などに関するテクニックだ。これらはあくまでもテクニック、つまり「方法」だ。私に言わせれば、それでは視野が狭すぎる。テクニックを学ぶことは大事だが、それでは教育というより訓練だ。

キムと私はボードゲームとオンライン版の『キャッシュフローゲーム』――『101』と『202』、そして『キャッシュフロー・フォー・キッズ』――を開発し、楽しく、体験的に、簡単に、広い視野からお金の世界を見られるようにした。

今「楽しく」という言葉を使ったのは、このゲームのやり方をマスターすると、金持ちになるのが楽しくなるからだ。ゲームは学習を楽しいものにしてくれる。前に取り上げた「経験の円錐」が示す通り、新しいことを学び、学んだことを定着させるのに、キャッシュフローゲームのようなシミュレーションは最も効果的な方法の一つだ。

本書の中で、私は何度かゴルフを例に使った。ゴルフは始めたばかりの頃はうまくできなくてイライラさせられるばかりのスポーツだ。でも、レッスンを受けて練習をし、定期的にコースに出て、腕試しにトーナメントに出場したりするうちに、楽しくなってくる。「やればやるほど、やりたくなる」――ゴルフ好きはそんなふうに言う。

私もいつも「お金のゲーム」で勝つわけではないが、私にとってこのゲームはやればやるほど、やりたくなるゲームだ。面白く、やりがいがあり、常に変化していて、お金が儲かる。私にとって一番意味があったのは、このゲームに勝ち始めたら、安定した職が得られるかどうかとか、老後資金は充分だろうかといった心配をする必要がまったくなくなったことだ。今の私はより多くのお金を稼ぎ、より少ない税金を払って、自分の好きなことをする自由な時間がある。

●アンフェア・アドバンテージの基本

『キャッシュフロー101』はファンダメンタル投資を教えてくれる（図㊷）。

㊷キャッシュフロー 101 のゲームシート

職業 ＿＿＿＿＿＿＿ **プレーヤー名** ＿＿＿＿＿＿＿

目標：支出を上回る不労所得を得て、ラットレースからファースト・トラックへ出ること

損益計算書

収入

給料
利子
配当

不動産　キャッシュフロー

ビジネス　キャッシュフロー

会計監査役の名前

（あなたの右側に座っている人）

不労所得＝（　　　　　）
（利子＋配当＋不動産からのキャッシュフロー＋
ビジネスからのキャッシュフロー）

収入の合計

支出

税金
住宅ローンの支払
教育ローンの支払
自動車ローンの支払
クレジットカードの支払
小売店への支払など
その他の支出
育児費
銀行ローンの支払

子供の数（　　　　　）
（最初は0から始める）
子供一人あたりの育児費（　　　　　）

支出の合計

毎月のキャッシュフロー
（収入の合計－支出の合計）

貸借対照表

資産

貯蓄

株・投資信託・CD　株数　一株あたりの価格

不動産　頭金　購入価格

ビジネス　頭金　購入価格

負債

住宅ローン
教育ローン
自動車ローン
クレジットカード
小売店のつけなど
不動産ローン

負債（ビジネス）

銀行ローン

『キャッシュフロー202』はテクニカル投資を教えてくれる（図㊸）。

本書を読んでわかったと思うが、ファンダメンタル投資をする投資家はキャッシュフローを得ることを目的とし、テクニカル投資をする投資家はキャピタルゲインを得ることを目的とする。そして、これももうおわかりのように、キャッシュフローにかかる税金はキャピタルゲインにかかる税金よりも少ない。たいていの投資講座では株取引、不動産転売取引、為替取引など、キャピタルゲインを目的とした投資に重点が置かれる。キャッシュフローゲーム『101』と『202』はキャピタルゲインとキャッシュフローの両方に投資することを教えてくれる。

キャピタルゲインとキャッシュフローの両方に投資する方法を知ることは、実際の市場に投資する際のアンフェア・アドバンテージの基本だ。

●学習レベルが飛躍的に上がる

同じ志を持つ人たちと何度もキャッシュフローゲームをプレーし、金持ち父さんの教えの基となる基本的原則を学ぶと、理解の度合いが飛躍的に深まる。これは補償の法則その三の「複利で増えるファイナンシャル教育の力」によるものだ。

学び続けるうちに「先に進む準備ができた」と感じるようになったら、教える側に立ったり、地域のキャッシュフロー・クラブのリーダーの手伝いをしてほかの人の役に立ちたいと思うかもしれない。あるいは自らキャッシュフロー・クラブのリーダーになって、自分のクラブを始めたいと思うかもしれない。

教える側に立つと、さらに一段と理解が深まるのに気付く。これは補償の法則その一、互恵の法則「与えよ、されば与えられん」が働くからだ。

㊸キャッシュフロー 202 のゲームシート

CASHFLOW® 202　プレーヤー＿＿＿＿＿＿　監査役＿＿＿＿＿＿

オプション取引ワークシート

コール・オプション（株価の上昇を期待する）

銘柄記号	株数 (a)	オプション単価 (b)	支払総額 (a × b)	行使価格 (c)	今日の株価 (d)	上昇幅 (d − c)	受領金額 (d − c) × a	回数
								1 2 3
								1 2 3
								1 2 3
								1 2 3
								1 2 3
								1 2 3

プット・オプション（株価の下落を期待する）

銘柄記号	株数 (a)	オプション単価 (b)	支払総額 (a × b)	行使価格 (c)	今日の株価 (d)	下落幅 (c − d)	受領金額 (c − d) × a	回数
								1 2 3
								1 2 3
								1 2 3
								1 2 3
								1 2 3
								1 2 3

回数：オプションの行使期限（自分の番が3回まわってくるまで）を覚えておくために、行使を見送った回に印をつけておく

空売りワークシート（株価の下落を期待する）

銘柄記号	株数 (a)	売却単価 (b)	売却総額 (a × b)	株価 (c)	購入総額 (a × c)	損益総額 (a × b) − (a × c)

コール・オプション、プット・オプション、空売りの記入方法は、CASHFLOW®202のルールブック6、7、10頁を参照。

G202CTI3

●基本プログラムと上級プログラム

今お話ししたような基本的学習が終わると、どのタイプの資産が一番自分に向いているかを決める準備が整う。すでにご存じの通り、基本的に言って資産には次の四つの種類がある。

1. ビジネス／起業
2. 不動産
3. 紙の資産
4. コモディティ

リッチダッド社は起業、不動産、紙の資産の取引に関するプログラムを提供している。金や銀などのコモディティに関するコースはない。これは金や銀の売買にはファイナンシャル教育がさほど必要ないという単純な理由からだ。

私の場合、石油への投資は起業家として行っている。石油探査への投資は複雑な投資だ。起業家になるには最も高度なファイナンシャル教育が必要だというのが私の考えだ。起業家は世界で最も裕福な人たちでもある。

二番目に高度なファイナンシャル教育が必要なのは不動産だ。

紙の資産は一番簡単に始められる。少額でも、あるいは百万ドル単位でも投資できる。それと同時に紙の資産は――特に経済が不安定な時には――最もリスクが高い資産でもある。

コモディティはファイナンシャル教育を最も必要としない。金や銀などの貴金属に投資するだけなら、中央銀行がどれくらいの量の紙幣を印刷しているか、そして自分の住む国がどれくらいの量の借金を抱えているかさえ知っていればいい。一九九八年以降ずっと、アメリカでは金と銀がいい投資先になっている。買って持っているだけでいいからだ。

貴金属市場がこの先どれくらいの期間いい投資先であり続けるか、それは世界の指導者たちの行動次第だろう。指導者たちが適切な行動をとれば金と銀の値段は下がる。指導者たちが無能なら、金と銀の値段は天井知らずに上がり続けるだろう。

●あなたに合ったプログラムはどれか?

どのコースが一番適しているか? それは人によって違う。

一九七三年にベトナムから帰還した時、金持ち父さんは私に不動産投資の基本を学べるコースをとるように勧めた。借金をうまく管理して、そこから利益を得る方法を学ぶ必要があったからだ。アメリカドルは借金によって支えられているから、基本的ファイナンシャル教育として、借金についての勉強が不可欠だと金持ち父さんは言った。

起業家になることに興味があると私が言った時には、金持ち父さんはセールスに関するきちんとしたコースをとるように勧めた。一九七四年、私はゼロックス社に入社した。この会社のセールス研修プログラムが最高レベルのものだったからだ。私は営業成績ナンバーワンになるまで、ゼロックス社で四年間働いた。

今、私は「ベストセラー(最高に売れている)」作家だが、「最高に文章がうまい」作家ではない。

リッチダッド社には先物取引やコモディティ取引にふれているコースもあるが、このようなテクニカル投資に関する教育もぜひ受けるようにしてほしい。なぜなら、どんな市場も上下するし、どんな市場にも過去と現在と未来があるからだ。

私のファイナンシャル教育に終わりはない。なぜなら、ファイナンシャル教育は私にとってアンフェア・アドバンテージだからだ。

●ボーナスFAQ　その二：コーチは必要か？

［よくある質問］　どんな時にコーチを雇ったらいいか？

［短い答え］　何か大事なことがある時。

［解説］

プロにはコーチがついているが、アマチュアにはコーチがついていない。スーパーマンやワンダーウーマンは漫画の世界にしか存在しない。スーパーマンでもワンダーウーマンでもない私たちはただの人間だ。

プロの運動選手はみんなコーチにつく。もともと才能は持っているかもしれないが、自分がスーパーマンやワンダーウーマンではないことを知っている。

私は自分がスーパーマンでないことを知っている。もしそうだったら、やりたいことは何でもできて、人生は楽に違いない。

でも、確かにスーパーマンではないかもしれないが、私は自分に潜在力と可能性があることを知っている。その隠された力を利用して、最大限の可能性を引き出したいと思ったら、私は誰かに背中を押してもらう必要がある。

背中を押してもらい、自ら責任を引き受けて、自分を押しとどめる力や怠慢さ、自ら課した限界などに打ち勝つために果敢にチャレンジする必要があるとわかった時、手に入れたいと思っているものが自分にとって重要なものであれば、私はコーチを雇う。

最近親しい友人が亡くなった。まだ若かった。すばらしい人で、健康を除いては人生のすべてにおいて成功を収めていた。彼はコーチは雇わず、食生活を変えたり飲酒をやめることもせず、ひたすら仕事をしていた。そして、多くの人と同じように、より多くのお金を稼ぐことに夢中になっている間に身体を壊してしまった。彼が亡くなったあとには、若い奥さんと二人の子供が残された。

私もこの友人と同じような道を歩いていた。三十五歳を過ぎてから、運動量は減る一方で暴飲暴食を重ね、仕事の量を増やすばかりだった。私はあっという間に六十ポンド（約二十七キロ）太った。

私もはじめはコーチを雇おうとはせず、自分にこう言い続けた。「明日からダイエットする。明日こそ運動する。そうすれば一カ月もしたら以前の服が着られるようになる」。問題は、明日が来ても何もせずに、時だけが過ぎていったことだ。こうして私の体重は増え続けた。

ある日、机に向かって座っている時、海岸で撮ったキムと私の写真が目に留まった。私は恥ずかしくなった。笑顔を浮かべたキムは愛らしく、とてもきれいだった。私は彼女の二倍はあり、私のお腹が写真の大部分を占めていた。現実から目をそらすのをやめて、コーチを雇う必要があると気付いたのはこの時だ。

それから私は、何人ものフィットネスコーチについてトレーニングを続けた。そしてついに、町で一番厳しいと評判のコーチの一人と出会った。それまでとは大違いだった。彼は私に自分に対する責任感を持たせるだけでなく、二十代、三十代の人たちに対するのと同じように厳しく私を扱った。年だからと容赦はしない。これは私にとってとても大きな意味を持っていた。なぜなら、それまで自分が年齢を言い訳にしてきたことに気付かせてくれたからだ。私のコーチには、年だからという言い訳は通用しない。私に必要だったのはまさしくそんなコーチだった。

今六十代の私は、四十代や五十代の頃より健康だ。体重は今も増えたり減ったりしているが、コントロールできない状態にはならない。一番大事なのは、六十を過ぎてからの今のほうが、三十代の頃より熱心に健康維持に励んでいるということだ。なぜなら、そうしなければならないからだ。三十代の頃、トレーニングするのは楽だった。六十代の私にはより多くの努力が必要だ。

私は健康のためだけにコーチを雇ったわけではない。健康は大事だが、キムと過ごす人生のほうが大事だ。キムは私の人生に生きがいを与えてくれる。私はこの人生というすばらしい贈り物を彼女と共に楽しむために健康でいたい。

つまり、肝心なのはあなたにとって大事なものは何かということだ。それはお金や健康自体ではないはずだ。自分と家族にとって、お金や健康がどんな意味を持っているかということが大事だ。確かにお金は人生における大事なことやもののすべてに影響を及ぼす。今でも覚えているが、キムと私がまったくの無一文だった時、私は自分を恥ずかしく思い、自分に腹を立てていた。キムを失望させたと思っていたからだ。だから私はコーチに助けを求め、人生の金銭面を立て直すプロセスをスピードアップさせた。

もし私があなたの立場で、EからSへ、SからBへとクワドラントを替える準備ができているとしたら、コーチを雇う。たいていの人にとっては、クワドラントを替えるのは容易なことではない。人生における重要な変化はどんなものでも容易ではない。だから本気で人生を変えようと思った時にはコーチが必要だ。

覚えておいてほしい。自分にはどの種類の資産が一番向いているかを決める時、重要なのは、不動産か、起業か、紙の資産かということだけではない。もっと重要なのは、起業家や不動産投資家として成功することが自分にとってどんな意味を持っているかだ。自分にとって一番大事なものがわかったら、その時こそがコーチを雇うべき時だ。

●ボーナスFAQ　その三：借金がたくさんある場合はどうしたらいいか？

［よくある質問］　私は多額の借金を抱えているが、リッチダッド社のファイナンシャル教育プログラムは役に立つだろうか。

［短い答え］　おそらく役に立たない。

［解説］

借金にはいい借金と悪い借金がある。悪い借金はやっかいだ。アメリカをはじめ世界中の多くの国々の経済が停滞し、落ち込み、死にかけているのは悪い借金のせいだ。

言うまでもなく、リッチダッド社が開発した上級ファイナンシャル教育やコーチングのプログラムを買ってもらえれば私はとてもうれしい。でも、悪い借金というのは単に金銭的な問題ではなく、より深い問題、時には感情的な問題の兆候である場合もあるし、大きな問題の氷山の一角でしかないという場合も多い。

感情は金銭的な問題を引き起こす最大の原因だ。ウォーレン・バフェットがよく言うように、「自分の感情をコントロールできなければ、自分のお金をコントロールすることはできない」。

あなたのような人には、リッチダッド社のファイナンシャル教育やコーチングのプログラム――特に上級プログラム――を利用することよりも、キャッシュフロー・クラブに参加して、同じ志を持つ人たちと何度もゲームをすることをお勧めしたい。その体験は、あなたが多額の借金を抱える本当の理由を見つけるのに役立つだろう。自分が置かれている状況とその原因をよく理解することができれば、将来のお金の問題に備えてよりよい決断ができるようになる。

数年前、私が百万ドル近い借金を抱えていた時、キムと私は一つの方式を開発し、それを使って悪い借金から抜け出た。私たちには悪い借金から抜け出す必要があった。なぜなら、そうしなければいい借金はできなかったからだ。この方式は"How We Got Out of Bad Debt"（私たちはいかにして悪い借金から抜け出したか）というタイトルで製品化されている。

●ボーナスFAQ　その四：どうやって始めたらいいか？

［よくある質問］　お金はあまりないが、どうやって始めたらいいか？

［短い答え］　何かやろう。行動を起こそう。

［解説］

若い頃、私は「神は自ら助けるものを助く」と教えられた。

世の中には、誰かに助けてほしいとは思っても、自分自身や他人を助けたいとは思わない人が多すぎる。また、何もしない言い訳に「お金がないから」と言う人も多すぎる。

「お金がないから」と言うためには特別な才能は必要ない。誰でも言えるし、実際そう口にする人は多い。現実のお金の世界においては、成功を望む意欲のほうが教育よりずっと大事だ。人がお金に困る主な原因は第一に意欲が足りないこと、そして第二に教育が足りないことだ。お金を手に入れたいという強い願望がなければ、ファイナンシャル教育もおそらく役には立たない。

ハワイに住むある十五歳の少年は、放課後バス停まで自転車を走らせ、バスに自転車を乗せ、一時間バスに揺られて町へ行く。町に着くと自転車をバスから下ろし、それに乗ってキャッシュフロー・クラブが開かれている場所まで行く。会が終わると、自転車に乗ってバス停に戻り、またバスに自転車を乗せて、自宅近くのバス停まで一時間バスに揺られ、そこで自転車を下ろして家まで乗って帰る。

この若者は人生において何をやってもきっと成功するだろう。

●ボーナスFAQ　その五：私に合ったプログラムはあるか？

［よくある質問］　私はかなり洗練された投資家だと思うが、リッチダッド社のプログラムは私の役に立つか？

［短い答え］　おそらく役に立たない。

［解説］

リッチダッド社の教育とコーチングのプログラムは、学習したい人たちを対象にしている。答えをすべて知っていると思っている人たちに向けたものではない。最近の金融危機では、答えをすべて知っていたはずの人たちのアドバイスに従ったおかげで、何百万人もの人が何兆ドルも損をした。

エンロンのリーダーたちがメディアなどでよく「その部屋で最も優秀な男たち」と呼ばれていたことを覚えている人もいるかもしれない。今やエンロンは姿を消し、エンロンの従業員も投資家もいなくなった。

リーマン・ブラザーズを覚えているだろうか？　リーマンは本当に優秀な人たち――その多くが一流大学

出——が経営していた。今ではその人たちもいない。

何百万人もの顧客にアドバイスを与える証券会社メリル・リンチは、バンク・オブ・アメリカに救済されるまで倒産寸前だった。

テレビで教えを垂れる「経済の専門家」たちはどうだろう？　本当に優秀な人たちであるはずの彼らは、なぜ株式市場から手を引くよう世間に呼びかけなかったのか？　彼らが今もまだお金に関するアドバイスを与え続けているのはなぜなのか？

ベン・バーナンキはどうだろう？　連邦準備理事会の議長がなぜ「金の値動きは完全には理解できない」などと言えるのか？　世界で最も影響力のある銀行をコントロールする立場にある彼は、世界で最も優秀な人物の一人のはずではないのか？

たとえあなたが二〇〇七年から二〇一〇年の間に数百万ドル稼いだとしても、学べることはまだたくさんある。

私にとって、二〇〇七年から二〇一〇年までの期間は、投資家としてのキャリアの中で最良の時だった。この時私は数百万ドル稼いだが、学べることはまだある。私はそれを知っている。

私はこれからもより多くのことを学び続けるつもりだ。なぜなら、私にとってのアンフェア・アドバンテージは大学教育ではなくファイナンシャル教育だからだ。

いつも覚えておいてほしい——全米トップ二十位までのゴルファーとトップ百二十位までのゴルファーのスコアの違いは二ストローク以下、つまり一ラウンドにしたら一ストローク以下だ。トップ二十位までのゴルファーは数百万ドル稼ぐ。その下の百人は快適な生活を送れるだけのお金を稼ぐ。プロゴルファーでも、すべてを知っていると言える人はいない。彼らはたとえ百万回パットをしたとしても、パットについて学べることがまだあることを知っている。

プロたちは、最高のアンフェア・アドバンテージを与えてくれるのが時にはほんのささいなことだと知っている。

●ボーナスFAQ　その六：起業家向けのプログラムはあるか？

［よくある質問］　起業家を対象にしたものとしてどんなプログラムがあるか？

［短い答え］　リッチダッド社は起業家向けのプログラムをたくさん用意している。

リッチダッド社のプログラムは、結局のところすべて起業家向けに作られている。ビジネス、不動産、紙の資産、貴金属、どの分野にも起業家がいる。彼らは自分のお金と未来の自分の金銭的状態を自分でコントロールする人たちだ。

起業家でない人は、おそらく何か仕事に就き、お金のために働き、お金を貯めて、自分の老後資金を見ず知らずの人に預ける。

［解説］

私はパイロットになる勉強をするために飛行学校に通った。そして、飛行学校を卒業してはじめてパイロットになった。

医学校を卒業しなければ医者にはなれない。医学校を卒業したあともインターンや研修医になって訓練を続ける。飛行学校の学生すべてが卒業するわけではないし、医学校の学生すべてが卒業するわけでもない。もし海兵隊で「飛行学校の初日から戦闘機を操縦したい」などと言っていたら、私は頭と心に問題を抱えていて妄想癖があると判断されて即刻除隊させられていただろう。ビジネスも同じだ。多くの人はビジネスを始める――自分自身のボスになる――という考えにとらわれすぎて、きちんとした訓練が不可欠であることを忘れてしまう。十の新しいビジネスのうち九つが最初の五年以内に失敗するというのはもっともな話だ。

私は海兵隊徽章を正式に授与されてはじめて、自分が操縦したい航空機を選ぶことを許された。戦闘機や輸送機は向いていないとわかっていた。だから武装ヘリコプターを選んだ。私の人生で最も賢明な選択の一つだった。飛ばし方を知らなかったら、自分が操縦したいものが何かもわからなかっただろう。

武装ヘリコプターは私の性格に合っていた。私はアンフェア・アドバンテージがほしかった——空中で戦うか地上で戦うか、武装ヘリのパイロットになるか地上で戦う兵士になるか、有利なほうを選びたかった。

［よくある質問］ でも、もしすでに新しい商品やビジネスのすばらしいアイディアを持っていたら、さらに何を学べというのか？

［短い答え］ それが思い込み、妄想の始まりだ。

［解説］

図㊹のB－Iトライアングルは、ビジネスの八つのインテグリティ（健全さを保つ要素）を示している。B－Iトライアングルを形作る八つの要素に注目してほしい。この三角形を見ると、製品が占める割合がインテグリティの中で最も小さいことがわかる。商品やサービスは、どんなビジネスにおいても最も重要度が低いからだ。

㊹B-Iトライアングルはビジネスの八つのインテグリティを表す

［よくある質問］「ビジネスの八つのインテグリティ」とは何か？

［短い答え］　この質問に短く答えるのはむずかしいので、八つのインテグリティがそれぞれ何を表すか、次に一つずつ説明する。

●使命

使命はB－Iトライアングルの底辺にある。なぜならこれこそがビジネスの土台、存在理由だからだ。使命は起業家の心から生まれる。それは、ただお金を儲けることよりももっと深いところに根差している。起業家には次の二つのタイプがある。

1.「変革派の起業家」は世界を変えたいと思う。すぐれたデザイナーであり、革新者でもあったアップル社のスティーブ・ジョブズはこのカテゴリーに属する。

2.「商業派の起業家」は競争に勝ち、価格を下げて収入を得たいと思う。大半の起業家はこのカテゴリーに属する。私は両方のカテゴリーで活動している。

●チーム

成功するビジネスは、異なる職業を持つさまざまな人が集まったチームで構成されている。すぐれたチームとは、専門知識のプロ（弁護士、会計士など）、異なるスキル（広報、マーケティング、セールス）を持つ人、異なる才能（マーケティング、グラフィックデザイン、広告コピー、ウェブデザイン）を持つ人、異なる経験（実務経験の長さ、経歴の多様さ）を持つ人、異なる期待を持つ人など、さまざまな人たちが集まったチームだ。金持ち父さんはよくこう言っていた。「ビジネスは簡単だ。むずかしいのは人と一緒に仕事をすることだ」

たいていの起業家がビジネスに失敗するのはこのせいだ。彼らは相棒と二人だけで活躍する西部劇のヒーロー、ローン・レンジャーや一匹狼タイプの人間で、自分一人で、あるいは二十人に満たない少数の人たちと一緒に仕事をする。彼らは「ビジネスを起こしている」のではない。「仕事を持っている」にすぎない。

●リーダーシップ

リーダー、すなわち起業家は、決められた時間内、予算内で結果を出すために、人と資産にフォーカスする。組織のリーダーには、うまく全体をまとめる責任があるが、それは八つのインテグリティすべてが一つとなって機能するために必要不可欠だ。

リーダーは弁護士や会計士、ウェブデザイナーといった専門家を雇う。専門家は特定のテーマや分野――普通は八つのインテグリティのうちの一つだけ――について、多くのことを知っている。一方、リーダーは多くのことについて少しずつ知っている。リーダーは八つのインテグリティのどれについても、少しずつ知っていなければならない。

これほど多くの起業家が失敗する理由は、八つのインテグリティの一つだけに特化した学校を卒業してい

㊺B-Iトライアングルの外枠は、使命、チーム、リーダーシップ

て、一般的なビジネスの知識やスキル、特にリーダーシップのスキルに欠けるためだ。

Ｂ－Ｉトライアングルを見ると、外側に使命、チーム、リーダーシップのインテグリティがあるのがわかる。軍事学校はこの三つを教えてくれる（図㊺）。

私が従来型のビジネススクールに通わなかったのに起業家として成功している理由の一つは、軍事学校で訓練を受けたからだ。商船アカデミーでの初日、私たちは学校の使命を覚えさせられた。そしてその翌日から、リーダーになるため、そしてチームとして働くための勉強を始めた。

今、私は従来型のビジネススクールや会計や法律の学校を卒業した人たちを雇っている。私よりずっと頭がよく、ビジネスに関して私よりもいい訓練を受けた専門家たちだ。

私が起業家の世界で、従来型の学校の卒業生が持っていないアンフェア・アドバンテージを持っているのは、軍事学校での教育のおかげだ。一方、大企業での成功を目指す人たちの世界では、ビジネススクールの卒業生たちが私にはないアンフェア・アドバンテージを持っている。でも、それでも私は一向に構わない。その世界でやっていきたいと思ったことはないからだ。

●キャッシュフロー

ビジネスのキャッシュフローは多くの場合、ＣＦＯ（最高財務責任者）や会計士や経理係によって管理される。Ｂ－Ｉトライアングルでキャッシュフローは使命のすぐ上にあり、財務諸表で「ボトムライン（最終損益）」とよく呼ばれるものがこれにあたる。

リーダーがいい仕事をすれば、給料、利益、配当金、そして資本金に回すためのキャッシュフローが多く生まれ、ビジネスは成長を続ける。

リーダーがうまくやらなければ、現金の不足、業務縮小、レイオフが生じて、運転資金が少なくなる。

●コミュニケーション

コミュニケーションはB－Iトライアングルでキャッシュフローのすぐ上に位置する。社内的なものも社外的なものも含めて、コミュニケーションはプラスにもマイナスにもキャッシュフローに直接影響するからだ。

一般にPR（広報活動）、マーケティング、広告、セールスなどと呼ばれるのは顧客向けの社外コミュニケーションだ。一方、社内コミュニケーションは従業員、納入業者、経営陣、株主を対象とするコミュニケーションだ。社内と社外のコミュニケーションが不足している組織は、八つのインテグリティすべてにおいて、特に一番下の「ボトムライン」で苦労する。

セールスはコミュニケーションに含まれる。セールスは収入に直結する。失敗する新米起業家たちが多い理由の一つは、ビジネスの運転資金と個人的な生活費をまかなうのに充分なだけの物やサービスを売ることができないからだ。

一九七三年にベトナムから帰還した時、金持ち父さんはセールスを教えてくれる人を探すように私に言った。そこで私は、四年間ゼロックス社に勤めた。最初のビジネスを始める前のことだ。

起業家にとって最も重要なスキルは、資金を調達する能力だ。起業家にセールスの腕がなければ、ビジネスはつぶれる。大半のビジネスが軌道に乗れずに失敗する大きな理由は、起業家に資金調達能力がないからだ。

●システム

ビジネスは複数のシステムから成り立つシステムだ。車や人間の体も同じだ。

車には燃料系、イグニッション系、ブレーキ系、油圧系、ステアリング系、その他多くのシステムがある。一つのシステムが故障すると、車はスムーズに走らなくなったり、完全に止まってしまったりする。

人間の体には循環器系、呼吸器系、消化器系、骨格系、神経系、そのほかいろいろなシステムがある。車と同じで一つのシステムが弱ったり、悪くなったりすると、体全体が不調になったり、動かなくなったりする。

ビジネスも車や人の体と同じだ。すべてシステムで成り立っていて、たとえば、電話システム、ウェブシステム、経理システム、マーケティングシステム、法律システム、生産システム、流通システムなどがある。そして、車や人の体と同じように、システムの一つが故障したり、傷ついたりすると、ビジネスは迷走したり、死んでしまったりする。

例えば仮に、ビジネスは順調なのに、経理のシステムとそのプロセスに弱点があるとしよう。ずさんな記録管理、いいかげんな報告、税金の未払い（あるいは過払い）、そして最終的にはキャッシュフロー不足のために、そのようなビジネスが苦境に陥るまでにそう時間はかからないだろう。

●法律

契約、合意、そして法律の知識はビジネスの成功に欠かせない。

法的合意は資産を生み出し、それが資産であることを明確にするのに必要不可欠だ。例えば、私が本を書いた場合、その本は法的契約を通して初めて資産、すなわち一つの知的財産になる。法的な合意なしに世界規模のビジネスをするのはほとんど不可能だ。

不動産の取引には法的合意が山のように関わってくる。株取引や資金調達をする際も同じだ。法的な合意がなかったり、法律が守られなかったりしたら、大混乱が起こる。

あなたの会社の従業員とあなた、あるいは賃貸マンションの借り手と家主であるあなたとの関係や合意事項もまた、法的契約によって明確にされる。

せっかくすばらしいビジネスを立ち上げたのに、自分では気付かずに犯したつまらない間違いのせいで、苦労して手に入れたお金を弁護士への支払いに費やす結果になる起業家は多い。

どんな種類のビジネスでも、起業家が起こしたビジネスにとって法律は大事な要素だ。法律がB－Iトライアングルの頂上近くにあるのは、きちんとした契約を結ぶための健全なプロセスとシステム、そして指導してくれる優秀な弁護士を持つことの重要性をあなたに思い出させるためだ。

●製品

B－Iトライアングルの中で最も重要度の低いインテグリティが製品だ。だからと言って、製品が重要でないとか、高品質である必要がないという意味ではない。消費者の側から見ると製品はとても大事だ。一方、起業家と、ビジネスに投資する投資家にとっては、製品を消費者まで届けるビジネス自体が大事だ。

百万ドルの価値のあるアイディアや商品を持っている人はいくらでもいると思う。問題なのは、そのアイディアを百万ドルのビジネスに変える起業家としてのスキルと才能が彼らに欠けていることだ。

B－Iトライアングルを通して見ると、ビジネス自体のほうが製品よりはるかに重要だ。製品は製品にすぎない。ビジネスこそが資産だ。


［よくある質問］ 私たちはみんな資本主義者《キャピタリスト》（資本家）ではないのか？

［短い答え］ 違う。

［解説］

共産主義世界にも、医師、弁護士、銀行員、パイロット、ウェブデザイナー、教師がいる。資本主義であれ、社会主義、共産主義であれ、経済を構成するのはこれらの人たちだ。

真の資本家とは、他人の労働力と他人のお金を使って、人や政府が望むことをする人たちだ。彼らはその過程で、資本市場を利用して自分の財産を増やす。あなたがお金のために働き、自分のお金を投資しているとしたら、あなたは資本主義社会の一員ではあるが、必ずしも資本家ではない。

資本主義の定義はこうだ――生産の手段が個人に所有されていて、個人の利益のために稼動している経済システム。

カール・マルクスはプロレタリア階級、すなわち労働者階級を、「生産手段を持たない人々」と定義した。仕事を得るために、あるいは会計士や弁護士や医師としてお金のために働くための訓練を学校で受けている人は、資本家の役に立つための訓練を受けているのと同じだ。

●ボーナスFAQ　その七：起業の道は誰に対しても開かれているか?

［質問］　誰でも起業家になれるか?

［短い答え］　なれる。週末に芝刈りのアルバイトをする近所の少年も起業家だ。

起業家になるのは大したことではない。大変なのは起業家として成功することだ。調査によると、稼得所得総額とビジネスに費やした時間数を考慮して比較した場合、多くの起業家の稼ぎは会社員より少ない。

［解説］

起業家になるのは大したことではないのだから、「起業家になれるか?」という質問より「どんな起業家になりたいか?」という質問をしたほうがいいかもしれない。

ここで思い出すのは、「森の中には異なる鳥たちがたくさんいる」という中国の古いことわざだ。キャッシュフロー・クワドラントの図を思い出して、それぞれのクワドラントを別々の森だと考えよう。それぞれの森には多種多様な鳥たちがいる。この点について説明しよう。

●Eクワドラント

この森には実に多種多様な従業員たちがいる。CEOからビルの管理人、弁護士から作業員、会計士から脱税者まであらゆる種類の人がこの森に住んでいる。また、管理職にある人たち、仕事を持つ母親たちの多くもここに住んでいる。

Eクワドラントにいる従業員たちはフルタイムやパートタイムで、時給制、歩合制、月給制で働いている。彼らは自宅やオフィスなど、あらゆる場所で働く。

●Sクワドラント

Sクワドラントの森にはまた別の、実に多種多様な鳥たちが住んでいる。起業家の大部分が集まっているのがSクワドラントだ。Sはsmall business（スモールビジネス）、つまり従業員が五百人未満のビジネスを表す。Sはsmart person（頭のいい人）の意味もある。専門的スキルをもとにスモールビジネスを起こす医師、弁護士、コンサルタントたちだ。

Sという文字にはほかにもいくつか意味を当てはめることができる。

・Sはselfish person（利己的な人）を表す。

こういう人たちは自分が稼いだお金を人と分けたくないから小さいままでいる。彼らは電話に出ることからオフィスの掃除、税金の申告まで、何もかも自分でする。

・Sはstupid（馬鹿な）を表す。

世の中には頭のよしあしに関わらず成功する起業家もたくさんいる。一方、馬鹿で頑固で、誰も雇ってくれる人がいないので、しかたなく一人で仕事をしているという人もいる。

・Sはstar（スター）を表す。

ミュージシャン、映画スター、スポーツ選手などがこれにあたる。彼らはたいてい自分のスターとしての魅力を、一番高く買ってくれるところに売る。

・Sはstrange（変わった）を表す。

多くの芸術家や風変わりな人たちがSクワドラントに引き寄せられる。彼らは自分のままでいる必要がある人たちだ。自分の好きなことをして、自分が持つ力を誇示しないではいられない。ほとんどが一般社会に適応できない人たちだが、適応しようという気もない。ウェブ全盛のすばらしき新世界は、風変わりな鳥、つまり変わったことをして注目を集めたい人たちであふれている。

・Sはself-employed（自営業）も表す。

たいていの起業家は自営業者だ。彼らはビジネスを持っているのではなく、仕事を持っているにすぎない。彼らが仕事をやめられないのは、やめると収入が途絶えるからだ。

自営業者が自分のビジネスから手を引くことができるようになったら――そして、それでも彼らが関わっていた時以上にビジネスがうまくいくようになったら――彼らは本物の起業家になったと言える。それは彼らが資産を築いたことを意味する。真の起業家のすることをしたのだ。

●Bクワドラント

Bはbig business（ビッグビジネス）、つまり五百人を超す従業員を抱えるビジネスと、big corporate offices（大企業のオフィス）を意味する。

Bクワドラントのビジネスの大半は企業とその支店のオフィスを通して運営される。

これは私が経験から気が付いたことだが、株式が公開されている大企業の経営者たちと、起業家が起こした非公開会社の経営者たちとの間には違いがある。ゼロックス社を辞めたいと思った理由の一つは、従業員を管理するために会社が雇った経営者たちを好きになれなかったからだ。大企業に独特の文化《カルチャー》と起業ビジネスのそれとは異なる。

Bクワドラントの起業家として、資産となるビジネスを築くにはさまざまな方法がある。

・フランチャイズ

フランチャイザーは、自分たちと一緒にビジネスをする権利を売る企業だ。マクドナルドはフランチャイズ展開をしている企業として最もよく知られている例の一つだ。

・ライセンス

ライセンス契約は、あなたのビジネスが所有する権利を使用することを他のビジネスに許す契約だ。リッチダッド社のビジネスモデルはこれだ。オフィスの規模は小さいが、世界中の会社にリッチダッド社の知的財産の使用を認可するライセンスを与えている。

ライセンス契約を通して、リッチダッド社には世界中に何千人もの従業員がいて、商品、セミナー、教育プログラムの宣伝と販売に携わっている。

・ネットワーク・マーケティング

ネットワーク・マーケティングは無限に広がる可能性を持つビジネスシステムだ。たった一人でもわずかな資金で始めることができ、何千人もの人たちと一緒に働いて、ビジネスを世界的規模に拡大させ、独立したビジネスを築くことができる。

この種のビジネスに携わる人たちは世界中に大勢いる。

●Iクワドラント

Iはinvestor（投資家）、つまり資金調達の技術とその方法を理解している人たちを表す。Bクワドラントでビジネスを築き、資金調達することができれば、あなたは資本家だ。

・銀行融資

銀行から融資を受けて不動産に投資している人は、Ｉクワドラントで機能している。金持ち父さんが私に、ただ不動産と税金について勉強するのではなく、借金の管理の仕方を学ぶために不動産の講座を取るように強く勧めたのはそのためだ。今、私には「いい借金」が何億ドルもある。その借金で買った資産はどれも私に収入をもたらしてくれていて、その収入のほとんどが非課税だ。

自宅や車を買うために借金する人は消費者であって、資本家ではない。

・ＩＰＯ

私はＩＰＯ（新規株式公開）によって株式を上場したことがある。株式上場は、起業家になる道を歩き始めた時の私の目標だった。それを実現するまでに三十年かかった。困難な道のりだったが、私はその過程で多くのことを学び、成長した。

ＩＰＯによる資金調達ができるようになるには、あなたがＢクワドラント・ビジネスを持っていること、あるいはＢクワドラント・ビジネスを築く力を持っていることを証券市場に納得してもらわなければならない。

・私募債

私募債（private placement）の private（私的な）は public（公的な）の反対語だ。「私募債」という言葉は、一般に募集される公募債ではない有価証券の募集の際に使われる。私募債は少額の資金を調達するためや、少数の限定された投資家から資金を調達するために用いられる。一般大衆に向けたものではない。

一般大衆は「普通株」――知識や経験の少ない一般の人にとって安全だと考えられている証券――に投資

する。

二十代、三十代の頃、私は何回か私募債を使って、石油やガスの共同経営会社《パートナーシップ》のための資金を調達した。それは、お金のためではなく、経験のためだった。長い時間を費やし一生懸命に働いたわりに収入はほとんどなかったが、多くのことを学んだ。

今、何年も前に学んだことのおかげで、私は石油とガスの共同経営会社から大きな収入を得ている。そして、「補償の法則」と「累積された教育の力」の効果を立証している。

・フランチャイズ・オファリング

フランチャイズ・オファリングもまた一種の権利取引で、厳しい規則や規定に従うものだ。フランチャイザー（フランチャイズ本部）はフランチャイジー（フランチャイズ加盟店）に自社の商品やサービス、ブランド、商標、システム、広告、そして企業秘密の使用を認める。先ほども例に挙げたが、マクドナルドはビジネスを拡大・成長させるためにフランチャイズ戦略を利用している。マクドナルドはまた、さらに多くの資金を調達するために株式市場も利用している。

私はこれまでフランチャイズ・オファリングをきちんとした形でやったことがないが、経験を得ることを主な目的として、いつかやってみたいと思っている。フランチャイザーは、すでにできあがっていて即稼働可能なビジネスを起業家ではない人たちに売る。だから、フランチャイザーとして始めるビジネスは、IPOよりももっと高度に洗練された冒険的事業《ベンチャー》だ。普通の人たちでも利益を出せるビジネスを作ることは、とても大変な仕事だ。

［よくある質問］ どうすればBクワドラントとIクワドラントに到達できるか？

［短い答え］ 本当の資産を築く。

［解説］

世の中はEクワドラントとSクワドラントの人であふれている。世界はもっと多くのBクワドラントとIクワドラントの人を必要としている。起業家になる最初のステップは、Sクワドラントで本物の資産を作る方法を学ぶことだ。

思い出してほしい。Sクワドラントの人の大半は自営業者だ。彼らは働くのをやめることができない。なぜなら、彼らのビジネスは彼らがいなくても機能する資産ではないからだ。Sクワドラントで継続可能な資産を築いたら、Bクワドラントに挑戦しようと決心をする人もいるかもしれない。でも、私には、たいていの人はSクワドラントのビジネスでかなり満足してしまうように思える。

［よくある質問］ なぜ人はBとIのクワドラントに進もうとしないか？

［短い答え］ どのクワドラントにもそれぞれに異なる試練がある。そして、BやIのクワドラントへ進むにつれて、道はどんどん厳しくなる。キャッシュフロー・クワドラントの右側で成功するには、より多くの教育と努力、そしてより高度なリーダーシップ・スキルが必要だ。

［解説］

前にも書いたが、私はパイロットになるために飛行学校に通った。そして、飛行学校を卒業してはじめてパイロットになった。自分が操縦したい航空機を選んだのは、訓練を終えてからだ。より高い性能を持った航空機を操縦するようになると——特に戦闘状態において——私の技能レベルに対する要求も高くなった。

Sクワドラントで小さく始めて、成功する起業家になるためのスキルを学ぼう。そのあとでBクワドラントへ進むか、さらにIクワドラントまで進むか決めればいい。あるいはそこにとどまって、自分のビジネスを始めてもいい。

やってみたが、Sクワドラントに進むのがとてもむずかしいと感じる人もいるかもしれない。誰でも起業家になれることはなれるが、誰もが起業家に向いているわけではない。

何度も言ってきたように、本業はそのまま続けて副業を始めよう。たいていのスモールビジネスが最初の五年で失敗する理由は、新米起業家はビジネスを維持し自分と家族を養うのに充分な収入が得られないからだ。起業家になることを学ぶには時間がかかる。

［よくある質問］ Bクワドラントに移り、そのあとIクワドラントに移ろうとする人が少ないのはなぜか？

［短い答え］ それが簡単ではないからだ。クワドラントを替えるには、より多くの知識とより厳しい自己規律が必要だ。

［解説］

たいていの人は、「自分のやりたい仕事をしたい」「自分のやりたいようにしたい」という理由で起業家になる。収入を得られても、彼らが作り出したビジネスは起業家自身の才能に依存しすぎていることが多く、真のビジネスにまで発展しない。

B－Iトライアングルが「ビジネスの八つのインテグリティ」と呼ばれる理由は、インテグリティという言葉が、全体、あるいは完全を意味するからだ。

・Sクワドラントの医師

一つ例を挙げよう。友人の一人に、天才肌で、魔法でも使っているのではと思えるような医師がいる。彼は一匹狼タイプだ。電話を取るのも、予約を受け付けるのも、税金の申告をするのも、診療所を掃除するのも自分だ。ほとんど出費がないので、お金はたくさんある。問題は、彼が一人でビジネスのB－Iトライアングル全体を占めていることだ。彼自身がビジネスになっている。非常に優秀だから、多くの人たちがやる仕事をこなす能力がある。でも、仕事を休むことができない。彼が休むとキャッシュフローが止まってしまうからだ。

これは極端な例だが、世の中にはこの医師のような自営の起業家がたくさんいる。

この友人は医学校で優秀な成績を収め、開業してうまくやってはいるが、Sクワドラントから抜け出せないままでいる。自分のビジネスをBクワドラントのビジネスに育て、さらにIクワドラントへと進む可能性はほとんどない。彼は典型的なSクワドラントの医師だ。

・Bクワドラントの医師

知り合いにもう一人医師がいるが、この医師は患者は診ない。それにもかかわらず、毎年何千人もの患者の健康に関わっている。彼は一対一で患者に対応することに時間を費やすのではなく、病院を建てることに時間を費やす。今彼はアメリカと中国に病院を持っている。

彼は何千人もの従業員を抱え、採算が取れる病院を建てることができる。そのおかげで、莫大な額の税控除を受け、公開株を通して株式市場を利用し、裕福な個人投資家や大衆投資家から資金を集めることができる。この医師はBとIの二つのクワドラントで機能している。

彼のB－Iトライアングルは病院であり、どの病院も完全性《インテグリティ》を保った状態で運営されている。つまり、B－Iトライアングルの八つのインテグリティが相乗的に働き、全体的として完全で、法的にも、倫理的にも、道徳的にもきちんとしている。

起業家として成功すると、自分が選んだどんな商品やサービスに関わるビジネスでも構築することができるようになる。製品はトライアングルの中で一番重要度が低いことを忘れないようにしよう。起業家がB－Iトライアングルの作り方をマスターすれば、商品やサービスを置き換えることが可能になる。今、私は起業家として、教育、不動産、金、銀、メディア、そして石油に携わっている。

［**よくある質問**］　どのクワドラントが一番むずかしいか？

［**短い答え**］　どれもみんな最初がむずかしい。

やり方がわからなければ、どんなことでもむずかしい。例えば歩くこともそうだ。赤ん坊は立つことを学ぶまでに、何度も転ぶ。でも、立てるようになったら、今度は歩きたがり、次には走り出す。そして走り方を覚えたら、もう誰にも止められない。

［**解説**］

私が勧めるのは、Ｓクワドラントから始めて、それからＢに移り、そのあとＩクワドラントに進む方法だ。立つようになった赤ん坊が、次に歩き、そのあと走り出すのと同じプロセスだ。

［**よくある質問**］　なぜ起業家の大半がＢとＩのクワドラントに達することができないのか？

［**短い答え**］　自己規律が足りないから。

［**解説**］

成功するには自己規律が必要だ。そして、より大きな成功を収めるにはより多くの自己規律が必要になる。たいていの起業家は、自分のやりたいことをしたい、あるいは自分のやりたいようにしたいと思っているために、Ｓクワドラントを抜け出すことができない。

Ｂクワドラントにはより多くの規則と、より多くの自己規律が必要だ。

最も自己規律を要するクワドラントはＩクワドラントだ。そこには、最も多くの規則があり、最も自由がない。

［**よくある質問**］　なぜＩクワドラントに最も自由がないのか？

［**短い答え**］　ＯＰＭ、すなわち他人の資金を使うから。

OPMを使う際に課される政府の規制はとても厳しい。アメリカにはSEC（証券取引委員会）のような機関がいくつもあり、Iクワドラントでの活動を規制、監視している。

［よくある質問］ 金融腐敗がよく起こるのはIクワドラントか？

［短い答え］ そうだ。

［解説］

Iクワドラントは金融腐敗の温床となり得る。

バーニー・マードフがいたのはこのクワドラントだ。彼は本当の意味でのBクワドラントの起業家ではなく、Iクワドラントの起業家だった。そして、史上二番目の規模のポンジー・スキーム（金融詐欺）をやってのけた。私に言わせれば、史上最大のポンジー・スキームはアメリカ合衆国の社会保障制度で、これもIクワドラントでの詐欺だ。

多くの小規模ビジネスの起業家たちは、無知のせいでIクワドラントの法を犯す。まだビジネスになっていない時、すなわち資金を集めるだけの力のあるビジネスになっていない時に、資金を集める。

簡単に言うと、Iクワドラントで資金を集めるつもりなら、資金を集める前に、SやBのクワドラントで継続可能なビジネスを築く方法を知っておくのが一番いいということだ。金持ち父さんが私に不動産投資コースを受けるように勧めたのもそのためだ。金持ち父さんは、銀行のお金を使って不動産ビジネスの資金をまかなう練習を私にさせたかったのだ。つまり、ビジネスの資金として、OPM――友人や家族のお金――を使う前に、銀行のお金を使って練習をさせたいと思っていたのだ。

金持ち父さんがよく言っていたように、「人のお金を失った時、あなたは彼らの人生の一部を失う」。

不動産投資の資金を銀行から調達することができるようになるとすぐ、私はPPM（私募債覚書）を通して石油とガスのリミテッド・パートナーシップ（有限責任組合）のための資金調達を始めた。一九七〇年代から八〇年代にかけてのことだ。

二〇〇四年に、私はＩＰＯ（新規株式公開）を通じて最初のビジネスを売った。銀行融資をやめて、まず私募によって、そして次に公募によって資金を集め始めたのだ。すべてはＩクワドラントのファイナンシャル教育の一環だった。

●ボーナスＦＡＱ　その八：最大の利点は何か？

［よくある質問］　リッチダッド社のファイナンシャル教育の最大の利点は何か。

［短い答え］　アンフェア・アドバンテージが得られること。

［解説］

ファイナンシャル教育を通して得られるアンフェア・アドバンテージには次の二つがある。

1. お金の犠牲者にならない。
2. 問題の解決の一端を担うことができる。

二〇〇七年に始まった金融危機はまだ終わっていない。今私たちは嵐の目の中にいて、本当の危機はこれからまだやってくると私は思う。

●犠牲者にならないようにする

二〇〇二年に出版された『金持ち父さんの予言』の中で、私は最悪の条件が重なった「パーフェクト・ストーム（完璧な嵐）」が吹き荒れていると指摘した。残念なことに、この本を書いている二〇一一年現在、嵐はより大きく、より強力になっている。嵐が大きくなっているのは、政府、銀行業界、証券業界のリーダーたちが問題を解決していないからだ。彼らは問題を悪化させている。

リーダーたちは問題の解決は棚上げにして、マネーゲームを続けている。何兆ドルもの紙幣を印刷して、より多くの人たちがより多くのお金を借りてくれることを願って金利をゼロ近くまで下げ、生産を増やさずに国の借金を増やし、株式市場と住宅市場にテコ入れして、世間知らずで、お金の知識がなく、だまされやすい人たちを欺き続けている。

一九六三年、私がハイスクールの学生だった頃、ボブ・ディランが『時代は変わる』という歌を歌っていた。まだ若かった私には何が変わるのかわからなかったが、本能的に何かが変わっているのを感じていて、歌詞に共感を覚えた。

残念なことに、今、大部分の人はただ「普通の状態」に戻ってほしいと思っている。雲が晴れ、太陽が顔を出し、鳥たちがさえずる……雇用が戻ってきて、給料がまた上がり始め、経済が年十パーセント成長する……そんなことを期待している。たいていの人は政治的指導者や政府機関、学校、金融機関が自分たちの問題を解決してくれるのを期待している。何百万ものアメリカ人が、無能な人たちをワシントンから追い出せば、自分たちの問題は解決すると信じているように思える。

私はそれほど楽天的ではない。新旧にかかわらず、リーダーたちが必ずしも悪いわけではない。単純に言って、金融問題があまりにも大きくなりすぎ、政府やリーダーたちの手に負えなくなったということだ。アメリカが世界にこれほど多額の借金をしている時に、大統領が実際どれほどの力を持っているというのか？　中国がこれほどたくさんのドルを所有している時に、アメリカが中国にどう指図できるというのか？　世界がドルに対する信用を失くしている時に、アメリカが世界にどんな影響を与えられるというのか？

さらに悪いことに、アメリカに対するこの世界的な不信感が高まると同時に、国内の金融問題がまさに爆発しようとしている。

二〇一〇年、ベビーブーム世代が社会保障給付金を受け取り始めてから、アメリカの社会保障は破綻の一途をたどっている。メディケア（高齢者医療保険）はアメリカの財政にとってさらに大きな「排水口」で、二〇一九年までに破綻すると予想されている。社会保障とメディケアが支払い不能に陥っているにもかかわらず、わが国の大統領は医療費改革法案を成立させ、社会的、経済的問題をさらに大きくした。

それと同時に、アメリカは二つの戦線で勝ち目のない戦いを続けている。勝ち目がないのは、第二次世界大戦の時のような工業先進諸国との戦いではないからだ。この二つの戦争が正気の沙汰ではないことを理解するには、「アフガニスタン」と「イラク」を「ベトナム」（私も戦場に出た戦争だ）に置き換えてみるだけでいい。

●危機の定義

「危機（crisis）」という言葉の定義の一つは「何かの途中に起こる極めて重大な局面、あるいは転機」だ。医学の世界では「患者がそれを乗り切れるかどうかが、死ぬか回復するかを決めるような状況」を意味する。私たちは世界の歴史の転機に立たされている。問題は、このあと私たちは死ぬのか、回復するのかということだ。

「経済は回復に向かっているのだろうか？」と疑問に思っている人は多い。この問いに対する私の答えはこうだ——「経済は前に進み続けてきた」。

お金に関する教育を受けていないと、たいていの人は前に進めない。

前に進むどころか、そういう人は過去に生き、時代遅れの経済的価値に固執する。雇用が流動的で、労働力が最も安い国に流れている時に、多くの親はまだ子供たちに「学校に行っていい仕事に就け」と言っている。中央銀行が何兆ドルもの紙幣を印刷している時に、子供たちに「貯金しなさい」とアドバイスし続けている。そして、何百万人ものベビーブーマーが、年金プランからお金を引き出し始めているまさにその歴史的瞬間に、多くの人が年金プランへお金を注ぎ込み続けている。

『金持ち父さんの予言』の中で予言したように、本当の金融の嵐はまだこれからやってくる。

あなたには、その犠牲にならずに、自ら進んで自分のファイナンシャル教育に磨きをかけるという選択肢が与えられている。その道を選べば、頭脳を鍛えるというアンフェア・アドバンテージが手に入り、遅れをとって財産を奪われるのではなく、経済的危機と混乱にさらされているこの時を、さらに前進するチャンスだと捉えることができるようになる。

●未来は変えられる

ファイナンシャル教育を通して得られる二つ目のアンフェア・アドバンテージは、今の世界が直面している課題の解決の一端を担うことができるようになることだ。

二〇〇七年の金融危機は、実はもっと前に始まっていた。それが始まったのは、一九一三年、連邦準備銀行ができた時だ。一九一三年、アメリカ合衆国憲法修正第十六条の改正が承認された時、国税庁（ＩＲＳ）も同時に設立された。どちらの決議もアメリカ合衆国憲法の精神を侵すものだった。

これは偶然の一致だったのか？　私はそうは思わない。

二〇一一年現在、お金はもはやお金ではない。一九七一年にお金は本当の意味でのお金でなくなった。現在のお金は借金だ。

現在では、印刷されたドル紙幣の元本と利子を払うために、国税庁はドル紙幣一枚一枚に対して納税者に税金を課さなければならない状況になっている。これは一九一三年に計画されたことだ。つまり、紙幣を印刷し、印刷されたドル紙幣一枚一枚に対して納税者に税金を課すことはすでに計画されていた。

今、納税者は二つの税金を払っている。一つは直接税、もう一つはインフレという名の「税金」だ。しかもそれは両方とも増え続けている。

「収入の範囲内で生活しなさい」とファイナンシャル・プランナーがいつもアドバイスするのはこのためだ。

今のままだと、税金を払い、インフレによる影響を補うためだけに、あなたは生活を切り詰めて収入の範囲内で生活しなければならなくなる。

学校でお金に関する教育をしない理由もここにある。

政府と金持ちは、税金とインフレの支払いをしてくれる人たちを必要としている。

●解決の一端を担う

多くのアメリカ人は、新しい政治家を選出すれば、アメリカが直面している問題は解決すると信じ続けている。だからアメリカで、二度目の「ティーパーティー」が起きた。最初のティーパーティーは一七七三年にボストンで起きた（ボストン茶会事件）。これは、イギリス政府のアメリカでの「（代表なき）課税」に対する抗議行動だった。二〇一〇年の新しいティーパーティー運動は、アメリカ政府の国民に対する課税に抗議するためのものだった。

二〇一〇年、イギリス政府は五十万人の公務員が失業するだろうと発表した。生活保護受給者も給付金を削減されるだろう。

二〇一〇年、フランス国民は年金開始年齢が六十歳から六十二歳に引き上げられたことに抗議して、パリの通りでデモを行った。

二〇一〇年、すばらしい教育システムによって勤勉な国民を輩出し、国民が資産の大部分を貯金している国、日本が世界最大の債務国となり、その負債額がＧＤＰの二百パーセントになった。

二〇一〇年、かつてアメリカの仇敵だった中国とロシアが、アメリカドルではなくそれぞれの通貨、元とルーブルを使って相互に貿易をした。銀行が信用格付けの低い人にお金を貸すのを拒否するのと同じことだ。

これらの事実は何を意味しているのだろうか？　これはパーティーの終わりを意味している。サンタクロースのそりに乗った旅はもう終わりだ。

これは資本主義が第三世界まで広がりつつあることを意味している。

あなたが資本主義者、資本家なら、これはいいニュースだ。社会主義者で、政府が面倒を見てくれることを期待しているなら、これは悪いニュースだ。

あなたが資本家であれば、解決の一端を担うことができる。社会主義者であれば、あなた自体が問題だ。もしあなたが、政府が自分の問題を解決してくれるのを期待しているとしたら、それは間違いだ。問題は、世界各国の政府が破綻していることだ。

自らが問題となるのではなく、解決の一端を担おう。真の資本家になって、多くを与え、多くを手に入れよう。より楽をしてより高収入を得ることを期待する日々はもう終わった。

勘違いしないでほしい。社会主義の理想を掲げるのは悪いことではない。世界は他人を思いやる人たちを必要としている。でも、何もしないで食事にありつこうとする「フリーランチ」の考え方でいいと思っていると、社会主義は欲に変わる。みなさんも知っているように、社会主義者であれ資本主義者であれ、世界には貪欲な人があふれている。

あなたにとって本当のアンフェア・アドバンテージは、問題の一因になるのではなく、問題解決の一端を担うことができるように、お金に関する知識を身につけることだ。

忘れないでほしい。本当の資本家は、より少ない労力でより多くを成し遂げることにフォーカスする。つまり、よりよい品をより安くということだ。本当の意味で資本主義が機能している環境においては、生産性が上がるにつれて、価格が下がる。

●崩壊したシステム

私に言わせれば、私たちが直面している大きな問題の一つは教育システムだ。今のシステムはまだ、より少ない労力でより多くの収入を得るのがいいことだと教えている。大半の教師たちは、より少ない労力を

「投資」して、より多くの生徒たちを教える方法にフォーカスするのではなく、雇用保障と終身在職権のことばかり気にしている。

すでに、本当に一番すぐれた教師たちは裕福になりつつある。それは第一に彼らがより優秀な教師だから、そして第二にテクノロジーを使ってより多くの生徒を教えているからだ。

世界市場に参入してきた中国人は、よりよい品をより安く生産しなければならないこと、そうしなければ西側諸国におけるのと同じように失業率が急上昇するということを知っている。もし、西側諸国が生き残りたいと思ったら、私たちは本当の資本主義の価値観、より少ない労力でより多くを成し遂げるという哲学に立ち返らなければならない。

残念なことに、西側のリーダーたちの多くは学業成績が優秀だった秀才たちだ。問題は、ほとんどの秀才たちが社会主義的な環境で訓練を受けていることだ。たいていの人たちは、お金や真のビジネスに関して限られた訓練しか受けていないので、実社会でリーダーとなる準備ができていないまま学校を卒業する。

そういう人たちは繁栄を促すのではなく、引き締めを促す。生産を促すのではなく、生産を妨げる税金を上げる。

お金に関する教育をあまり受けていないリーダーがいることに伴う最大の問題は、腐敗と強欲が促されることだ。

秀才たちの多くは、金持ちから取り上げ貧乏な人たちに与えることを支持する社会主義的な環境の中で訓練を受けている。問題は、金持ちから多くを取り上げ貧乏な人たちに与えれば与えるほど、ますます多くの貧乏な人たちができるということだ。より少ない労力でより多くの収入を得たいという、世間に蔓延した考え方は変えなければならない。

ここでもう一度最初の質問に戻ろう。

［よくある質問］　リッチダッド社のファイナンシャル教育の最大の利点は何か。

［短い答え］　解決の一端を担うことができるようになる点。

［解説］

真のアンフェア・アドバンテージは、「気前よくする」ために自分のファイナンシャル教育を使うことだ。自分自身と他人が抱える金銭的な問題を解決するために、ファイナンシャル教育を使おう。

覚えておこう――人に魚を与えるのではなく、魚の釣り方を教えることで、本当の変化を起こすことができる。残念なことに、学校は人に魚を釣ることを教えずに、魚を売る人を連れてくる。つまり、銀行員やファイナンシャル・プランナーのように、魚の釣り方を教えるのではなくて魚を売る人たちを連れてくる。ファイナンシャル・プランナーや株式ブローカー、不動産ブローカー、保険の販売員などがファイナンシャル教育を装ったセールストークを並べるのを聞くと、私は不安を覚えずにいられない。彼らは魚を売る（selling fish）という利己的な（sel-fish）やり方で、教育と偽って金儲けをしている。

自分の利益ばかり考えて、何も知らない人たちに魚を売るのではなく、自分のファイナンシャル教育を使って気前のいい人間になろう。

アンフェア・アドバンテージを使って、適切な教育を受けていない人たちをだまし、惑わすのではなく、ファイナンシャル教育を使って人を導き、啓発し、自由にしてあげよう。アンフェア・アドバンテージを使って、自分だけがより裕福になるのではなく、ファイナンシャル教育を使って他人の生活を豊かにしてあげよう。

私たちが抱える最大の問題の一つは、過去にしがみつき、未来を見通すことができない老朽化した教育システムだ。このシステムは、すでに死んでいる世界、あるいは死につつある世界のための準備を生徒にさせることに重点を置いている。もう時代遅れのシステムだ。

●新しい経済の幕開け

二〇一〇年、何百万人もの人が失業した。何百万人もの人が家を失った。何百万人もの人が老後の貯えを失った。何百万人もの人が、ファイナンシャル教育を受けず、他人を頼って自分たちの将来の経済状態を確かなものにしようとしたために損をした。

この危機が「悪い出来事」になるのを黙って見ていないで、何かいいことを始めるきっかけとして利用しよう。ああしろこうしろと指示されるのを待たずに自分で考えることを、自分自身にも、そして他人にも教えよう。

私たちはまさに、すばらしき新世界と新しい世界経済の幕開けに立ち会っている。今の危機は一つの時代の終焉にすぎない。これはまた、新しい時代、新しい経済の誕生を告げるものでもある。

ここでいいニュースを一つ。それは、今私たちが、人類にとってすばらしい新時代、限りない豊かさとチャンスの時代に突入しつつあることだ。テクノロジーの進歩は知的情報の量を増やし、そのコストを下げる。テクノロジーは金銭的なリスクを減らし、物価と人件費を下げ、世界にまたがるマーケットを開く。テクノロジーのおかげで起業家になるのがより楽になる。これはいいニュースだ。

一方、悪いニュースは、テクノロジーによって従業員の生活がより困難になることだ。馬が自動車にとって代わられたように、労働者がテクノロジーにとって代わられるにつれて失業率が上昇する。

より高収入の仕事にフォーカスするためだけに学校に戻るのではなく、自分を育てる新しい方法を探すことに目を向けよう。ファイナンシャル教育を受けた人にとって、これからの世界は豊かさとチャンスに満ちた国境なき世界だ。

一方、社会主義的教義やファシスト的教義に従う人たちは、不足と欠乏に満ちた世界に住み続けることになるだろう。賃金は下がり、税金とインフレ傾向ばかりが増加していく世界、そして、自分たちの財産を委ねたまさにその相手に、手数料や経費としてみすみす財産を奪われるような世界だ。

その逆に、次の三つの「補償の法則」に従う人たちにとっては、人生は楽になっていく。

1．多くを得るために多くを与える。

2．キャッシュフロー・クワドラントのBとIの側で、多くを与えることを学ぶ。

3．累積される知識の力にレバレッジを効かせる。

これらの法則に従えば、人生がより豊かになるばかりでなく、政府が税の優遇措置を与えてくれたり、銀行が資産購入のための融資をしてくれたり、ウォール街がBクワドラントの起業家たち向けの資金を調達してくれたりするだろう。

社会主義者とファシストたちはなぜ資本家にこれほど寛大なのか。答えはこうだ——彼らは資本家を必要としている。資本家がいなければ、社会主義者とファシストは、仕事を失い、腹を立て、おなかをすかせた民衆から攻撃される。

ファイナンシャル教育はあなたが労働者と上に立つ人たちの間の権力闘争の犠牲になるのを防いでくれる。これも、ファイナンシャル教育から得られるアンフェア・アドバンテージの一つだ。

指導者たちのやり方に抗議する労働者と政治家の間に入って動けなくなるのではなく、ひたすら真の資本主義にフォーカスしよう。

より多くを学べばより多くのことができる。より少ない労力でより多くを成し遂げ、他人の生活を豊かにすることにフォーカスしよう。

●私の仕事……そしてあなたの仕事

私のあこがれのヒーローの一人は、アップルの共同創業者、CEOだったスティーブ・ジョブズだ。スティーブ・ジョブズがいなかったら、私が一九九七年に『金持ち父さん　貧乏父さん』を書くことも、今、iPhoneで世界中の人々と話すこともなかっただろう。

真の起業家であり資本家だったスティーブは、私の生活をより楽にしてくれた。そのおかげで私は、ファイナンシャル教育を通じてほかの人の生活をより楽にするという仕事ができた。

あなたの仕事はアンフェア・アドバンテージを使って、ファイナンシャル教育の力を自分の人生に生かすことだ。まず自分を変えよう。世界を変えるのはそれからだ。

小さい頃、私は学校が嫌いだった。でも、学ぶことは大好きだった。

当時はよくわかっていなかったが、今は、学校が私に従業員になる訓練をしていたことがよくわかる。でも、私は起業家になりたかった。この二つはまったく別の世界だ。

私はその後、人生を歩む中で、教育の力に敬意を払うようになった。そして、教育にもいろいろなタイプのものがあることを学んだ。

新しいことを身につけることや自分の考え方を変えることを拒否したために、年をとってから世の中に憤りを感じながら生きている人たちを私は何人も見てきた。おそらく誰でも知り合いに何人かそういう人がいるに違いない。

本書以外の私の著書を読んだことのある人は、私が従来型の教育の大ファンではないことはすでにご存じだろう。私は学校嫌いで、そのことは成績にしっかり反映されていた。学校で言われたのは、「いい成績をとらなければいい仕事に就けない」ということだけだった。私は仕事に就きたいとは思っていなかった。だから、それに気付いた時、学校に見切りをつけた。

私は物理的には教室の中にいたかもしれないが、頭は常に別の場所にあった。もしかするとそれが私のアンフェア・アドバンテージだったのかもしれない。

この本を読むために時間を「投資」してくれたことに感謝する。本書を読んで、ファイナンシャル教育の持つ力の大きさがわかってもらえたらさいわいだ。

Special Thanks to……

キム・キヨサキ

ケン・マクロイ

ガレット・サットン

アンディ・タナー

トム・ホイールライト

金持ち父さんシリーズ

●『改訂版　金持ち父さん　貧乏父さん――アメリカの金持ちが教えてくれるお金の哲学』ロバート・キヨサキ著／白根美保子訳／筑摩書房

●『改訂版　金持ち父さんのキャッシュフロー・クワドラント――経済的自由があなたのものになる』ロバート・キヨサキ著／白根美保子訳／筑摩書房

●『改訂版　金持ち父さんの投資ガイド　入門編――投資力をつける16のレッスン』『改訂版　金持ち父さんの投資ガイド　上級編――起業家精神から富が生まれる』ロバート・キヨサキ著／白根美保子訳／筑摩書房

●『改訂版　金持ち父さんの子供はみんな天才――親だからできるお金の教育』ロバート・キヨサキ著／白根美保子訳／筑摩書房

●『金持ち父さんの若くして豊かに引退する方法』ロバート・キヨサキ著／白根美保子訳／筑摩書房

●『金持ち父さんの予言――嵐の時代を乗り切るための方舟の造り方』ロバート・キヨサキ著／白根美保子訳／筑摩書房

●『金持ち父さんのサクセス・ストーリーズ――金持ち父さんに学んだ25人の成功者たち』ロバート・キヨサキ著／春日井晶子訳／筑摩書房

●『金持ち父さんの金持ちになるガイドブック――悪い借金を良い借金に変えよう』ロバート・キヨサキ著／白根美保子訳／筑摩書房

●『金持ち父さんのパワー投資術――お金を加速させて金持ちになる』ロバート・キヨサキ著／白根美保子訳／筑摩書房

●『金持ち父さんの学校では教えてくれないお金の秘密』ロバート・キヨサキ著／白根美保子訳／筑摩書房

●『金持ち父さんの起業する前に読む本――ビッグビジネスで成功するための10のレッスン』ロバート・キヨサキ著／白根美保子訳／筑摩書房

●『金持ち父さんの金持ちがますます金持ちになる理由』ロバート・キヨサキ著／井上純子訳／筑摩書房

●『金持ち父さんのファイナンシャルIQ――金持ちになるための5つの知性』ロバート・キヨサキ著／白根美保子訳／筑摩書房

●『金持ち父さんの21世紀のビジネス』ロバート・キヨサキ、キム・キヨサキ、ジョン・フレミング著／白根美保子訳／筑摩書房

●『金持ち父さんのアンフェア・アドバンテージ――知っている人だけが得をするお金の真実』ロバート・キヨサキ著／白根美保子訳／筑摩書房

●"Rich Dad's Escape from the Rat Race"

●"Rich Dad's Conspiracy of the Rich―The 8 New Rules of Money"

●"The Real Book of Real Estate―Real Experts, Real Stories, Real Life"

●"Why "A" Students Work for "C" Students―Rich Dad's Guide to Financial Education for Parents"

●『金持ち父さんの新提言　お金がお金を生むしくみの作り方』ロバート・キヨサキ著／井上純子訳／青春出版社

●『金持ち父さんのお金を自分のために働かせる方法』ロバート・キヨサキ著／井上純子訳／青春出版社

●『人助けが好きなあなたに贈る金持ち父さんのビジネススクール　セカンドエディション』ロバート・キヨサキ著／マイクロマガジン社

ドナルド・トランプとの共著

●『あなたに金持ちになってほしい』ドナルド・トランプ、ロバート・キヨサキほか著／白根美保子、井上純子訳／筑摩書房

●『黄金を生み出すミダスタッチ――成功する起業家になるための5つの教え』ドナルド・トランプ、ロバート・キヨサキ著／白根美保子訳／筑摩書房

キム・キヨサキの本

●『リッチウーマン――人からああしろこうしろと言われるのが大嫌い！という女性のための投資入門』キム・キヨサキ著／白根美保子訳／筑摩書房

●"It's Rising Time―A Call for Women: What It Really Talks for the Reward of

Financial Freedom"

エミ・キヨサキとの共著

- 『リッチブラザー　リッチシスター——神・お金・幸福を求めて二人が歩んだそれぞれの道』ロバート・キヨサキ、エミ・キヨサキ著／白根美保子訳／筑摩書房

金持ち父さんのアドバイザーシリーズ

- 『セールスドッグ——「攻撃型」営業マンでなくても成功できる!』ブレア・シンガー著／春日井晶子訳／筑摩書房
- 『勝てるビジネスチームの作り方』ブレア・シンガー著／春日井晶子訳／筑摩書房
- 『不動産投資のＡＢＣ——物件管理が新たな利益を作り出す』ケン・マクロイ著／井上純子訳／筑摩書房
- "Start Your Own Corporation", Garrett Sutton
- "Writing Winning Business Plans", Garrett Sutton
- "Buying and Selling a Business", Garrett Sutton
- "The ABCs of Getting Out of Debt", Garrett Sutton
- "Run Your Own Corporation", Garrett Sutton
- "The ABCs of Property Management", Ken McElroy
- "The Advanced Guide to Real Estate Investing", Ken McElroy
- "Tax-Free Wealth", Tom Wheelwright

金持ち父さんのオーディオビジュアル

- 『ロバート・キヨサキのファイナンシャル・インテリジェンス』タイムライフ（CDセット）
- 『ロバート・キヨサキ　ライブトーク・イン・ジャパン』ソフトバンクパブリッシング（DVD）
- 『金持ち父さんのパーフェクトビジネス』マイクロマガジン社
- 『金持ちになる教えのすべて』（ＤＶＤ３枚付）マイクロマガジン社
- 『プロが明かす 不動産投資を成功させる物件管理の秘密』（ＣＤ４枚付）マイクロマガジン社

著者・訳者紹介

ロバート・キヨサキ
Robert Kiyosaki

　個人ファイナンス関連書籍で前代未聞のベストセラーとなった『金持ち父さん　貧乏父さん』の著者ロバート・キヨサキは、世界中の多くの人々のお金に対する考え方に疑問を投げかけ、その考え方を変えた。彼は起業家、教育者、投資家であり、今の世界には雇用を創出する起業家がもっと必要だと信じている。

　お金と投資に関するロバートの考え方は社会通念と対立することも多い。率直な、そして時として不遜かつ勇気ある発言をするとの定評を世界中で得ている彼は、ファイナンシャル教育の大切さを情熱を持って臆することなく語る唱導者の一人だ。

　ロバートと妻のキムはファイナンシャル教育会社リッチダッド・カンパニーの創業者であり、各種『キャッシュフロー』ゲームの開発者でもある。

　ロバートは複雑なコンセプト——お金や投資、金融、経済に関するさまざまな考え方——を単純化する才能を持ったビジョナリー（未来を見つめる人）だと言える。彼はまた、経済的自由を得るまでの自分の個人的な体験を、多くの人の心に響くような形で伝えてきた。彼の考え方の中心となっている原理や彼が伝えたいと思っていること——たとえば、「持ち家は資産ではない」「キャッシュフローのために投資をしろ」といったことや、『金持ち父さんの予言』の中で示されたさまざまな「予言」——は当時は多くの批判を浴びたり、馬鹿にされたりしたが、結局この十年ほどの間に、その正しさが証明された。

　「大学へ行っていい仕事に就き、お金を貯めて、借金を返し、長期に投資して、投資対象を多様化しろ」という昔からのアドバイスが、今日、急速に変化する情報時代においては時代遅れのアドバイスになっているというのがロバートの主張だ。彼の「リッチダッド哲学」は現状に疑問を投げかけ、お金の知識を身につけ、将来のために投資するように人々を励ます。

　国際的なベストセラー『金持ち父さん　貧乏父さん』を含めて二十冊以上の著書があるロバートは、世界中でさまざまなメディアにゲストとして登場したり記事に取り上げられたりしている。彼の著書は世界各国で十年以上もベストセラーリストに名を連ね、今も世界中の視聴者、読者を教育し、励まし続けている。

白根美保子
Shirane Mihoko

　翻訳家。早稲田大学商学部卒業。訳書に『ボルネオの奥地へ』（めるくまーる）、『死別の悲しみを癒すアドバイスブック』『改訂版　金持ち父さん　貧乏父さん』（筑摩書房）、共訳書に『悲しみがやさしくなるとき』（東京書籍）などがある。

金持《かねも》ち父《とう》さんのアンフェア・アドバンテージ

知《し》っている人《ひと》だけが得《とく》をするお金《かね》の真実《しんじつ》

二〇一五年三月二五日　初版第一刷発行

著者　ロバート・キヨサキ
訳者　白根美保子（しらね・みほこ）
発行者　熊沢敏之
発行所　株式会社　筑摩書房
東京都台東区蔵前二−五−三　〒一一一−八七五五　振替〇〇一六〇−八−四一二三
装丁　小田蓉子（井上則人デザイン事務所）
印刷・製本　中央精版印刷株式会社
ISBN978-4-480-86437-6 C0033 ©Mihoko Shirane 2015, printed in Japan
定価はカバーに表示してあります。
乱丁・落丁本の場合は、左記宛にご送付下さい。
送料小社負担でお取り替えいたします。
ご注文・お問い合わせも左記へお願いします。
〒三三一−八五〇七　さいたま市北区櫛引町二−六〇四
筑摩書房サービスセンター　電話〇四八−六五一−〇〇五三

『キャッシュフロー101』で
ファイナンシャル・インテリジェンスを高めよう!

読者のみなさん

『金持ち父さんシリーズ』を読んでくださってありがとうございました。お金についてためになることをきっと学ぶことができたと思います。いちばん大事なのは、あなたが自分の教育のために投資したことです。

私はみなさんが金持ちになれるように願っていますし、金持ち父さんが私に教えてくれたのとおなじことを身につけてほしいと思っています。金持ち父さんの教えを生かせば、たとえどんなにささやかなところから始めたとしても、驚くほど幸先のいいスタートを切ることができるでしょう。だからこそ、私はこのゲームを開発したのです。これは金持ち父さんが私に教えてくれたお金に関する技術を学ぶためのゲームです。楽しみながら、しっかりした知識が身につくようになっています。

このゲームは、楽しむこと、繰り返すこと、行動すること——この三つの方法を使ってあなたにお金に関する技術を教えてくれます。『キャッシュフロー101』はおもちゃではありません。それに、単なるゲームでもありません。特許権を得ているのはこのようなユニークさによるものです。このゲームはあなたに大きな刺激を与え、たくさんのことを教えてくれるでしょう。このゲームは、金持ちと同じような考え方をしなくては勝てません。ゲームをするたびにあなたはより多くの技術を獲得していきます。ゲームの展開は毎回違います。あなたは新しく身につけた技術を駆使して、さまざまな状況を乗り切っていくことになるでしょう。そうしていくうちに、お金に関する技術が高まる

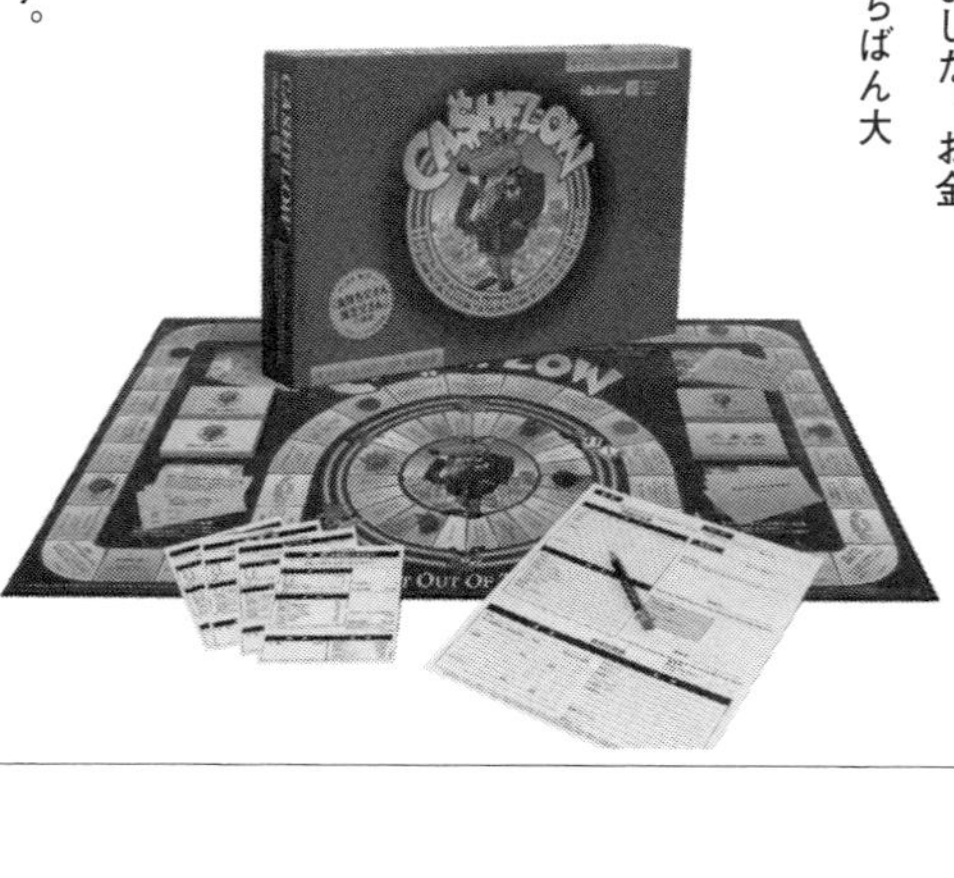

『キャッシュフロー101』
家庭で楽しみながら学べる
MBAプログラム

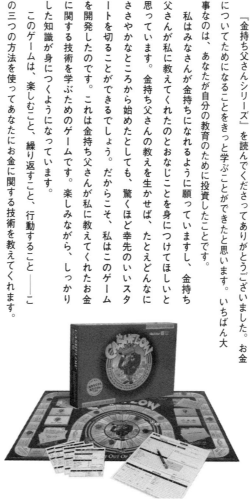

『キャッシュフロー・フォー・キッズ』
6歳から楽しく学べる子供のためのゲーム

と同時に、自信もついていきます。

このゲームを通して学べるような、お金に関する教えを実社会で学ぼうとしたら、ずいぶん高いものにつくこともあります。『キャッシュフロー101』のいいところは、おもちゃのお金を使ってファイナンシャル・インテリジェンスを身につけることができる点です。

はじめて『キャッシュフロー101』で遊ぶときは、むずかしく感じるかもしれません。でも、繰り返し遊ぶうちにあなたのファイナンシャル・インテリジェンスが養われていき、ずっと簡単に感じられるようになります。

このゲームが教えてくれるお金に関する技術を身につけるためには、まず少なくても六回はゲームをやってみてください。そのあと本などで勉強すれば、あなたはこれから先の自分の経済状態を自分の手で変えていくことができます。その段階まで到達したら、上級者向けの『キャッシュフロー202』に進む準備ができたことになります。『キャッシュフロー202』には学習用のCDが5枚ついています。

子供たちのためには、六歳から楽しく学べる『キャッシュフロー・フォー・キッズ』があります。

『キャッシュフロー』ゲームの創案者
ロバート・キヨサキ

ロバート・キヨサキの「金持ち父さん」シリーズ

NEW!　ついに待望の改訂版が登場!

日本語版発売から13年、自分の頭で考え道を切り開き、厳しい世の中を生きるためのガイドとして、「金持ち父さんシリーズ」は読み継がれてきました。根本となる「金持ち父さんの教え」は不変ですが、冗長な部分を削り、新たに加筆修正して、より最新の状況に適した内容になって登場します。

改訂版　金持ち父さん　貧乏父さん

アメリカの金持ちが教えてくれるお金の哲学

定価(本体価格 1600 円+税)　978-4-480-86424-6

改訂版　金持ち父さんのキャッシュフロー・クワドラント

経済的自由があなたのものになる

定価(本体価格 1900 円+税)　978-4-480-86425-3

改訂版　金持ち父さんの投資ガイド　入門編

投資力をつける 16 のレッスン

定価(本体価格 1600 円+税)　978-4-480-86429-1

改訂版　金持ち父さんの投資ガイド　上級編

起業家精神から富が生まれる

定価(本体価格 1900 円+税)　978-4-480-86430-7

改訂版　金持ち父さんの子供はみんな天才

親だからできるお金の教育

定価(本体価格 1900 円+税)　978-4-480-86432-1

金持ち父さんの若くして豊かに引退する方法

定価(本体価格 2400 円+税)　978-4-480-86347-8

***NEW!* ツイッターでキムとロバート・キヨサキをフォロー！**

アカウントはこちら☞ @realkiyosaki_j　☞ @kimkiyosaki_j

▲表示されている価格はすべて 2015 年 3 月現在のものです。